Sexo maravilloso

Sari Locker

TRADUCCIÓN:
Elisa Núñez Ramos
Traductora Profesional

Editora de división interés general: Claudia Islas Licona
Supervisor de traducción: Antonio Núñez Ramos
Supervisor de producción: Rodrigo Romero Villalobos

SEXO MARAVILLOSO

Library of Congress Catalog Card Number: 2001094726

EDICIÓN EN ESPAÑOL
D.R. © 2002 por Pearson Educación de México, S.A. de C.V.
          Calle 4 No. 25-2do. piso
          Fracc. Industrial Alce Blanco
          53370, Naucalpan de Juárez, Estado de México

Cámara Nacional de la Industria Editorial Mexicana, Registro No. 1031

NOTA IMPORTANTE: Esta publicación contiene las ideas y opiniones de sus autores. Su intención es proporcionar material informativo útil sobre la materia cubierta. Se vende con el convencimiento de que los autores y la Editorial no proporcionarán los servicios profesionales mencionados en el libro. Si el lector requiere asistencia personal o consejo, debe consultar a un profesional competente.

Los autores y la Editorial específicamente se deslindan de cualquier responsabilidad, pérdida o riesgo personal o de otra forma, incurridos como consecuencia directa o indirecta del uso y aplicaciones de cualquier contenido de este libro.

ISBN: 970-26-0328-5 de la versión en español
ISBN: 0-02-862902-7 de la versión original en inglés
ISBN: 0-02-864308-9 de la versión para USA

Impreso en México, *Printed in Mexico*
  4 5 6 7 8 9 0   05 04

Equipo de desarrollo de Alpha

Editora
Kathy Nebenhaus

Director editorial
Gary M. Krebs

Editor ejecutivo
Bob Shuman

Gerente de marketing de marca
Felice Primeau

Editora de adquisiciones
Jessica Faust

Editores de desarrollo
Phil Kitchel
Amy Zavatto

Editora asistente
Georgette Blau

Equipo de producción

Editora de desarrollo
Michele Morcey

Editora de producción
Tammy Ahrens

Correctora de estilo
Tammy Ahrens

Diseño de portada
Mike Freeland

Editora de fotografía
Sari Locker

Ilustradores
Jody P. Schaeffer
Adam Hurwitz

Diseño de páginas interiores
Scott Cook y Amy Adams, de DesignLab

Composición/corrección de pruebas
Angela Calvert
Mary Hunt

Contenido de un vistazo

vi

Contenido

Introducción

¿Simplemente qué es el sexo maravilloso? Hay cientos, o tal vez miles de diferentes posiciones, ambientes y estímulos que pueden ser sorprendentes. Pero el sexo maravilloso es más que sentirse bien, es lo que le hace sentir en conexión, sensual y humano. En su mayoría el sexo increíble se practica con responsabilidad y, a menudo, con amor.

Algunas personas pueden pensar que no necesitan un libro que les enseñe cómo tener relaciones sexuales. Aunque es cierto que algunos aspectos del acto sexual son innatos, cuando se trata de tener sexo maravilloso, la mayoría de las personas puede afinar sus técnicas. Siempre hay más que aprender acerca del sexo. Se aprende sobre este tema tanto de tener relaciones sexuales como de la educación sexual. Este libro es de una gran educación sexual. Tiene un gran contenido, cientos de páginas con abundante información acerca del sexo. Tenga la seguridad que aprenderá una o dos cosas... o tres o cuatro o más.

Además de enseñarle cómo ponerle sazón a su vida sexual, este libro también le mostrará los aspectos básicos de la sexualidad. Muchas personas nunca aprendieron la información básica sobre el sexo porque se sentían demasiado avergonzadas para preguntar sobre el tema. Algunas inclusive piensan que hablar de sexo es algo prohibido. Prefieren quedarse calladas a menos que se trate de hacer alguna broma, o hablar de las proezas sexuales de alguien más (como de algún político). Pero cuanto más hable de sexo y lea acerca de ello, mejor será su vida sexual.

He escrito este libro en una forma que aprender sea fácil y divertido. Le ayudará a entender lo esencial, así como a asimilar los conceptos más complejos sobre sexualidad. Este libro es un repaso para viejos conocedores, una introducción para principiantes, una ventana hacia nuevos mundos para los tímidos y un salto fuera de lo convencional para los aventureros. Está lleno de bocadillos tentadores para todos aquellos que desean más de su vida sexual –con un formato listo para aplicarse, fácil de utilizar y lleno de consejos excitantes. ¡Disfrútelo y permítale convertirlo en un amante maravilloso!

Agradecimientos

Escribir un libro tan extenso como éste requiere un mundo de equipos de trabajo. Tuve un equipo maravilloso. Gracias a mis editores, Michele Morcey y Tammy Ahrens por sus excelentes comentarios. Gracias a Robert Shuman, Gary Krebs, Kathy Nebenhaus, Nancy Mikhail y a todas las demás personas de Alpha Books por su fe en este proyecto. Gracias también a Mel Berger, mi maravilloso agente editorial en la Agencia William Morris y a su asistente Scott Miller.

Artistas de gran talento contribuyeron a la producción de este libro. Gracias a Adam Hurwitz por sus ilustraciones realistas, creativas y sexys. Gracias a Jody Schaeffer por sus humorísticas ilustraciones que complementan estas páginas. Gracias a Photonica por proveernos las fotografías que elegí.

Un agradecimiento especial a mis amigos y familiares que contribuyeron como mi equipo de lectura, mejorando mis borradores de explícita sexualidad. También me obsequiaron gratos momentos durante el trabajo con su humor, inteligencia, conocimiento y amor: Jodi Siegel, Edward Sharon, Erica Peters, Marc Peters, Daniel Kaufman, Paul Levy, Amanda Carlson, Julie Taylor, Paul Nagle, el doctor Andy Penziner, el doctor Leah Schaefer, Jason Gutman, Stacey Donovan, Gail Parenteau, Mariette Pathy Allen, Marty Berman, Debbie Paitchel Klein, Jonathan Siegel, el doctor Morris Siegel, Gertrude Siegel, Aliza Locker, el doctor Lurence Locker, Jeffrey Lind y Molly Lind. ¡Todos ustedes son maravillosos!

Capítulo 1

Sexualidad actual

¡Sexo maravilloso! ¿No le gustaría tenerlo todo el tiempo? Bueno, ¡usted puede! Para ayudarlo a tener sexo maravilloso, necesitará educación sexual. No quiero decir que necesite una cátedra aburrida sobre cómo el espermatozoide fertiliza al óvulo, como probablemente escuchó en la clase de ciencias de la salud de la secundaria. Hay mucho más en la educación sexual. El tipo de educación sexual que aprenderá de este libro es acerca de los placeres y variaciones que puede añadir a su vida sexual. Cuanto más sepa, mejor amante será.

El sexo no es como andar en bicicleta. Con seguridad, el mismo acto de equilibrio que aprendió de niño funciona todavía años después, cuando todo lo que tiene que hacer es pedalear hasta la tienda y de regreso. Pero en lo que se refiere al sexo, es un acto totalmente nuevo cada vez que se alista para dar un paseo. Es muy posible que experimente cosas nuevas cada vez que lo haga; entonces tiene sentido aprender qué son todas esas cosas, ¿no lo cree? En el metafórico andar en bicicleta de su vida sexual, es buena idea pedalear más fuerte cuesta arriba, deslizarse libremente cuesta abajo, reventar algunos neumáticos y disfrutar el paseo con seguridad.

¿Es usted un sabelotodo en cuestión de sexo?

El sexo puede ser surrealista, especial y muy ardiente —o puede ser torpe, falso y fallido. Puede experimentar todo lo que el sexo le puede ofrecer, pero antes de que empiece a probar una gran variedad de trucos sexuales, hay algunos aspectos esenciales que debe dominar.

*Fotografía de
Barnaby Hall.*

Algunas personas creen que conocen el ABC del sexo, y que todo lo que necesitan para mejorar su vida sexual es instrucción sobre algunas nuevas posiciones exóticas, pero ¿qué tanto sabe en realidad acerca del sexo? Descubra qué tan conocedor es con el siguiente cuestionario:

P. Conforme la gente envejece, ¿disminuye su apetito sexual?

R: No. Una investigación encontró que 57 por ciento de los hombres entre 61 y 75 años dijeron que su deseo sexual permaneció estable o se incrementó con la edad. En el caso de las mujeres mayores, un estudio encontró que 52 por ciento de las mujeres entre 70 y 79 años sienten tanto deseo sexual como hace 20 años (capítulo 24).

P. ¿Si una persona toma varios tragos, se desempeñará mejor sexualmente?

R. No. Más de 120 ml de alcohol inhibirán su desempeño sexual. Esto significa que después de un par de tragos, un hombre puede perder su erección y una mujer difícilmente podrá alcanzar el orgasmo. Además, el alcohol a menudo provoca que las personas utilicen de forma incorrecta los condones y otros sistemas anticonceptivos, lo que aumenta el potencial de tener embarazos no deseados y de la propagación de enfermedades de transmisión sexual (capítulo 28).

P. ¿Cuánto tiempo puede sobrevivir el esperma, una vez eyaculado en la vagina?

R. Una vez en la vagina, el esperma puede vivir hasta 72 horas, por eso a veces es difícil determinar cuándo queda embarazada una mujer. Podría no estar ovulando al momento de tener relaciones sexuales, pero tal vez lo haga al siguiente día, o al próximo, y puede quedar embarazada si el esperma aún vive en su interior (capítulo 8).

P. ¿Es un exceso si alguien se masturba tres veces al día?

R. No. Las personas se pueden masturbar tan seguido como quieran, mientras no se obsesionen al punto en que esta actividad interfiera con el resto de su vida, trabajo o en sus relaciones con amigos y seres queridos (capítulo 10).

P. ¿Cuál es el tamaño promedio de un pene erecto y qué tanto importa su tamaño?

R. El largo promedio es de unos 15 cm (6 pulgadas). El tamaño sólo importa cuando se trata de compatibilidad: si la vagina es muy angosta y el pene muy grande o viceversa, entonces quizá habría algunos problemas con el tamaño (capítulo 7).

P. ¿Realmente existe el punto G?

R. Sí, pero... el punto G es simplemente el nombre de un área en la pared interna superior de la vagina. Fue llamada así por el sexólogo alemán Ernst Grafenberg, quien investigó a fondo esta área. La controversia no está tanto en si existe o no, más bien en si tiene alguna función. Algunas mujeres reportan que aumenta su sensación cuando esta área es estimulada; otras reportan que no hay incremento en la sensación (capítulo 8).

P. Si una persona tiene la fantasía de violar a alguien, ¿significa que es peligrosa o que tiene un serio problema sexual?

R. Probablemente no. Las fantasías de violación son bastante comunes. Sólo son peligrosas si alguien considera seriamente ponerlas en práctica. Si es sólo una fantasía, entonces es normal (capítulo 17).

P. ¿Si un hombre quiere usar vestido, significa que es homosexual?

R. No. De hecho, la mayoría de las personas que se visten con ropa del sexo opuesto son heterosexuales que están casados y tienen hijos. Solamente alrededor de 10 por ciento de ellas son homosexuales, que es más o menos el mismo porcentaje en toda la población que es homosexual (capítulo 20).

P. ¿Si una pareja practica sexo tántrico, significa que el hombre puede durar horas sin eyacular aun al tener un orgasmo?

R. No exactamente. El Tantra, basado en filosofías orientales, no hace que el sexo dure más tiempo, ya que está orientado a que la pareja se mantenga enfocada en el placer, más que en el "objetivo" del sexo. De cualquier forma, la mayoría de los hombres que practican el Tantra eyaculan durante el acto sexual, de la misma forma en que lo harían al copular en la forma tradicional (capítulo 21).

P. ¿Los únicos que practican el sadomasoquismo son quienes utilizan ropa de cuero y muestran múltiples perforaciones?

R. No. De hecho, muchas personas que usted jamás hubiera imaginado practican el sadomasoquismo, el cual es el intercambio de poder o dolor que puede conducir al placer sexual. No es sólo cuestión de látigos, esposas y cuero. Para muchas personas es simplemente una forma de sazonar su vida sexual (capítulo 20).

P. ¿Es verdad que el uso de condones previene la propagación de todas las enfermedades de transmisión sexual (ETS)?

R. No. Hay algunas enfermedades, como las verrugas genitales y el herpes, que podrían contagiarse por contacto de piel a piel entre algunas partes que no estén cubiertas por un condón. Por ejemplo, si una mujer tiene llagas de herpes en sus labios exteriores, puede contagiar al hombre aun cuando él esté utilizando condón, si las llagas entran en contacto con su escroto (capítulo 26).

¿Qué tal le fue con el cuestionario? Incluso si sabía todas las respuestas, le apuesto a que hay algunas preguntas sobre sexo que le encantaría que yo le respondiera, así que continúe leyendo y las encontrará en alguna parte de este libro.

Es fácil mejorar su sexualidad si obtiene una buena educación sexual. Cuanto más sepa sobre sexo, estará mejor preparado para experimentar con responsabilidad todo lo que el sexo le puede ofrecer. La meta de su vida sexual puede ser el tener experiencias que satisfagan sus expectativas y de las cuales nunca se arrepienta. Para ello tiene mucho que aprender.

De la revolución sexual a la evolución sexual

Aquí estoy a punto de explicarle cómo es que puede tener sexo maravilloso. Hace no mucho tiempo que la gente difícilmente podía hablar de este tema. Incluso en tiempos tan recientes como los cincuenta era un tabú que las personas charlaran sobre cómo podrían mejorar su vida sexual. En los sesenta y los setenta la gente comenzó a hablar más abiertamente acerca del sexo. La revolución sexual de esos años incitó a nuestra cultura a sentirse más cómoda en cuanto al sexo.

Sin embargo, en los ochenta el SIDA puso a temblar la libertad sexual. Se le hizo creer a la gente que el sexo podía ser mortal. Toda la libertad que se experimentó en los sesenta y los setenta se convirtió en una restricción en los ochenta. En los noventa entramos en una etapa en la que se pudo hablar acerca de sexo como nunca antes. No ha habido otra época en la que tantos asuntos sexuales se sacaran a la luz. Debido a que la televisión, las películas, las revistas, los libros y varios sitios de Internet son muy explícitos, hablamos de todo, desde adulterio a sexo anal y masturbación, temas que antes eran tabú.

Conforme entramos en la primera década del siglo XXI, he notado que muchas personas se sienten frustradas porque en realidad quieren algo más de su vida sexual. Ha habido una evolución sexual: de la represión a la libertad y de vuelta a la represión. Ahora, el péndulo se ha balanceado de nuevo hasta una posición positiva en cuanto a la sexualidad. Nos encontramos en una época favorable de la evolución sexual, en la cual la gente puede expresar su interés en el sexo, y buscar y encontrar sexo maravilloso. Sabemos que el SIDA, las enfermedades de transmisión sexual y el embarazo no deseado son las consecuencias difíciles y negativas del sexo. Pero también conocemos las precauciones que nos pueden ayudar a continuar disfrutando del sexo en una forma saludable. El sexo puede dar gran placer y felicidad a nuestra vida.

¿Existen las modas sexuales?

Aunque el deseo sexual tiene un componente interno, puede verse afectado por la influencia del mundo que nos rodea. Durante los estrictos cincuenta, el amor libre de los sesenta, la época disco de los setenta, los estables ochenta, o en la era actual de los medios de comunicación, los deseos sexuales quizá se hayan agitado al mismo ritmo, si bien los factores que hicieron distinta a cada generación, también hicieron que las modas sexuales fueran únicas.

Una moda es algo que notamos que sigue mucha gente en nuestra cultura. Por ejemplo, si se percata que muchas mujeres utilizan arracadas en el ombligo y tatuajes, ésa es una moda de estilo. Si en vez de decir "hola", escucha que mucha gente dice *"qué hay"* como saludo, ésa es una moda del lenguaje.

Una moda es un cambio que ocurre en realidad, no sólo algo de lo que se oye hablar mucho. Para establecer si una moda está en boga o no, tenemos que observarla en la cultura que nos rodea. Pero como no podemos escudriñar en las alcobas de otras personas, tenemos que confiar en las investigaciones sobre sexo o en las observaciones culturales para determinar si alguna conducta sexual está de moda.

Por ejemplo, algunas de las modas que he observado que son únicas en Estados Unidos de hoy incluyen:

➤ Aceptación de las relaciones premaritales, hasta el punto de ser consideradas la norma.

➤ Mayor disposición de las mujeres por iniciar las relaciones sexuales, en comparación con generaciones anteriores.

➤ Aumento en la frecuencia del sexo oral y de la estimulación manual antes de tener relaciones, de tal forma que el sexo oral es considerado muchas veces como un preludio al coito.

➤ Incremento en el consumo de pornografía, debido a que es más accesible a personas de todas las edades.

➤ Mayor capacidad de las personas para hablar acerca del sexo, debido a que un número creciente busca información sexual en libros, artículos de revistas, programas de televisión, de radio y en Internet.

Debido a que la gente está más expuesta a imágenes sexuales que nunca antes, podría pensar erróneamente que cada estilo de vida sexual del que escuchan hablar es realmente una moda sexual. Cada vez que una imagen sexual aparece en la portada de una revista, en televisión o en una película, algunas personas dicen que es la moda sexual más reciente, candente y excitante. Recuerdo que a principios de los noventa, cuando se publicó el libro de sexo de la cantante Maddona, los medios decían que el sadomasoquismo era la moda sexual más candente. O cuando el cantante Sting estuvo en televisión hablando de la práctica del sexo tántrico, la gente se preguntaba si esta alternativa de sexo iba en aumento. O a finales de los noventa cuando el presidente Clinton tuvo un romance con Mónica Lewinsky, y que la gente decía que la moda en el sexo era que los hombres tuvieran un romance con sus subordinadas en el trabajo. Pero, ¿en realidad las personas empezaron a practicar el sadomasoquismo sólo porque Madonna lo hacía? ¿O se iniciaron en el sexo tántrico porque lo hizo Sting? ¿O millones de personas tuvieron romances porque así lo hizo Bill Clinton? Lo dudo. Sólo porque los medios deciden plantear prácticas sexuales alternativas, eso no implica que sea la forma en que las personas están practicando las relaciones sexuales en realidad.

Si descubre alguna imagen sexy que se está mostrando una y otra vez en los medios, y esta imagen lo excita o intriga, entonces tal vez sea algo que le gustaría probar. Sin embargo, sea cuidadoso si quiere poner en práctica todas las actividades sexuales que llegan a sus oídos. No todos los tipos de actos sexuales se ajustarán a su orientación o estilo sexual natural. Cada uno crea su propia sexualidad y las copias no siempre son satisfactorias. Las relaciones, los cuerpos y las circunstancias sexuales son únicas, de tal forma que cada persona sólo puede tener sexo según su propia expresión sexual.

Dése tiempo para descubrir los aspectos creativos del sexo. Conozca todas sus opciones y después decida qué es lo que desea probar. La única forma de alcanzar el sexo maravilloso es conocer su propia sexualidad y después compartirla con una pareja maravillosa que esté deseosa de aprender.

¿Todos lo están haciendo?

¿Ha comparado su actividad sexual con la de otras personas, o se ha preocupado por tener demasiado sexo, o porque no ha tenido suficiente? Casados, divorciados, solteros, jóvenes o viejos, ¿tienen todos sexo todo el tiempo? Es normal tener este tipo de preguntas porque por lo general las personas no suelen contar sus historias sexuales.

El hecho es que resulta difícil determinar cuántas veces ha tenido sexo una persona, debido a que la mayoría de las personas no lleva una cuenta exacta, por lo menos después de algunos años de tener sexo. Aunque tal vez sepa cuántas parejas ha tenido, eso no implica necesariamente la cantidad de sexo que ha tenido. Si ha tenido una pareja estable durante 5 años y ha tenido sexo desde el primer día y todos los días subsecuentes, entonces usted ha tenido sexo 1,825 veces en 5 años. Si tuvo 50 parejas a lo largo de 5 años, pero sólo fueron parejas de una noche, entonces ha tenido sexo 50 veces en 5 años. Si quiere determinar cuánto sexo ha tenido en su vida, trate de contar el número de veces, no las parejas.

Muchas veces me preguntan si una persona tiene demasiado sexo o muy poco sexo. A algunas personas les gusta escuchar el promedio de frecuencia sexual que tienen otros porque así se comparan y se sienten normales. De cualquier forma, no existe algo que sea normal o promedio cuando se trata de la frecuencia con la que uno tiene sexo. Nunca tendrá muy poco sexo, a menos que usted quiera más. Si, por ejemplo, una pareja quiere tener sexo una vez al año y eso funciona para ambos, entonces ésa es la cantidad de sexo que debe tener. Cualquier cantidad que lo haga sentirse feliz a usted y a su pareja es la cantidad correcta, sin importar que sea poco frecuente.

Por otra parte, si disfruta del sexo constante, está bien, si puede encontrar una pareja que quiera la misma cantidad que usted. La única señal de que está teniendo demasiado sexo, es si éste interfiere con su vida. Si tiene que renunciar a su empleo, no tiene tiempo para hablar con su familia o amigos y no puede funcionar normalmente porque siente que debe tener sexo todo el tiempo, entonces está teniendo demasiado sexo. Algunas personas que están en este extremo se denominan compulsivos sexuales y deben ser tratadas por un terapeuta especializado en esta clase de problemas. De otra forma, no hay nada malo con tener mucho sexo. Si tiene el tiempo y una pareja deseosa, entonces ¡hágalo!

Si no tiene la cantidad de sexo que le gustaría tener, puede sentirse frustrado. Si tiene una pareja a quien no le gusta tener sexo tan frecuentemente como a usted, entonces necesita acordar un compromiso feliz. Si no tiene la cantidad de sexo que le gustaría debido a que es soltero, no se desespere, hay muchas parejas potenciales que están en la misma situación y algún día se encontrarán.

Casado o soltero, ¿hay alguna diferencia?

He escuchado que muchas personas casadas desearían ser solteras otra vez para tener sexo cuando quieran y con quien quieran. Pero en realidad ellas están teniendo más sexo que sus contrapartes solteras. A menos que estén en una relación por compromiso, las personas solteras tienen menos sexo que la gente casada. La razón más simple para esto es que la gente casada tiene una pareja sexual, mientras que los solteros no.

La clave para tener tanto sexo como desea, es encontrar una pareja que quiera la misma cantidad que usted. Un acta de matrimonio o el hecho de que comparta la cama con alguien, no garantiza que su vida sexual sea satisfactoria. Tal vez sea soltero y viva con su amante o esté saliendo con alguien a quien vea todos los días y tenga tanto sexo como desee pero, en general, las personas casadas tienen más sexo que las solteras.

Joven o viejo, ¿hay alguna diferencia?

Las personas son seres sexuales desde su nacimiento hasta su muerte. A lo largo de su vida, las personas son sexualmente expresivas, incluso si no son sexualmente activas. Los niños juegan "al doctor" para explorar su sexualidad, o se masturban para liberar su sexualidad. Los adolescentes experimentan con "caricias atrevidas" e incluso algunas veces llegan al coito.

Muchos adultos creen que la gente joven no debería tener sexo, aunque muchos de ellos lo experimentaron en su adolescencia. De hecho, aunque algunos padres de hoy practicaron el sexo en su adolescencia, le dicen a sus hijos que deben esperar hasta los 18 años para tener relaciones sexuales o incluso hasta estar casados.

Entonces, ¿cuándo es el momento adecuado para iniciarse en el sexo? Yo creo que las personas son muy jóvenes para tener sexo si no pueden lidiar con las consecuencias físicas y emocionales de tenerlo. Pero esta percepción es individual. Hay jóvenes de 16 años que pueden tener sexo y lidiar con él, y personas de 30 años que aún no pueden. El mejor momento para empezar a tener sexo es cuando:

➤ Se sienta listo y seguro de que el sexo es lo correcto para usted.

➤ Utilice anticonceptivos y condones con responsabilidad cada vez que tenga sexo.

➤ Sepa qué hacer si ocurre un embarazo no deseado o si se contagia de una enfermedad de transmisión sexual.

➤ Pueda evaluar a su pareja para saber si son compatibles.

➤ Sea capaz de lidiar con sus emociones, sabiendo si necesita estar enamorado para tener sexo y pueda aceptar si su pareja lo ama para siempre o si se aleja inmediatamente después de llegar al orgasmo.

Tal vez crea que los adolescentes y las personas de veintitantos años tienen mucho sexo por ser jóvenes, viriles y llenos de sexualidad. Esta creencia no siempre es real. Muchas personas jóvenes son solteras y no tienen a nadie con quien compartir el sexo.

La buena noticia acerca de crecer es que también se crece sexualmente. Conforme Maduran, los hombres duran más tiempo y las mujeres disfrutan de orgasmos. Cuanto más tenga sexo, más aprenderá de sexualidad y será mejor cada vez. ¡Crecer y hacerse más sabio también tiene sus beneficios en la cama!

Los factores más importantes que afectan la frecuencia con la que tiene sexo en su vida se relacionan con los cambios en ella. Como adolescente, probablemente aún vivía con sus padres, con poca privacidad para tener encuentros sexuales. Incluso después de empezar a vivir solo, los departamentos compartidos o los dormitorios en las universidades también dificultaban el tener momentos íntimos. Los adultos por lo general tienen más tiempo y privacidad para el sexo. Con todo, conforme se establezca en la vida (por ejemplo, como parte de una pareja de profesionistas con niños) estará muy cansado u ocupado para tener sexo. Por ello, a lo largo de su existencia, su vida sexual sufrirá cambios constantes. Joven o viejo, puede tener sexo maravilloso siempre y cuando tenga una pareja deseosa, el tiempo, el lugar y la capacidad.

Hay más de una razón para tener sexo

Cuando le pregunto a las personas por qué tienen sexo, la mayoría de ellas responden, "porque se siente bien". Sin embargo, si lo piensa, hay docenas de razones por las que la gente tiene sexo. Diferentes personas, en diferentes relaciones, en diferentes situaciones, en diferentes etapas de sus vidas tienen sexo por razones diferentes. A continuación se presenta una lista (sin un orden en particular) de las razones de las personas para tener sexo. Puede utilizar esta hoja de trabajo para encontrar cuáles son para usted buenas razones para tener sexo y cuáles son malas.

¿Por qué tendría sexo?

ALGUNAS RAZONES POR LAS QUE TENDRÍA SEXO	ÉSTA NUNCA SERÍA UNA BUENA RAZÓN PARA TENER SEXO	DEFINITIVAMENTE, ÉSTA SERÍA UNA BUENA RAZÓN PARA TENER SEXO	ÉSTA PODRÍA SER UNA BUENA RAZÓN ALGÚN DÍA
Porque está enamorado			
Porque es parte de su compromiso			
Para quedar embarazada			
Porque siente lujuria			
Para sentirse más joven			
Para sentirse más maduro			
Para que su pareja se sienta deseada			
Para hacer un espectáculo para sus vecinos			
Para tener un orgasmo			
Para liberar la tensión			
Para quedarse dormido			
Para hacer sentir celos a alguien			
Para darle placer a alguien			

Para bromear			
Para sentirse sexy			
Para postergar algo			
Para reconciliarse después de una pelea			
Por experimentar			
¿Qué tan seguido conoces a una estrella de cine?			
Para sentirse poderoso			
Para acabar con el aburrimiento			
Para probar nuevas posiciones			
Porque se encuentra en un lugar interesante			
Por dinero			
Porque tuvo una gran decepción			
Para acabar con la gran decepción de alguien más			
Para hablar de eso después			
Por placer físico			

El sexo será maravilloso en verdad si lo hace por las razones que lo hagan sentir pleno. Muchas personas tienen sexo por razones que no son adecuadas para ellas, antes de darse cuenta de que el sexo es mejor cuando lo hacen por las razones correctas. Si piensa seriamente en qué es lo mejor del sexo para usted, y se apega al objetivo de tener sexo con esas condiciones, será más feliz con su vida sexual.

Capítulo 2

Sexpectativas: entienda sus creencias sexuales

Probablemente esté ansioso por empezar a experimentar con nuevas técnicas sexuales, pero primero deberá tener una firme facultad (perdón por el juego de palabras) para entender cómo obtener el máximo placer de su *sexualidad*. Para hacerlo, tiene que entender que el sexo es una parte inherente de nuestras vidas, natural, buena y saludable.

Pero eso no es tan fácil para todos. Cuando era niño tal vez le enseñaron a sentirse culpable acerca del sexo. La forma en que fue educado influye en sus creencias de adulto. Este capítulo le ayudará a examinar lo que ha aprendido acerca del sexo, en caso de que deba desaprender o reaprender algunas cosas. Una vez que entienda que la sexualidad es una parte integral y maravillosa de sí mismo, abrirá la puerta al placer sexual. ¿Está listo para aprender cómo tener sexo maravilloso? Si lo está, entonces es tiempo de explorar sus creencias y valores sobre el sexo y de reconocer cómo le afectan.

Haga valer su derecho al placer sexual

El sexo maravilloso significa concentrarse en absoluto en ello: sin inhibiciones, cómodo y encantado de tener sexo. Debe sentirse como si ganara la lotería, escalara el monte Everest, cantara a dúo con Luciano Pavarotti o manejara un Ferrari nuevo. Si permite que sus inhibiciones oculten lo mejor de usted, entonces tener sexo será más como si ganara un reintegro, subiera unas escaleras, cantara en la regadera o fuera un pasajero en la parte trasera de una camioneta *pickup*.

Si no se siente a gusto con su sexualidad, entonces está perdiéndose uno de los grandes placeres de la vida, el placer sexual. Por ejemplo, si estar desnudo lo hace querer esconderse en un armario, entonces no se sentirá sexy dejando caer sus ropas enfrente de otra persona. ¿Qué tal besar a alguien nuevo? Si su quijada se cierra de terror, entonces no disfrutará la excitación de un beso apasionado. Quizá tenga alguna barrera para sentir el placer sexual y si cree que no debería disfrutar del sexo, entonces no lo hará. Puede deshacerse de sus inhibiciones respecto al sexo, pero primero debe de saber de dónde vienen esos sentimientos negativos.

A simple vista, parece que vivimos en una sociedad sexualmente liberada; sin embargo, los padres de familia y la religión tienen una postura adversa y enseñan a los niños que el placer sexual es malo. Al crecer, probablemente la gente le dijo que debía decir no al sexo o que el sexo era una tentación que debía evitar. Pero ¿alguien le dijo que el sexo es un aspecto positivo y maravilloso de la vida?

Fotografía de Barnaby Hall.

Cualesquiera que sean las creencias con las que creció, una cosa es cierta: como adulto, ¡tiene derecho a disfrutar del sexo! Nunca debe sentirse culpable o avergonzado por querer mejorar su vida sexual y hacerla lo más placentera posible. Cuando dice sí al sexo maravilloso, está haciendo valer su derecho como persona sexual.

Recuerde sus influencias sexuales

Tal vez su religión le exigía que esperara para tener sexo hasta que estuviera casado. Quizá sus padres le decían que esperara hasta que estuviera enamorado. O los maestros de educación sexual le dijeron de los peligros del sexo y cómo podría contraer SIDA y morir. Mientras que los peligros del sexo son ciertos, son sólo una parte de la historia; cuando se trata de esos mensajes negativos que oye y ve, no siempre son reales.

La forma de desaprender mensajes negativos acerca del sexo es examinando cómo los aprendió. Piense en lo que aprendió de sus padres. Si los vio abrazarse y besarse, seguro notó su afecto y percibió mensajes positivos. Tal vez tuvo la buena fortuna de tener padres que le facilitaran a usted hacer preguntas sobre sexo. Pero si sus padres eran herméticos a todo lo que tuviera que ver con sexo, entonces quizá usted todavía esté tratando de entender por qué el sexo es algo prohibido, sucio y que no debe disfrutarse.

Los niños aprenden, a través de la autoexploración natural, que es placentero tocarse a sí mismos, pero a la mayoría se les enseña que no deben tocarse los genitales ni *masturbarse*. Algunos padres regañan a los niños pequeños que se tocan; entonces el único momento en el que exploran su cuerpo, si es que lo hacen, es cuando están en la cama, bajo las cobijas, en la noche. Ésa es una forma segura de aprender que el sexo es algo que debe ocultarse (para mayor información acerca de la masturbación, consulte el capítulo 10). La gente no debería sentirse avergonzada de sus necesidades sexuales. Incluso si usted se avergonzaba de niño, ahora debe superarlo.

Todo este tabú que enfrentan los niños es reforzado por el lenguaje que se utiliza para referirse a las partes sexuales del cuerpo. Muy pocas veces, los padres enseñan los nombres correctos de las partes del cuerpo y de los actos sexuales. Cuando los padres les enseñan los nombres correctos de las partes del cuerpo (rodillas, codos), deben enseñar también los nombres correctos para los genitales (pene, vagina).

Además de la influencia de los padres, muchos niños aprenden mensajes negativos de sus amigos. ¿Recuerda cuando se rió de la broma que no entendió sólo porque todos lo estaban haciendo? Los chistes colorados circulan a granel por todas las escuelas secundarias. Un niño que no entiende la broma, o no se ríe lo suficiente de ella, es víctima de burlas despiadadas. Un niño también puede ser víctima de burlas por no contar chistes sexuales que haya escuchado o por no utilizar palabras sucias. El niño al que todos llaman "mojigato" puede empezar a sentirse mal acerca de su sexualidad.

La presión para hablar de sexo o usar palabras sucias alcanza proporciones enormes en la escuela secundaria y las burlas suelen girar en torno a la actividad sexual o a la falta de ella. La presión para tener relaciones sexuales puede tener una influencia negativa en el desarrollo personal de la sexualidad. Los adolescentes necesitan entender que las elecciones sexuales son individuales. A lo largo de su vida sólo deberá tener sexo cuando esté seguro de que es lo correcto para usted.

Mitos acerca del sexo

Todos esos murmullos y secretos que recuerda de cuando era un muchacho se convierten en mitos porque hay mucha reserva respecto al sexo en torno a los niños. ¿Le dijeron alguna vez que le saldrían pelos en las manos por masturbarse? (¿Lo sorprendí viéndose las manos? Probablemente no, porque usted sabe que no es cierto.) ¿O que no puede quedar embarazada si brinca después del sexo? (¡No es cierto!) Cualquiera que crea en ese tipo de mitos no tiene control de su sexualidad y es probable que no disfrute mucho del sexo. ¿Cómo puede relajarse con este tipo de nociones dando vueltas en su mente?

Por suerte, la mayoría de esos mitos son olvidados una vez que la gente llega a la edad adulta. Sin embargo, hay más mitos arraigados en los adultos de los que se cree. Eche un vistazo a todas esas concepciones populares equívocas para que decida si sus creencias necesitan un ajuste. Los siguientes mitos son incorrectos:

➤ El sexo es sucio, pecaminoso y poco placentero.

La gente por lo general culpa a la religión por enseñar que el sexo es malo, incorrecto o pecaminoso. Pero, de hecho, usted puede tener sólidas creencias religiosas y aun así tener sexo por placer. Una vez escuché a un sacerdote decir lo siguiente para hacer entender este punto: "Si Dios no hubiera querido que la gente tuviera sexo, no hubiera hecho que se sintiera tan bien".

➤ La eyaculación agota la energía de un hombre.

Este mito data de la India hacia el siglo VII. La gente creía que cuanto más eyaculara un hombre, más tendría que restituir su fuente de energía y perdería más de su preciada energía. Por supuesto que esto no es cierto, como lo es el hecho de que la producción de semen no requiere de ningún esfuerzo para el hombre. Tener relaciones sexuales vigorosas lo puede hacer sentirse cansado, al igual que cualquier otra actividad. Pero el sexo puede darle mucha energía; por cada hombre que siente ganas de dormir después del sexo, hay uno que se siente tan vigorizado que quiere correr 10 km... o volver a tener sexo.

➤ El placer sexual no dura para toda la vida.

Después de una conferencia que di en una universidad, una joven de 20 años se me acercó para preguntarme: "¿Cuántos orgasmos puedo tener?" Le pedí que me explicara lo que quería decir con esa pregunta, y me dijo que siempre creyó que las mujeres tenían la capacidad para sentir un número fijo de orgasmos en toda su vida. Pensó que tenía que ver con la cantidad de óvulos que una mujer lleva en sus ovarios. La corregí y le ayudé a entender que el orgasmo proviene de la mente y de las terminales nerviosas de la mujer, que no está relacionado con su ovulación y, lo más importante, que ella puede tener un número ilimitado de orgasmos, en

16

cualquier momento por el resto de su vida. El placer sexual le durará mientras viva.

➤ Los hombres siempre quieren tener sexo y no pueden ser monógamos.

De acuerdo con la biología evolucionista, las especies masculinas tienen millones de espermas para repartirlos y fertilizar la mayor cantidad de óvulos como sea posible. Pero esto no es relevante para el hombre en la sociedad contemporánea. Los hombres no necesitan distribuir su "semilla" entre la mayor cantidad posible de mujeres. Ellos pueden establecerse con una mujer y vivir felices para siempre. Los hombres pueden ser fieles siempre y cuando ellos decidan serlo. Decir que "todos los hombres engañan" es como decir que ningún hombre tiene autocontrol y que ninguno respeta su compromiso en una relación. Eso no es verdad. No todos los hombres traicionan y mienten a las mujeres. Cualquier hombre puede elegir comprometerse con una sola mujer para siempre.

➤ Las mujeres no deben pedir tener sexo ni lo deben disfrutar.

A una mujer que quiera tener sexo puede preocuparle ser llamada piruja o ser percibida como una prostituta si toma la iniciativa y busca tenerlo. Después de todo, cuando creció, no era esa la forma en que llamaban a las niñas que "andaban en la movida". Pero pregúntese usted mismo ¿qué hay de malo en que una mujer disfrute del sexo? Si no sabe la respuesta, se la diré: nada. El sexo existe para ser disfrutado tanto por hombres como por mujeres.

Ajuste su actitud

Si todavía carga con la culpa y sus sentimientos respecto al sexo interfieren con su placer, necesita cambiarlos. Hay muchas formas para hacerlo. Piense en lo que encuentra sexy, sin sentirse afectado por las ideas que le inculcaron. Recuerde que tiene el derecho de elegir si quiere o no tener sexo, cuándo lo desea y con quién. La plenitud sexual está a su alcance si cree que puede tenerla. Tener sexo maravilloso necesita de un alto nivel de comodidad, mucha información, algunas habilidades y una pareja que se sienta de la misma forma.

Ajustar su actitud significa buscar más información sobre sexo con la esperanza de que se sentirá libre de divertirse cuando lo haga. ¿Se sintió avergonzado al pagar este libro en la librería? O quizá se sintió chistoso cuando su amigo o amante se lo dio. ¿Qué tal si alguien se da cuenta de que tiene un manual de sexo? ¿Se sentiría obligado a dar excusas como: "alguien me lo regaló en broma"? Bien, muchas personas se sienten así. Aquí es donde el ajuste a su actitud entra en escena y le da el poder de educarse en el sexo.

En vez de sentirse avergonzado, piense en sí mismo como una persona inteligente que quiere saber más de sexo. Está haciendo algo maravilloso por usted al aprender sobre sexo. En vez de temer que las personas piensen que es un pervertido, piense en ellos como los perdedores que no están en contacto con su sexualidad. Puede incrementar sus conocimientos leyendo este libro y poniendo en práctica lo que lee.

Hable acerca de su pasado sexual

Puede sentirse más cómodo respecto al sexo hablando sobre sus influencias sexuales y su historia con alguien que tenga la experiencia para ayudarle a entenderlo mejor. Debe encontrar a alguien en quien confíe, un consejero o terapeuta. Asegúrese de que esa persona tenga la experiencia para ayudarlo a descubrir cómo su pasado influye en su presente. Entonces siéntense juntos cuando tenga tiempo para hablar con esa persona acerca de su historia sexual. La siguiente lista le dará algunas ideas para compartir:

- ➤ Hable de lo que sus padres le enseñaron acerca del sexo.
- ➤ Platique otros recuerdos que tenga relacionados con la sexualidad en su infancia.
- ➤ Hable sobre la actitud que tenía de niño hacia la desnudez y la imagen de su cuerpo y cómo ha cambiado conforme ha crecido.
- ➤ Hable de su primera menstruación (si es mujer) o de su primer sueño húmedo (si es hombre).
- ➤ Platique lo que pensaba de la masturbación y cuándo, si es que pasó, se sintió completamente a gusto masturbándose.
- ➤ Hable acerca de lo que aprendió sobre sexo de sus amigos, los medios de comunicación y la educación sexual escolar.
- ➤ Hable de cómo fueron sus primeras citas.
- ➤ Platique por qué y cuándo perdió su virginidad, y qué es lo que le hizo pensar acerca del sexo.
- ➤ Diga cómo afectan sus experiencias de juventud su vida social y sexual actual.

No necesita platicarle a su nueva pareja acerca de su pasado. De hecho, preferirá guardarse los detalles de su pasado sexual para usted mismo. (En especial si de cualquier manera utiliza condones para protegerse de alguna enfermedad.) Sin embargo, querrá compartir algunos aspectos de su historia personal con la pareja a la que ama, de tal forma que la persona lo conozca más íntimamente. Algunas veces ser capaz de hablar de su pasado sexual y de sus actitudes y valores sexuales puede ser importante. Para aprender más acerca de cómo y cuándo hablar de sexo, lea el capítulo 5.

Recuerde, su meta deberá ser entenderse a sí mismo y a su sexualidad. Una vez que se deshaga de los mitos, rumores de la escuela e influencias que le confunden, se dará cuenta de que el sexo es una parte maravillosa de su vida. ¡El primer paso para tener sexo maravilloso es saber que puede tenerlo!

Capítulo 3

Sexo con (o sin) amor

"Te amo". Escuchar estas dos palabras de alguien a quien ama, lo hará sentirse maravilloso. Para algunas personas, estar enamorado es un requisito para tener sexo. Para otras, el amor es algo totalmente aparte. El sexo para ellas es algo que está más relacionado con la pasión, la atracción y el placer físico.

Para sentirse feliz con su vida sexual y tener relaciones significativas, tiene que clasificar todos estos aspectos. Decidir si sólo le interesa la monogamia o si el sexo casual sin compromisos es lo suyo, afectará en gran medida la forma en que maneje su vida sexual. Aunque el amor y el sexo pueden separarse, también pueden estar inexorablemente ligados. Todo depende de lo que desea de su vida sexual y de cómo define el amor.

Eso llamado amor

¿Ha estado enamorado alguna vez? Algunas personas no están muy seguras. Otras dicen que saben que están enamoradas ahora, que lo que pensaban que era amor en el pasado no debe haberlo sido. Saber si se está enamorado no siempre es fácil porque el amor es una emoción bastante compleja.

Por años, a través de su trabajo, artistas, poetas, filósofos, escritores y músicos han tratado de definir el amor. Nociones románticas del amor expresan que es una cualidad de devoción que uno siente hacia otra persona. Empero, el sentido del amor para cada persona es muy difícil de definir.

Otra razón que dificulta definir el amor es que muchas personas lo confunden con la pasión. El amor lo hace sentir con energía, contento y estable emocionalmente. La pasión lo hace sentir ansioso, celoso y posesivo. La pasión, u obsesión, se basa en la atracción sexual. Al principio, cuando conoce a alguien que le atrae, siente una fuerte conexión y la clasifica como amor, o incluso como amor a primera vista. Pero en general lo que está sintiendo es atracción o deseo.

Si sólo quiere tener sexo con alguien a quien ame, ¿entonces cómo sabrá que ama a alguien? La mayoría de las veces, el tiempo es el factor que responde esa pregunta. Si pasan varios meses y aún siente que ama a la persona, entonces podrá sentirse más confiado de que sus sentimientos son reales. Conforme se involucre más con la persona, quizá sienta un afecto más profundo y una necesidad de establecer un lazo con esa persona. En este caso, el amor podrá llegar a ser un verdadero vínculo.

En cada persona, los sentimientos de "estar enamorado" serán una nueva experiencia. Algunas veces usted se enamora de un amigo que ha conocido por años. Otras, se enamora de un extraño que ve al otro lado de una habitación llena. No hay dos tipos de amor que sean iguales.

De acuerdo con la teoría del amor del psicólogo Richard Strenberg, el verdadero amor se basa en el equilibrio de tres elementos: compromiso, intimidad y pasión. Él explica que si falta alguno de esos elementos, se puede seguir sintiendo amor, pero diferentes tipos de amor, como se muestra en el esquema.

Debido a que hay varios tipos de amor, y a que cada quien define el amor de forma diferente, será muy útil para su relación si le explica a su pareja el tipo de amor que siente. Yo espero que ambos se entiendan y que sientan tipos de amor similares.

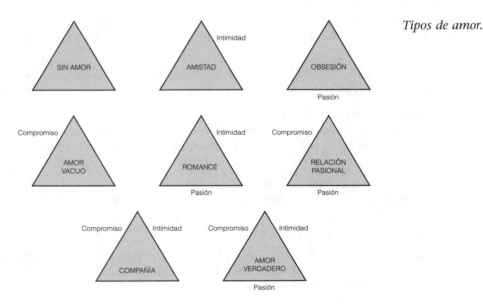

Tipos de amor.

Cuándo y cómo expresar su amor

Como a muchas personas se les dificulta definir su amor, expresarlo se les complica aún más. Tal vez inicie una relación y se pregunte si debe ser el primero en decir "te amo"; o si debe mandar un correo electrónico o una tarjeta que diga "Amor". Si expresa su amor a alguien antes de que ella o él lo exprese, entonces se está arriesgando a que el sentimiento no sea recíproco. Como el amor no correspondido es un sentimiento doloroso, procure estar seguro de que realmente siente amor antes de declararlo.

Aunque expresar su amor puede asustarlo al principio, no debe temer decir, escribir o, más importante aún, demostrar sus sentimientos hacia alguien. Si el objeto de su amor se siente de la misma forma, entonces ambos sabrán que se aman y eso los unirá más. Si la persona no responde positivamente a su declaración de amor, entonces eso le ayudará a entender que debe mantener sus sentimientos (y a usted mismo) en perspectiva mientras esa persona empieza a sentir amor por usted o hasta que lo supere y siga adelante con su vida.

De la atracción al amor y el sexo

Cuando conoce a alguien, usted pasa por diferentes etapas para determinar si está interesado en esa persona. Si esta atracción inicial es suficientemente fuerte, es probable que les interese verse otra vez. Ese deseo por lo general se basa en la atracción física, pero puede decidir ver a la persona por razones sociales o intelectuales.

Una vez que superen la atracción inicial, ustedes hablarán y pasarán tiempo juntos para determinar si sus estilos de vida, valores e intereses, están en sincronía. En este momento será capaz de ver si la persona con la que ha estado fantaseando es realmente una buena pareja para usted. Debe ser cuidadoso en esta etapa, si el amor puede ser ciego, entonces la pasión con seguridad lo es. En esa situación se verá detectando en su pareja potencial cualidades que normalmente ni siquiera había soñado. Así que abra los ojos y trate de ser honesto consigo mismo respecto a cómo vería en realidad a esa persona si quitara la venda de la pasión de sus ojos.

Finalmente, una vez que pasan semanas o meses en los que llegan a conocerse, y si la atracción continúa, han alcanzado el punto en el que deben determinar el papel que desempeñará cada uno en la vida del otro. En otras palabras, si esa persona sólo quiere sexo casual y usted quiere matrimonio, esto no funcionará por mucho tiempo. Pero si ambos tienen los mismos planes en mente, su relación sexual puede ser un buen comienzo.

¿El amor afecta el sexo?

Mucha gente le dirá que cuando mezcla el sexo con el amor experimenta el sexo más maravilloso que sea posible. Sin embargo, encontrará personas que le dirán que el sexo salvaje y apasionado se da mejor con un completo desconocido, alguien a quien no aman en absoluto. En otras palabras, la presencia o ausencia de amor hace la diferencia. Necesita aprender si para usted es necesario que exista el amor para tener sexo maravilloso.

Piense en el inicio de una relación en la que haya estado (o esté ahora). Los sentimientos de obsesión quizá le sean familiares. Tal vez tuvo sexo antes de estar seguro de que estaba enamorado. ¿Cómo afectó eso su relación? ¿Estaba basada solamente en el sexo o floreció en amor?

Algunas personas piensan que si esperan (meses o incluso años) a tener sexo hasta sentirse realmente enamorados, entonces su relación será más profunda sin estar basada en sexo. Además, cuando usted espera hasta estar enamorado, el sexo puede ser más intenso y significativo. Si está enamorado cuando tenga sexo, puede mirar profundamente en los ojos de su pareja y sentir una conexión mutua. Algunas personas sienten que en realidad se funden mientras tienen sexo cuando están enamorados.

Si usted es el tipo de persona que gusta de que su pareja lo mire a los ojos y diga "te amo" mientras tienen sexo, entonces, seguramente usted prefiere el sexo con amor. Si es del tipo de persona a quien no le gusta nada de romance mezclado con el sexo, entonces no necesita amor para tener sexo.

Por supuesto, esto no quiere decir que cuando esté enamorado, cada vez que tenga sexo tiene que ser como un festival romántico. Tener sexo cuando está enamorado no siempre significa que lo haga para demostrar amor; algunas veces el sexo expresa otros sentimientos. Por ejemplo, una pareja que está enamorada puede tener sexo sólo para expresar su deseo físico. Tal vez sólo quieran quitarse la ropa mutuamente de modo salvaje y tener sexo sin perder tiempo en mirarse a los ojos. O quizá sólo deseen tener sexo para poder quedarse dormidos en la noche. Pueden tener muchas razones, como vimos en el capítulo anterior. Podemos concluir que incluso si se está enamorado, el sexo no siempre es cosa de amor.

Monogamia

Hay personas que sólo quieren tener sexo en una relación comprometida, monógama y de amor. Si ésa es su elección, ¡fantástico! Pero cuando se trata de *monogamia,* la pregunta principal es si en realidad funciona.

La monogamia puede funcionar sólo si ambas partes están comprometidas a estar juntas y a tener relaciones sexuales sólo entre ellas. Durante los primeros dos años de relación, una pareja sólo está interesada en estar con el otro porque aún son relativamente nuevos el uno para el otro; es después de ese tiempo cuando la tentación se vuelve más fuerte. Si es honesto consigo mismo y con su pareja, puede tomar cualquier atracción sexual externa y canalizarla a la relación que ya tiene y así nunca iniciará una aventura con alguien más.

Uno de los beneficios más maravillosos de una relación monógama comprometida, es que cuanto más tiempo estén juntos, más conocerán el cuerpo y las respuestas sexuales de su pareja. Sabrá exactamente cómo hacer sentir increíble al otro. Además, como se habrá desarrollado una gran confianza, podrán experimentar con actividades sexuales creativas juntos. Se sentirán desinhibidos respecto al otro abriendo vías para expresar su propia sexualidad.

Fotografía de Susan.
Rubin.

Con nuevas y creativas posiciones, fantasías y conversación abierta, las parejas pueden contribuir a mantener el sexo monógamo excitante. Muchos de los consejos de este libro les ayudarán.

Sexo casual y placer por una noche

Hay mucha gente que cree que el sexo entre casi extraños es más excitante que el que existe entre personas que están enamoradas. Algunas veces, una aventura de una noche y el sexo ocasional pueden ser muy candentes. La atracción sexual que se siente por alguien nuevo no puede repetirse. Cuando toma esa agresiva carga sexual y actúa de inmediato, el sexo puede ser muy apasionado. Sin embargo, el sexo casual puede tener consecuencias físicas. Siempre debe utilizar anticonceptivos, además de los condones para reducir el riesgo de embarazo y de contraer alguna enfermedad de transmisión sexual.

Encontrará gran placer al calor del momento, pero ¿qué hay de las consecuencias emocionales? Si es alguien que puede tener a una persona dentro de su cuerpo, o estar dentro del cuerpo de alguien sin que le afecte, entonces estará bien para usted tener sexo casual. Ahora que si usted es alguien que piensa que el sexo le toca las fibras más íntimas (literal y metafóricamente hablando) es probable que no sea un buen candidato para tener un encuentro sexual con un extraño.

Para determinar si este tipo de sexo es para usted, debe pensar en cómo se sentirá al día siguiente o la semana siguiente después de hacerlo. Si es probable que se sienta deprimido y solo después de tener sexo espontáneo, ahórrese la pena. Aun cuando el orgasmo se sienta increíble durante el acto sexual, si usted se sentirá terrible después, no vale la pena. Es mejor nunca hacer nada de lo que luego se arrepentirá; pero si piensa que se sentirá excelente con su elección de tener sexo casual, entonces hágalo.

Para concluir, asegúrese de sus expectativas al tener sexo. Sólo porque su cuerpo se sienta satisfecho, no significa que su mente, su corazón o su espíritu lo estarán. Si sus expectativas incluyen tener una relación que vaya más allá de ser una pareja sexual, entonces espere a tener eso —ya sea que eso signifique que espere a estar enamorado o no.

¿Cuándo es el momento ideal?

No existe un momento "ideal" para tener sexo con alguien; necesita decidir usted mismo si se siente suficientemente cercano a la persona para estar en la situación más íntima en que puede estar. Debe considerar sus valores en cuanto al sexo casual, el sexo en general y el amor, así como lo que busca en una relación.

Ha escuchado la expresión: "¿Por qué comprar la vaca si puede obtener la leche gratis?" Algunas personas creen que dar ese paso muy pronto hace que la relación termine por basarse sólo en el sexo y que difícilmente podrá convertirse en una relación comprometida a largo plazo. Puede ser confuso si establece intimidad física con alguien antes de tener intimidad emocional. Esta disparidad puede hacer que se pregunte hacia dónde va su relación, antes de siquiera tener la oportunidad de establecer si esa pareja sexual es alguien a quien le gustaría tratar fuera de la cama. Por otra parte, hay quienes piensan que si no tienen sexo con la pareja para la tercera cita, entonces esa persona perderá todo el interés. Algunas personas, a su vez, creen que la intimidad física enseña más de una persona que largas horas de conversación.

Para lidiar con este predicamento, debe establecer sus propias reglas acerca de cuándo es el momento apropiado para tener sexo y aferrarse a ellas sin importar nada. A la larga, si usted toma una decisión sobre cuándo tener sexo con una nueva pareja y se apega a ella, se sentirá más feliz que si sólo improvisa.

¡eep!

Port·a·vac

Capítulo 4

Compatibilidad sexual

Uno de los secretos para tener sexo maravilloso, es contar con una pareja que también lo desee. Si es soltero, tiene que empezar su búsqueda conociendo gente y poniendo atención a lo que es bueno para usted. Si ya tiene una relación, entonces deberá crear la vida sexual que le encantaría tener con su pareja.

Elegir una pareja sexual duradera no siempre es fácil; algunas veces la persona hacia la que se siente atraído inicialmente, quien siente que podría ser un excelente compañero sexual, resulta ser un "fiasco". Toma tiempo y esfuerzo descubrir lo que hace al sexo bueno para usted y saber qué es lo que hace a una pareja buena para usted.

Identificarse con una pareja sexual compatible puede allanar el camino hacia una relación más comprometida. Incluso la relación más casual no deja de ser una relación; a menos que esté buscando placer por una noche, su pareja sexual deberá tener cualidades que usted disfrute y que lo enciendan.

Encuentre a alguien que lo encienda

La mayor queja que he escuchado de la gente es que no pueden encontrar a la persona correcta. Tal vez encontrar una pareja no sea fácil, pero hay alguien allá afuera que es (suficientemente) adecuado para usted. Sólo debe seguir buscando.

En su búsqueda de una pareja compatible, necesita invertir tiempo y esfuerzo. Primero empiece por conocer tanta gente como pueda. A continuación hay algunos lugares típicos donde se conoce la gente:

➤ En la preparatoria o universidad.

➤ En el trabajo.

➤ A través de amigos o familia.

➤ En un club o actividad deportiva.

➤ En la iglesia o la sinagoga.

➤ A través de anuncios personales, servicio de citas o Internet.

➤ En un bar o una fiesta.

➤ Casualmente.

Hay algunos elementos fundamentales de compatibilidad que debe examinar cuando conozca a alguien nuevo:

➤ Intelectual: deben ser lo suficientemente listos uno para el otro.

➤ Emocional: deben tener los mismos valores respecto al amor.

➤ Trabajo: deben tener la misma ética laboral.

➤ Familia: deben aceptar a la familia del otro y tener ideas similares sobre cómo les gustaría criar a una familia en el futuro.

➤ Espiritualidad: deben compartir las creencias religiosas o aceptar las diferencias mutuas.

➤ Vida social: deben tener puntos de vista similares en cuanto a qué tanto y en qué situaciones les interesa socializar.

➤ Dinero: deben compartir los mismos valores acerca del dinero.

➤ Sexo: deben tener los mismos gustos sexuales y deben estar interesados en tener sexo con el otro.

Cuando empiece a salir con una persona, debe entrevistarla para saber si son compatibles. Haga muchas preguntas y trate de percibir cuál es su personalidad. Así determinará si ambos esperan lo mismo de su relación y lo mismo en la vida. Si encuentra a alguien que le guste, permita que la relación evolucione. Toma tiempo conocer a alguien y determinar si sólo es atracción. Si las cosas parecen funcionar, es probable que ambos terminen desnudos juntos.

Si siente que alguien con quien está saliendo no es adecuado para usted, probablemente esté en lo correcto. No siempre tiene que esperar para darse cuenta de que su pareja potencial le va a traer problemas. Siga sus instintos. Ahora que si no percibe con claridad los signos de advertencia, las siguientes características no sólo contribuyen al mal sexo, sino también a una mala relación. Evite a alguien que:

➤ Sea alcohólico, drogadicto, o tenga otro tipo de adicciones.

➤ Hable constantemente acerca de su ex novio o ex novia, ex esposo o ex esposa.

➤ No se comprometerá sólo con usted.

➤ Pida cierta clase de sexo o actos sexuales que a usted no le gustaría hacer.

➤ Sea violento o abusivo.

Si conoce a alguien que tenga esas características negativas o incluso a alguien que no llene sus necesidades, entonces déjelo ir y continúe con su búsqueda. No debe mantener una relación que no sea la adecuada para usted porque entonces se está perdiendo de la que sí lo es. A veces puede parecer abrumador o casi imposible, pero es casi seguro que encuentre el amor y una excelente pareja sexual en algún momento de su vida. Espero que la próxima persona que conozca sea la correcta.

¿Qué hace al buen sexo?

Todo el mundo tiene una opinión diferente de lo que hace bueno al sexo. Una explicación casi científica de lo que es el buen sexo podría ser:

El buen sexo tiene un elemento de erotismo sensual. A menudo se inicia para satisfacer un deseo pasional o la tensión sexual entre dos personas. Conforme ambos se excitan y empiezan a tener contacto íntimo, se estimulan aún más. Progresan a un preludio más intenso, suficiente para que ambos se enciendan y estén listos para el sexo. Ambos pueden dominar técnicas sexuales de manera que su pasión sea satisfecha y ambos tengan orgasmos. También puede haber un clímax emocional, un momento en el que ambos se sienten enamorados de los actos sexuales que estén llevando a cabo y enamorados del momento, lo cual a veces se traduce en un sentimiento de amor por la persona con quien lo están haciendo. Durante el acto sexual, la gente sentirá intensidad y libertad sexual. Estarán absortos en el acto, sin cuestionar, sin anticiparse, sin preocuparse, sin analizar... sólo pensando en el sexo. Después del buen sexo, a menudo se presentan sentimientos de relajación, seguridad, satisfacción, dicha y amor.

La única forma en que realmente puede saber si la persona hacia la que se siente atraído será buena en la cama, es teniendo sexo. Sin embargo, hay algunas cosas que puede observar para determinar si la persona tiene una actitud positiva hacia el sexo y por ello puede ser un buen amante. Mantenga sus ojos abiertos hacia alguien que:

➤ Está a gusto con su cuerpo.

➤ Habla de sexo abiertamente, no tímidamente.

➤ Tiene un sentido de diversión y aventura.

➤ Usa anticonceptivos y condones apropiadamente.

Fotografía de Barnaby Hall.

¿Qué es lo que desea de su vida sexual?

El camino hacia el sexo maravilloso es descubrir qué es exactamente lo que espera que el sexo le retribuya. Intente responder las siguientes preguntas para determinar sus expectativas sexuales.

1. ¿Qué tan a menudo le gustaría tener sexo?

   _____

2. ¿Necesita estar enamorado para tener sexo?

   _____

3. ¿Le gusta iniciar el sexo o preferiría que su pareja lo hiciera o que ambos lo hicieran alternativamente?

   _____

4. ¿Desea una pareja de por vida o encuentros casuales?

   _____

5. ¿Quisiera tener orgasmos cada vez que tiene sexo?

   _____

6. ¿Tiene alguna posición favorita para la penetración (para el coito)?

   _____

7. ¿Le gusta dar y recibir estimulación manual, sexo oral, sexo anal?

   _____

8. ¿Le gustan tipos específicos de vida sexual alternativa o sexo alocado? De ser así, ¿de qué tipo?

   _____

9. ¿Le gusta la variedad en su vida sexual o le gusta ser más rutinario?

_____

10. ¿Quisiera tener un bebé pronto?

_____

Al contestar estas preguntas, tendrá una mejor idea de lo que quiere. Ahora usted y su pareja pueden explorar si esta relación funcionará.

Lista de verificación de compatibilidad

El sentimiento de ser encendido por alguien es mágico. Algunas veces puede ver a los ojos de una persona e instantáneamente decidir que quiere tener sexo con ella. Eso puede ponerlo en el camino para estar junto a alguien por quien se sienta atraído y que se sienta atraído hacia usted, pero hay más que eso. Mirarse a los ojos puede sentirse bien, pero ¿qué pasa una vez que hablan de sexo y descubre que el otro es sadomasoquista, lo cual usted encuentra repulsivo, o quiere tener muchas parejas y usted no lo quiere compartir? Encontrar una pareja sexual consiste en encontrar a alguien que lo atraiga y que tenga los mismos intereses sexuales que usted.

Puede preguntarse a sí mismo y preguntar a la otra persona algunas cosas para determinar si son sexualmente compatibles. Esta lista es similar a la anterior, pero está diseñada para que usted piense en el contexto de su relación actual.

Sí No

❏ ❏   ¿Se atraen sexualmente el uno al otro?

❏ ❏   ¿Normalmente desean tener la misma cantidad de sexo, como el mismo número de veces al día, a la semana o al mes?

❏ ❏   ¿Tienen los mismos valores acerca del amor, las relaciones y el sexo?

❏ ❏   ¿Disfrutan los mismos tipos de comportamiento sexual, sexo alocado o sexo tradicional?

❏ ❏   ¿Son responsables en el uso de anticonceptivos y condones?

❏ ❏   ¿Serán abiertos y honestos si tienen alguna enfermedad venérea?

❏ ❏   ¿Serán sensibles a las necesidades y deseos del otro?

❏ ❏   ¿Se atraen físicamente y sus cuerpos se sienten bien juntos?

❏ ❏   ¿Tienen las mismas ideas acerca de la monogamia, la fidelidad y el engaño?

Una vez que establezca cómo califica estos temas, puede platicar con su pareja acerca de ellos. Hablar de estas cuestiones de compatibilidad los llevará a discutir cómo planean cuidar su salud sexual. Deben estar de acuerdo en el tipo de anti-conceptivos y condones que utilizarán. También deben discutir las formas en que harán que el sexo sea física y emocionalmente satisfactorio para ambos. Tome nota: si su pareja se rehúsa a hablar de sexo con usted, es una señal de que no son compatibles. De ahí que hablar de estas cosas antes de tener sexo le dirán si ambos son compatibles y si podrán tener mejor sexo.

¿Se pueden crear la pasión y la compatibilidad sexual?

Normalmente, la pasión y la compatibilidad sexual son cosas que existen sin demasiada definición. Al mirar casualmente a una persona extraña, quizá sienta excitación sin saber exactamente por qué. Tiene que ver un poco con la apariencia de la persona y un poco con sus movimientos, su olor, sus sonidos y con lo que a usted le gusta. Entonces, cuando hay "química", ambos saben que son compatibles.

Pero qué pasa si usted quiere (o ya tiene) una relación con alguien que es realmente fantástico pero que físicamente apaga su fuego. *Es* posible sentirse excitado con alguien que realmente no es su tipo. Hay formas en que usted puede aprender a encenderse con alguien que normalmente lo apaga. Busque un pequeño detalle que lo haga sentirse encendido por esa persona y concéntrese en él. Inténtelo. Sin embargo, si después de varias semanas o meses (o ¡años!) no puede encontrarle lo atractivo a esa persona, entonces es momento de cambiar. Si alguien no lo enciende es porque tal vez así deba ser.

Puede influir en su compatibilidad haciendo compromisos respecto al tipo de conductas sexuales que disfrutan. Si la persona tiene justo lo que lo excita pero no se ajusta a su ideal para el tipo de sexo que usted quiere tener, pueden trabajar juntos para alterar un poco lo que cada uno desea de su vida sexual y crear así una mayor compatibilidad sexual. No obstante, no es bueno sacrificar lo que realmente quiere de su relación sexual. Si se está comprometiendo demasiado, entonces debería concluir que no son compatibles y seguir adelante con su vida.

¿Qué es lo que usted encuentra sensual?

Para determinar la forma en que puede tener sexo maravilloso, necesita conocer lo que "sensual o sexy" significa para usted. Una forma de hacerlo es crear una escena sexual de la que le gustaría formar parte. No me refiero a una "fantasía sexual" porque algunas veces *no* querrá poner en práctica sus fantasías sexuales. En vez de eso, piense en una escena sexual real de la que esté 100 por ciento seguro que querrá llevar a cabo, o incluso en su experiencia sexual favorita de siempre. Después de examinar su escena se dará cuenta de todas las cosas que encuentra sexys.

Éste es un ejemplo de cómo una mujer hizo este ejercicio: intentó decir lo que era sexy para ella sin pensarlo mucho. Empezando con las descripciones más simples, le pedí que fuera tan detallada como pudiera. He aquí lo que dijo: "Encuentro sensuales a los hombres altos, guapos y morenos. Me gustaría uno que midiera 1.80. Debe tener una gran cabellera ondulada. Su piel debe ser suave y muy bronceada. Debe usar calzoncillos de seda rojos y nada más. Debe tener dos copas de champaña, una para él y otra para mí. Está sentado conmigo en el pórtico de su casa. Después de brindar por nosotros, él dice 'te amo'. Me besa con toda su lengua, me carga con delicadeza dentro de la casa y me pone en su cama. Lenta y tentadoramente me quita la ropa. Entonces me dice, 'te lo voy a hacer tan fuerte que pedirás más a gritos'. Yo le digo, 'házmelo nene, házmelo'. Luego seguimos hablando sensualmente y tenemos sexo por horas y horas en todas las posiciones imaginables".

La mujer que presentó esa escena le echó un vistazo a todo lo que encontraba sexy: un hombre alto, cabello ondulado, suave piel bronceada, calzoncillos de seda, su cama, champaña, besos con la lengua, un hombre quitándole la ropa, romance, amor, charla sexy, consentimiento y tener sexo por horas en diferentes posiciones. Esto le ayudó a tener una mejor idea de lo que quiere, lo que busca, y cuando lo encuentre, cómo permitirse tener esa experiencia sexual. Haga esta actividad varias veces con escenarios diferentes y vea sus propias ideas de lo que es sexy.

Si tiene una fantasía de su pareja sexual ideal, entonces está en camino de hacerla realidad. La visualización puede funcionar; trate de visualizar lo que es sexy para usted y estará más cerca de encontrarlo. Ahora que sabe lo que encuentra sexy, está en vías de tener sexo maravilloso. Conforme lea este libro, tendrá más oportunidades de explorar ideas acerca de lo que es sexy. Además, recibirá más ejemplos acerca de cómo pedir lo que desea sexualmente. Por ahora, sólo necesita mantener una actitud positiva respecto al sexo. Necesita verse a sí mismo como sexy y encontrar a una pareja que piense que usted es tan sexy como realmente lo es.

Capítulo 5

Cómo hablar de sexo y cómo iniciarlo

Una vez que sepa que quiere tener sexo maravilloso con alguien, debe ser capaz de obtener lo que quiere, ¿y qué mejor forma de hacerlo que pidiéndolo? Algunas veces, un roce de cuerpo es sólo eso, no un signo de que quiere tener sexo. Es por ello que necesita hablar de sexo.

Qué pasa si han hablado de sexo, incluso han tenido sexo muchas veces, pero ahora que usted está listo para el sexo su pareja está feliz de sólo irse a dormir. Algunas veces los problemas ocurren cuando usted y su pareja están fuera de sincronía en el aspecto sexual. Sin embargo, hay formas de hablar de ello, de tal manera que pueda obtener lo que desea de su vida sexual.

Temas sexuales

Está a punto de compartir la noche, su cama y su cuerpo. Primero, necesita compartir información con su pareja potencial. Si hace algunas preguntas honestas y proporciona algunas respuestas honestas acerca de salud y protección sexual, y acerca de sus intereses sexuales, entonces esto los acercará más, además que aprenderán aspectos íntimos del otro. A continuación se presentan algunos temas de los que deben hablar antes de tener sexo:

➤ Qué significa para ustedes el sexo en el aspecto emocional y cómo afectará su relación.

➤ Qué tan seguido les gusta tener sexo y qué tipos de sexo les gusta tener.

➤ Cómo se sienten acerca de su cuerpo, y en qué formas les gusta ser acariciados.

➤ Cuál es su opinión sobre la monogamia, los engaños y si serán fieles.

➤ Qué tipo de anticonceptivos utilizarán.

➤ Qué tipo de condones utilizarán para evitar contagios.

➤ Si desean hacerse análisis para estar seguros de que no padecen ningún tipo de enfermedad venérea o SIDA.

➤ Qué harían en caso de un embarazo no deseado.

Se dará cuenta de que algunos de estos temas son similares a los que se expusieron en el capítulo 4. Si ambos están de acuerdo cuando hablen, entonces podrían ser compatibles sexualmente. También querrá hablar de estos temas, no sólo para saber si son compatibles, sino para saber qué esperar de su vida sexual juntos.

Obviamente, necesita hablar con su pareja acerca de sexo antes de siquiera tenerlo, pero también hay muchos otros momentos cuando tienen que hablar de ello, como cuando crea que puede tener una enfermedad venérea, o si quiere probar una nueva posición. Entonces, en aras de su salud sexual y de su felicidad, deberán hablar acerca de sexo tan seguido como sea necesario.

Cómo hablar de sexo

Hay muchas cosas que puede hacer con la boca para disfrutar más del sexo; hablar de sexo es la número uno. Éstas son algunas ideas que puede considerar para hacer que la conversación fluya suavemente:

➤ Inicie la conversación en una forma sutil.

➤ Asegúrese de elegir el momento adecuado para hacerlo, no espere hasta estar en un momento candente o apasionado.

➤ Piense primero en lo que quiere decir.

➤ Hable en primera persona, de sus propios sentimientos, no trate de interpretar lo que siente su pareja.

➤ Sea positivo, plantee lo que le gusta y cómo mejorarlo.

➤ Sea honesto, específico y explícito.

➤ Para asegurar un buen entendimiento, repita en sus propias palabras lo que le entendió a su pareja.

➤ Haga muchas preguntas si necesita negociar o discutir a fondo un tema.

➤ Una vez que sepan cuáles son sus inquietudes, hablen sobre las opciones que tienen.

Hablar de sexo puede ser bochornoso y un tema delicado para mucha gente, así que estos consejos realmente le ayudarán. Recuerde, cuanto más hable de sexo, será más fácil cada vez.

Hablar (o no) para iniciar el acto sexual

La mejor manera de obtener lo que desea en el ámbito sexual es hacerle saber a su pareja lo que quiere, preguntándole directamente: "¿quieres tener sexo?", "tengamos sexo" o "quiero tener sexo".

Aunque ser explícito es la mejor forma de obtener lo que quiere sexualmente, no todos se sienten cómodos poniendo las cartas sobre la mesa. A riesgo de contradecirme, deberé decir que algunas parejas funcionan muy bien utilizando ciertos códigos para decirse el uno al otro cuándo quieren o no quieren tener sexo. Por ejemplo, decirle a su amante, "estaré en la ducha", puede significar, "cuando salga, quiero tener sexo". La frase "me duele la cabeza", puede expresarle a su pareja que no tiene ganas. De cualquier modo, la única forma en que esos códigos funcionan, es si ambos están totalmente seguros de saber cómo descifrarlos.

Si tiene una relación y a su pareja no le gusta hablar de sexo, deben tratar de mejorar su nivel de comunicación sexual. Deben esforzarse para ser capaces de hablar de sexo y de pedirlo cuando lo deseen. Lo esencial es que usted y su pareja estén de acuerdo en la forma de comunicación que quieran utilizar: hablando, tocándose, o con un código secreto.

Decir "quizás"

Algunas veces las personas no están totalmente seguras sobre si desean tener sexo. Si ha estado en esta situación, la respuesta "quizás" es muy válida.

Usar la palabra "quizás" para expresar si quiere o no tener sexo podría ser la respuesta más honesta. Algunas veces su cuerpo le dice una cosa y su cabeza otra. Si una parte de usted realmente quiere tener sexo, pero la otra parte no siente que esté haciendo lo correcto, no tema decir "quizás", lo cual significa que no está seguro y que necesita hablar de ello, no que esté jugando. Al decir "quizás" podría iniciar una conversación acerca de lo que realmente quiere y cuándo lo quiere. Necesita decirle a su pareja lo que significa "quizás" para no dejarlo con la duda. También debe explicarle que no necesita ser persuadido para tener sexo, sólo que necesita más tiempo para decidir.

Si su pareja le dice que quiere tener sexo, pero no ahora, entonces puede preguntar cuándo le gustaría tenerlo y qué tan lejos pueden llegar mientras tanto. Trate de obtener la mayor cantidad de información, pero no trate de convencer a su pareja de cambiar su respuesta a un sí inmediato. Respete a su pareja sin importar si su respuesta es "quizás", "sí" o "no".

Por qué "no" es "no"

Un gran problema del que escuchamos a menudo en las noticias es el de las *violaciones de pareja*. Este tipo de violación ocurre cuando la mujer dice "no" o "tal vez" a tener sexo y el hombre piensa que ella sólo está bromeando, entonces la obliga a tener sexo.

Hace unos años, se les enseñaba a las mujeres que debían hacerse las "difíciles" y decir "no" aun cuando sí quisieran tener sexo. Entonces algunos hombres pensaban que debían tratar de "convencer" a una mujer para tener sexo porque ella nunca lo pediría, aunque se muriera por tenerlo. Esa forma de pensar es errónea; sin pero que valga, forzar a alguien a tener sexo es *violación*.

Probablemente ha escuchado la expresión "no es no", pero en realidad no todos siguen esta regla. Algunas mujeres todavía dicen "no" cuando en realidad quieren decir "tal vez" o "sí". Otras quizá se vean obligadas a ir más allá de lo que quieren por hombres que continúan en lugar de detenerse. De cualquier forma, cada vez son más las mujeres que dicen "no" cuando quieren decir "no". Si su pareja le dice "no" entonces debe detenerse, si no lo hace puede encarar un serio problema. Recuerde, cuando alguien le diga "no", deténgase inmediatamente, ya que si va demasiado lejos puede verse acusado de violación.

¿Qué pasa si sólo uno de los dos quiere tener sexo?

¿Qué pasa si usted está listo para el sexo pero su pareja no? Entonces prepárese para lidiar con sus sentimientos de frustración o rechazo, pero no se deprima demasiado. Si está dispuesto a negociar un poco, usted y su pareja pueden encontrar una alternativa satisfactoria.

Fotografía de Susan Rubin.

Es natural sentirse rechazado si le pide a su pareja tener sexo y ésta no acepta. Partiendo de que ustedes tienen una relación sana, no debe verlo como un rechazo personal, algunas veces el momento no es oportuno o su pareja no está de humor. Sin embargo, hay personas que rechazan el sexo para lastimar a su pareja o para negarle el placer. Si esto le sucede, entonces es un problema mayor que debe resolver, tal vez con la ayuda de un terapeuta. En la mayoría de los casos, si se siente rechazado, debe encontrar una forma de no tomarlo tan personal. Debe portarse tan cariñoso como siempre con su pareja y aprender que el sexo es mejor cuando los dos participan en él.

Para dejar de lado esos sentimientos de rechazo (de dolor, de decepción o de frustración), puede encontrar una alternativa satisfactoria a tener sexo con su pareja. Puede negociar concesiones que satisfagan su deseo sexual. Por ejemplo, si su pareja no quiere copular, tal vez considerará la opción de tener sexo oral o de masturbarlo.

Si definitivamente su pareja no quiere participar en su placer sexual en un momento determinado, entonces debe permitirle al menos masturbarse. Muchas de las alternativas a la cópula incluyen la masturbación. Revise la siguiente lista:

➤ Masturbarse con fantasía.

➤ Masturbarse mutuamente.

➤ Decir cosas obscenas mientras su pareja se masturba.

➤ Desnudarse para su pareja mientras ella o él se masturba.

➤ Ver una película pornográfica y masturbarse.

➤ Comer o hacer ejercicio (bueno, algunas veces funcionan como sustitutos del sexo).

Como puede ver, si su deseo de copular difiere del de su pareja, pueden encontrar maneras de mantener su relación sexual satisfactoria y placentera.

Esta clase de concesiones no siempre parecen justas, en especial si uno de los dos quiere sexo todas las noches. Si su deseo de copular es, por decir algo, una vez al mes, tal vez esté dispuesto a estimular a su pareja con la mano o a tener sexo oral una vez a la semana. Por supuesto que esto depende de sus necesidades individuales y de pareja. Usted y su pareja deben hablar sobre estas concesiones y sobre cómo funcionarán en su relación para que la responsabilidad no recaiga en uno de los dos.

La mejor manera para resolver las diferencias en el deseo sexual es encontrar una forma de concesión. Espero que algunas de mis sugerencias como alternativas a la cópula le sean de utilidad, si no es así, considere buscar la ayuda de un terapeuta.

Darse tiempo para el sexo

Su trabajo, los niños, la escuela, los padres, los amigos, la sirvienta, el perro, las vacaciones y todas aquellas cosas con las que tiene que lidiar en la vida, hacen que darse tiempo para tener sexo sea difícil. Si espera hasta irse a la cama para tener sexo y su pareja se encuentra muy cómoda en medio de las cobijas, tal vez se vea rechazado. ¿Por qué? Es simple, su pareja está en la cama porque está cansada. Puede tratar de tener sexo en la mañana, pero puede encontrarse con una pareja apresurada por llegar al trabajo, o que quizá no sea una persona matutina. Si su pareja disfruta de dormir otros quince minutitos y usted es una fiera por las mañanas, entonces piensen cuándo es el momento en que los dos tienen más tiempo disponible y sáquenle provecho. Pueden intentar los fines de semana, después del trabajo (pero antes de cenar), o mucho tiempo antes de irse a dormir. También pueden ser espontáneos y comer juntos e "irse de pinta" del trabajo. ¡Buena suerte en su búsqueda de tiempo!

Las personas encuentran muchas excusas por las que no tienen tiempo para el sexo. En realidad, el acto sexual no toma mucho tiempo, pero el preámbulo y lo que suceda después del sexo pueden tomar mucho tiempo. Si piensa que no tiene tiempo para el sexo, probablemente significa que no tiene tiempo para ponerse romántico. He aquí algunas sugerencias para tener más tiempo para el romance y el sexo:

- ➤ Deje el trabajo una hora más temprano.
- ➤ Encuéntrense a la hora de la comida.
- ➤ Despiértense una hora más temprano.
- ➤ Apaguen la televisión por las noches.
- ➤ Utilicen la comida como juguete sexual y cenen en la cama.
- ➤ Hagan el amor en la regadera.

Además de proporcionar placer físico, el sexo realmente lo une más a su pareja; los conecta (perdón por el doble sentido) y por esa conexión vale la pena encontrar más tiempo para hablar, ponerse de humor y hacer el esfuerzo de iniciar el sexo.

Capítulo 6

Espejito, espejito

Existen cuerpos de todas las formas y tamaños, pero a esta diversidad rara vez se le da un enfoque positivo y constantemente somos bombardeados por imágenes de modelos como ideales de belleza y sensualidad. Nos presionamos mucho para vernos bien y ser sexys, luego nos vemos al espejo y nos sentimos decepcionados porque lo que vemos no se compara ni remotamente con las imágenes que tenemos en mente.

La clave para sentirse más libre y menos inhibido sexualmente y, por ende, mejorar su vida sexual, está en aprender a amar su cuerpo. Algo importante para tener sexo maravilloso es sentirse cómodo al estar desnudo y ser capaz de experimentar cualquier posición sexual sin sentirse cohibido. Si le preocupa el aspecto de sus glúteos, muslos, pecho u órganos sexuales, probablemente no disfrutará del sexo. Su mente no debe preocuparse por cómo se ve durante el sexo. Usted debe sentirse libre para poder disfrutar el momento. Por lo tanto, si tiene una mala *imagen de su cuerpo*, debe trabajar en ella para poder tener sexo maravilloso.

¿Acaso soy el único que odia mi cuerpo?

"Apaga la luz antes de acostarte". Ésta es una frase que millones de personas repiten cada noche. El problema es que significa que probablemente usted se avergüenza demasiado de su desnudez como para tener sexo con las luces encendidas.

Usted puede evitar ser víctima de los estereotipos e imágenes falsas si empieza por desarrollar una imagen positiva de su cuerpo. Si se siente bien con su cuerpo, entonces se sentirá más cercano a su pareja, ya que podrá revelarse y sentirse a gusto durante el sexo, con o sin luces.

Una de las claves para aprender a amar su apariencia, es verse a sí mismo sin compararse con otras personas. Tenga esto en mente: las únicas personas a las que les gustan los supermodelos son supermodelos. Como sólo hay alrededor de una docena de supermodelos en el mundo, el resto de nosotros nos vemos, por así decirlo, superordinarios. Cuando se compara con otros en forma desfavorable, la imagen que tiene de su cuerpo sufre una paliza. Cuando aprende a amarse por el cuerpo que tiene sin compararse con otros, está haciendo maravillas por su autoestima.

Hombres y mujeres no son felices con su cuerpo, pero las mujeres por lo general tienen más presión porque están expuestas a más imágenes en los medios. Es raro ver que critiquen a hombres famosos por su apariencia, pero las celebridades femeninas casi siempre son criticadas públicamente. Mientras que los hombres pueden sentir presión para aumentar su masa muscular o reducir un poco su peso, las mujeres se ciñen a un estándar mucho más estricto.

Muchas personas se sienten estresadas por su peso y caen en una trampa en la que su autoestima sube y baja al ritmo en que lo hace su peso, como un yoyo. Estas personas son consumidas por su necesidad de hacer dietas o ejercicio, e incluso se retraen hasta que alcanzan su ideal. El deseo de lograr un cuerpo ideal inalcanzable los lleva a ejercitarse en exceso o a hacer dietas peligrosas, llegando a tener desórdenes alimenticios como la anorexia o la bulimia.

Además del peso, hay muchas otras cosas que a las personas no les gustan de su cuerpo; desde los pies hasta el pecho o la nariz, siempre hay algo que les gustaría cambiar. Las áreas que comúnmente quieren cambiar las mujeres son los muslos, la cadera y los glúteos. Por su parte, a los hombres les disgusta su abdomen. No importa qué parte de su cuerpo no le guste, quizá debería mejorar la imagen que tiene de su cuerpo.

¿Necesita mejorar la forma en que se siente respecto a su cuerpo?

Es verdad que lo primero que notamos en una persona es su apariencia. Es entendible que si es soltero, quiera verse bien y atraer así a una pareja potencial. Sin embargo, cuidar demasiado su apariencia puede impedirle conocer personas, ya que puede parecer inseguro, lo cual es una gran desventaja. Si actualmente tiene una relación, el desagrado de su cuerpo puede dañarla. Cuando no se siente atractivo ni sexy, puede ser que evite tener sexo. No necesita cambiar *nada* en su cuerpo; necesita cambiar lo que *piensa* de su cuerpo.

Conteste el siguiente cuestionario (cierto o falso) para determinar si la imagen que tiene de su cuerpo afecta su vida amorosa y su vida sexual, y si necesita mejorarla.

1. Usted es soltero y un amigo lo invita a la playa o a una fiesta con alberca en la que puede conocer a otros solteros. Usted no acepta la invitación para evitar ponerse un traje de baño.

   Cierto o Falso.

2. Cuando come con su pareja o en una cita, se excusa por comer demasiado o por comer comida grasosa diciendo algo como: "Sé que no debería comer estas enchiladas, pero hace tanto que no las como".

   Cierto o Falso.

3. Pospone el tener sexo con su nueva pareja porque quiere tratar de perder algunos kilos primero.

   Cierto o Falso.

4. Cuando se cambia de ropa frente a su pareja, empieza a disculparse por la forma en que se ve su cuerpo con excusas como: "He estado a dieta, pero parece que no puedo perder estos últimos 5 kilos".

   Cierto o Falso.

5. Evita caminar desnudo por el cuarto si su pareja está ahí.

   Cierto o Falso.

6. Piensa que el tomar un baño con su pareja podría ser sexy, pero no lo hará porque no soporta la idea de que su pareja lo vea desnudo y mojado.

   Cierto o Falso.

7. Cuando está desnudo en la cama con su pareja, se mantiene bajo las cobijas y no la deja ver su cuerpo.

   Cierto o Falso.

8. Cuando tiene sexo, pasa mucho tiempo preocupado por lo que pensará su pareja acerca de su cuerpo.

   Cierto o Falso.

9. Cuando su pareja no le hace cumplidos respecto a su cuerpo, piensa que no ha de ser atractivo.

   Cierto o Falso.

10. Algunas veces se pregunta si el ex de su pareja tenía mejor cuerpo que el suyo o le preocupa que lo deje por alguien que tenga mejor cuerpo.

    Cierto o Falso.

Si contestó "cierto" a más de tres preguntas, entonces necesita mejorar la imagen que tiene de su cuerpo.

¿Qué le molesta de su cuerpo?

Si los pensamientos expuestos en el cuestionario le sonaron familiares y se dio cuenta de su problema de imagen, entonces sólo hay una cosa por hacer: superarlo. Pero eso es realmente difícil. Primero, debe identificar cuál parte de su cuerpo hace que se cohíba y por qué. Analice cuáles son los estereotipos sociales que le afectan más y qué situaciones del pasado afectan la imagen que tiene de su cuerpo en la actualidad. En otras palabras, necesita descifrar qué pasa en su mente para hacerlo sentirse mal respecto a su cuerpo.

Algunas veces, la mala imagen que tiene de su cuerpo está relacionada con un mecanismo de defensa o con un temor inconsciente. Por ejemplo, como mencioné antes, algunas personas creen que son demasiado gordas para ser sexys y por lo tanto evitan tener sexo y establecer relaciones. De hecho, este tipo de personas mantienen su sobrepeso porque temen ser amadas. Algunas veces, en casos como éste, la persona sufrió algún tipo de abuso y tiene miedo (por lo común, inconscientemente) de que esto ocurra de nuevo. Así que su obesidad le sirve como defensa contra el dolor. Por supuesto que no siempre es el caso; hay muchas personas que tienen sobrepeso simplemente porque así es su cuerpo y no sufren de ningún tipo de problema emocional subconsciente.

Para determinar los aspectos que le molestan de su cuerpo, llene el siguiente cuadro con la mayor cantidad de ejemplos que le vengan a la mente:

¿Le gustaría superar lo que le molesta de su cuerpo?

Esto me molesta de mi apariencia	Éstas son algunas razones por las que quizá me molesta	Quiero aprender a querer esta parte de mi cuerpo porque
Ejemplo: mis glúteos	Ejemplo: mi ex decía que tengo un "gran trasero". Y me veo mal cuando uso *jeans*.	Ejemplo: no quiero sentirme cohibido cuando alguien camina detrás de mí en las escaleras.

Ahora que puede ver en este cuadro cuáles son los aspectos que le molestan y por qué realmente quiere superarlos, debe empezar a trabajar en ello. Debe decidir si está listo para dejar atrás esas experiencias o actitudes que le atan. Puede hacerlo dominando las técnicas de las siguientes secciones: una combinación de pensamiento positivo y trabajo corporal, diseñada para ayudarle a quererse a sí mismo. Si no puede superar las cosas que evitan que trabaje en la imagen que tiene de su cuerpo, entonces tal vez esté lidiando con aspectos más profundos que requieran la ayuda de un terapeuta.

Sentirse cómodo desnudo

Como el sexo involucra al cuerpo, específicamente al cuerpo expuesto, debe estar consciente de que cuando tenga sexo estará desnudo con su pareja (por lo menos *la mayor parte* del tiempo). Sentirse cómodo desnudo, no significa solamente estar en la cama con alguien a media luz; debe lograr sentirse tan cómodo que pueda caminar desnudo por el cuarto con la luz del día brillando en su piel.

Si está harto de correr al baño o al clóset para encontrar algo con qué cubrirse, aquí hay una actividad que puede probar para ayudarse a aprender a estimar más su desnudez. Para realizar esta actividad, necesitará un espejo de cuerpo completo y como una hora de privacidad. He aquí lo que hará:

1. Quítese toda la ropa (incluso la ropa interior).

2. Párese frente al espejo completamente desnudo.

3. Observe en general las características de su cuerpo. Ponga atención en el color y la textura de su piel, así como en la forma y tamaño de su cuerpo. Continúe y vea los detalles específicos de cada parte de su cuerpo.

4. En voz alta, exprese todo lo que le disgusta de su cuerpo y la razón (por ejemplo, "odio mis muslos gordos porque se ven horribles cuando uso pantalones cortos").

5. Diga en voz alta todas las cosas que le gustan de su cuerpo y por qué. Oblíguese a decir por lo menos 10 cosas. No piense que no puede encontrar nada que le guste porque ¡usted puede! Concéntrese en lo positivo (por ejemplo, "me gusta el color de mis ojos porque es oscuro y misterioso").

Este ejercicio está diseñado para que descubra las cosas que realmente le gustan de su cuerpo, una vez que las conozca, podrá mostrar sus puntos buenos. Es muy posible que ame algunas cosas de su cuerpo. Para concluir, recuerde todas las cosas que tiene usted además de su cuerpo. Repita para sí que es adorable, divertido y digno de atención. Ni unos muslos más delgados ni un abdomen plano son la clave para solucionar los problemas de la vida. La felicidad viene de algo más que su cuerpo.

*Fotgrafía de Dana
Spaeth.*

Siéntase cómodo con su cuerpo durante el sexo

Si se siente más a gusto con su cuerpo cuando esté desnudo, entonces será más fácil sentirse liberado durante el sexo. He aquí algunos puntos sobre la imagen corporal que la gente quizá desee superar al tener sexo. Éstas son algunas cosas que les preocupan a las mujeres:

➤ Cómo se ven sus senos cuando caen por los lados cuando está recostada durante el sexo.

➤ Cómo se ven sus glúteos si un hombre está teniendo sexo con ella por detrás, en "posición de perrito".

➤ Que su vagina no sea suficientemente estrecha.

➤ Tener mucho vello, en especial en el ombligo o cerca de los pezones.

➤ Tener mucho vello púbico, especialmente si tiene sexo oral con su pareja.

Éstas son algunas de las cosas que le pueden preocupar a un hombre:

➤ Que su pene sea demasiado pequeño o que no sea lo suficientemente recto.

➤ Que su pene no sea lo suficientemente firme, o que no se mantenga erecto.

➤ Que su peso lastime a su pareja si está arriba, o que su abdomen prominente estorbe si quiere tener sexo sentado.

➤ Tener demasiado vello en su espalda u hombros.

➤ No ser suficientemente atlético.

Tanto hombres como mujeres podrían preocuparse de que sus cuerpos huelan o sepan mal, o que hagan cosas que no puedan controlar (como los gases). También pueden preocuparse de que sus caras gesticulen demasiado durante el orgasmo. El hecho es que el sexo maravilloso significa perderse en el momento y no preocuparse de lo que su cuerpo esté haciendo o de la forma en que se ve su cuerpo.

Para dejar de pensar en esas cosas, debe convencerse a sí mismo de que su pareja está fascinada de estar con usted y que ama su cuerpo sin importar nada. Puede disfrutar más de su cuerpo durante el sexo si goza las sensaciones de su cuerpo y no presta atención a los pensamientos negativos en su cabeza. Aquí se presentan algunas formas para lograrlo:

➤ No mencione las cosas que no le gustan de su cuerpo. No preste atención a las cosas con las que no se siente cómodo. Su pareja quiere disfrutarlo, no escuchar todas sus inseguridades.

➤ Piense que usted no se dedica a escudriñar el cuerpo de su pareja, lo que significa que probablemente su pareja no escudriña el suyo.

➤ Entienda que todos los cuerpos son únicos y que deben ser apreciados por su singularidad.

➤ Cuando se empiece a preocupar por su cuerpo, dígase a sí mismo "alto" y enfoque su atención en sus sensaciones, como en las puntas de sus dedos al tocar el cuerpo de su amante.

➤ Disfrute el contacto de piel a piel, sin importar su apariencia; sentir la carne es sensual.

➤ Recuerde que debe actuar con confianza, la confianza es sensual.

Sobre todo, piense en las maravillosas sensaciones del momento. Disfrute el placer que siente en vez de preocuparse por cómo se ve.

Después de hacer estos ejercicios quizá desee fijarse la meta de poder tener sexo con la luz encendida. Para que la transición sea más fácil, inténtelo primero a la luz de las velas. Si sólo enciende algunas velas en vez de estar totalmente a oscuras, tal vez le sorprenda que en realidad se siente mejor con su apariencia. Todo el mundo se ve sensual a la luz de las velas y quizá se sienta preparado para deshacerse de esas inhibiciones y poder estar desnudo y sentirse sexy.

Más ejercicios para tener una mejor imagen de su cuerpo

➤ Cuando vea películas o la televisión, trate de ignorar los cuerpos de los actores. Manténgase alejado de revistas de moda que muestran estándares irreales de belleza. Ame su cuerpo, no el de los demás.

➤ Tire la ropa que no le queda, deshágase de sus esperanzas de que algún día le quedará; concéntrese en verse bien ahora. Cómprese un atuendo glamoroso y lencería o ropa interior sexy que se vea bien en usted sin tener que cambiar su cuerpo.

➤ Haga ejercicios que le gusten y que lo hagan sentir bien sin preocuparse por perder peso. Pruebe bailar, andar en bicicleta, montar a caballo, hacer yoga o practicar baloncesto. Por cierto, quema alrededor de 100 calorías durante una cópula intensa, por lo que el sexo puede ser el ejercicio que necesita.

➤ Adopte una alimentación balanceada y saludable. Consulte a un nutriólogo si necesita ayuda. Aprenda a comer cuando esté hambriento, no cuando esté solo o aburrido. Consulte un terapeuta si piensa que utiliza la comida como sustituto para sus necesidades emocionales.

➤ Analice su genética en forma realista. Si es mujer, vea las fotos de su madre, abuelas y hermanas. Si es un hombre, vea las fotos de su padre, abuelos y hermanos. Dése una idea de la genética corporal de su familia.

➤ Haga dos cosas que esperaba hacer hasta que su cuerpo se viera diferente o delgado. ¿Una de ellas es tener sexo?

➤ Recuerde que su personalidad es tan importante (y sexy) como su cuerpo. Recuérdese sus cualidades positivas, no su talla.

➤ Vístase, camine, muévase y actúe de modo sensual, tal y como es usted, sin preocuparse de su figura o talla. Actúe como una persona que está a gusto con su cuerpo y lo estará.

Se es tan sexy como se actúe sexy

Cuanto más aprenda a querer a su cuerpo y a estar orgulloso de él, aumentará su confianza y se empezará a ver y a sentir más sexy. Con una gran actitud hacia su cuerpo, atraerá a otras personas. Conforme lo haga, notará que a la gente que se sienta atraída hacia usted en realidad le gusta su tipo de cuerpo.

A cada quien le atraen diferentes cosas, y esta preferencia individual también aplica al sexo. Algunos hombres gustan de mujeres delgadas, mientras que otros adoran unos glúteos prominentes. Algunas mujeres aman a los hombres musculosos, pero un número igual prefiere piernas flacas. Puede sentirse mejor con su cuerpo si está con una pareja que lo aprecie.

No importa cuántas veces le diga su pareja que es usted hermosa o guapo, o cuánta gente le diga que tiene un cuerpo maravilloso, es a usted a quien tiene que gustarle para sentirse sexy. La sensualidad no es cuestión del tamaño de los senos, del pene ni de qué tan delgado sea. Ser sexy significa tener confianza; si camina orgullosamente con la cabeza en alto y con un pensamiento sexy en su mente, se verá y será sexy.

Capítulo 7

Las partes privadas del varón

Más allá de la preocupación del tamaño del pene, entender cómo otras partes del cuerpo trabajan en conjunto, puede ayudar a mejorar la salud y el placer de un hombre y le hará sentir más confianza en su cuerpo. También puede desmentir algunos mitos y permitir que tanto hombres como mujeres encaren la reproducción en una forma más responsable.

Los órganos sexuales masculinos: lo que cuenta es lo que está adentro

Una imagen vale más que mil palabras, pero también necesitamos las palabras para describir el mecanismo único que conforman los genitales masculinos y su aparato reproductor. La ilustración de la página siguiente le dará una buena idea de cómo funciona.

Aunque esta parte del sistema masculino libera la orina, su función principal es la reproducción. Aquí se produce el esperma, el cual se puede eyacular e introducir en el tracto reproductivo femenino a fin de intentar la fertilización. (Por supuesto que si la pareja utiliza métodos anticonceptivos, se reducen o eliminan las oportunidades de fertilización.)

Las glándulas reproductivas masculinas incluyen un par de testículos, un par de vesículas seminales, una próstata y un par de glándulas de Cowper (también llamadas glándulas bulbouretrales). El sistema de conductos a cada lado consiste en un epidídimo, un conducto deferente y un conducto eyaculador que se conecta a la uretra. Veamos sus funciones antes de estudiar las partes mostradas en el diagrama.

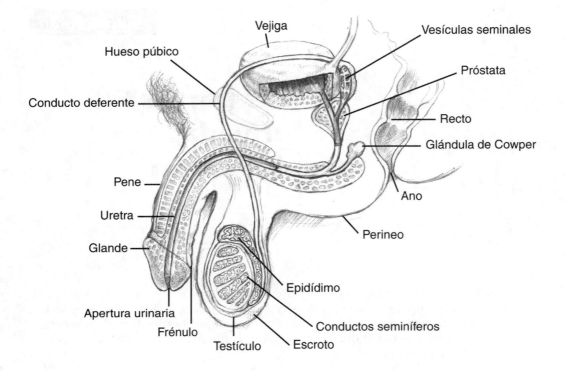

Vejiga — Vesículas seminales — Próstata — Hueso púbico — Conducto deferente — Recto — Glándula de Cowper — Pene — Uretra — Ano — Glande — Perineo — Epidídimo — Apertura urinaria — Conductos seminíferos — Frénulo — Testículo — Escroto

Los testículos

Los *testículos* son glándulas ovaladas localizadas en un saco de piel llamado escroto, localizado en la parte posterior de la base del pene. Cada testículo mide aproximadamente 4 centímetros. Tal vez ha escuchado referirse a ellos con los apodos de "huevos" o "pelotas". Los testículos no tienen nada que ver con los huevos pero son delicados y contienen el material con el que se crea la vida.

Los testículos producen el esperma y la hormona sexual testosterona (que producen tanto hombres como mujeres, pero que es conocida como la hormona masculina). La testosterona ayuda a que el hombre desarrolle características sexuales secundarias y es la que desencadena los cambios en la pubertad, los cuales causan el engrosamiento de la voz y la aparición del vello púbico.

El interior de cada testículo contiene cientos de tubos en espiral, llamados conductos seminíferos, que producen el esperma. Estos conductos desembocan en el epidídimo, donde el esperma se almacena durante seis semanas. Piense en los testículos como en pequeñas incubadoras, lugares cálidos donde el esperma crece hasta tener el tamaño adecuado para abandonar el hogar.

El escroto

De hecho, el escroto es el verdadero incubador . El *escroto* es la bolsa de piel que aloja a los testículos y los protege de lesiones y temperaturas extremas. A fin de producir el esperma, los testículos deben estar uno o dos grados por debajo de la temperatura corporal. Cuando un hombre tiene frío, realiza una actividad física o se excita sexualmente, los músculos del escroto se contraen para acercar los testículos al cuerpo con el fin de protegerlos. Cuando tiene calor, el escroto se cuelga más. Por si se preguntaba, es común que un testículo cuelgue más bajo en el escroto que el otro y normalmente es el izquierdo el más bajo.

El epidídimo

El *epidídimo* es un tubo muy enroscado, cuyo diámetro es muy pequeño, pero, de poderse estirar, podría alcanzar alrededor de 6 metros de longitud. Se encuentra a lo largo de la parte superior y a un lado del testículo. A fin de llegar al pene, el esperma atraviesa el epidídimo, mismo que secreta una pequeña cantidad de semen. Un hombre puede sentir el epidídimo a través de su escroto cuando se toca los testículos (como debe hacerlo mensualmente durante su autoexploración).

El conducto deferente

Conducto en forma de cordón que se extiende desde el epidídimo, gira alrededor de la vejiga y se une al conducto de una vesícula seminal para formar un conducto eyaculatorio; después pasa a través de la próstata y se une a la uretra. De esta forma el esperma es conducido desde el epidídimo hasta la uretra.

Las vesículas seminales

Las *vesículas seminales* son dos pequeñas bolsas que secretan la mayor parte del semen. Las secreciones de las vesículas seminales representan alrededor de 70 por ciento del volumen del líquido seminal.

La próstata

La *próstata* es una pequeña glándula debajo de la vesícula. Su tamaño es el de una nuez y tiene un pequeño orificio por el que pasa la uretra. La próstata secreta la sustancia alcalina que constituye de 20 a 30 por ciento del líquido seminal. Éste (al igual que el líquido de las vesículas seminales), estimula el movimiento del esperma y ayuda a mantener el pH balanceado durante la cópula. La alcalinidad (lo cual significa que el pH es superior a 7) protege al esperma del ácido (los ácidos tienen un pH menor a 7) presente en forma normal en la uretra masculina y la vagina femenina. Con el pH correcto, el esperma puede continuar flotando, de lo contrario se hunde.

Además de ser parte del aparato reproductor masculino, la próstata tiene otra función importante: es parte del sistema del placer masculino. La estimulación de la próstata a través del recto, mediante penetración anal con un dedo, el pene o un juguete sexual, puede mejorar la excitación sexual.

Las glándulas de Cowper

Estas dos glándulas del tamaño de un guisante están muy distantes atrás del pene. Las glándulas de Cowper tienen una función similar a la próstata, liberando un fluido alcalino complementario en la uretra y agregando el 5 por ciento restante del líquido seminal en el semen. Este fluido, de hecho, aparece en la punta del pene antes de la eyaculación. A veces se conoce como "fluido preeyaculatorio", y puede contener un poco de esperma.

El poder del pene

Llámelo como quiera, la razón fisiológica de ser del pene es: 1) introducir el esperma en la vagina de la mujer y 2) desechar la orina del cuerpo del hombre. Además de sus funciones fisiológicas, el pene también tiene una ocupación sumamente importante: ofrecer al hombre (¡y a la mujer!) un placer maravilloso.

La mayoría de nosotros estamos familiarizados con la apariencia del pene (si no tiene uno, tal vez conozca a alguien que sí), aunque existe mucho misterio en torno a su interior. En nuestra exploración del pene empezaremos por fuera.

El glande

El *glande* es la cabeza del pene y está expuesta todo el tiempo (si el pene fue circuncidado). En los hombres que no están circuncidados, el prepucio cubre la mayor parte del glande hasta que hay erección y el prepucio se retrae dejándolo expuesto.

El glande es demasiado sensible, contiene numerosas terminaciones nerviosas cuya función es muy importante en la satisfacción y el orgasmo masculino, especialmente durante la penetración o la estimulación directa por medio de sexo oral o de masturbación.

A ciertos hombres les gusta que les estimulen el glande directamente, en tanto otros, que presentan hipersensibilidad cuando se excitan, prefieren lo contrario. Como todo en el sexo, esto depende de cada persona.

El prepucio

El *prepucio* es el pliegue de la piel que cubre el glande en los hombres que no están circuncidados. El prepucio tiene una capa interna y otra externa. La capa externa del prepucio es la continuación de la piel que cubre al pene. Esta piel se pliega en sí misma para formar la capa interna. Bajo el prepucio se puede acumular una sustancia blancuzca llamada *esmegma*, debido a la secreción de las glándulas sebáceas, la cual se elimina fácilmente cuando el hombre se baña. El prepucio contiene terminaciones nerviosas que son estimuladas cuando se extiende o cuando se desliza sobre la superficie del glande durante el sexo o la masturbación.

Poco después del nacimiento, el prepucio se puede retirar con una cirugía llamada *circuncisión.* La eliminación del prepucio en ninguna forma debe afectar la respuesta sexual, aunque existen discusiones sobre si afecta o no la sensibilidad. (Es difícil saberlo ya que la mayoría de los hombres circuncidados no recuerdan que la sensación haya sido diferente antes, pues eran bebés cuando les practicaron la circuncisión.) Este procedimiento se practica en algunas religiones y culturas que tienen esa tradición. Sin embargo, no existe una razón médica o de higiene para eliminarlo. Este tema es muy polémico y controversial pues se piensa que el pene de un hombre está más limpio si se le quita el prepucio. Sin embargo, no es necesariamente cierto, ya que los hombres que se bañan con regularidad pueden lavarse el prepucio y mantenerlo limpio. Por lo tanto, la decisión de circuncidar a sus hijos deberá basarse en sus creencias personales, religiosas, culturales y en la opinión de su doctor.

El frénulo

El *frénulo* es una pequeña protuberancia de piel cerca de la hendidura que está en el lado inferior del pene. La estimulación del frénulo tiene un papel muy importante en la excitación. Muchos hombres consideran una maravilla la sensación del frénulo cuando se estimula con el sexo oral o la masturbación.

El interior del pene

¿Qué hay debajo de la superficie del pene? Lo primero que debe saber es que no hay huesos, y lo más sorprendente: tampoco hay músculos. El pene está compuesto de mucho tejido esponjoso eréctil y muchos vasos sanguíneos. La uretra se encuentra a lo largo de la parte interior del pene, rodeada de más tejido esponjoso que se conecta con el glande en el extremo del pene.

Cuando un hombre se excita sexualmente, se incrementa en forma dramática el flujo sanguíneo al pene y al escroto. Una vez que las arterias del pene se llenan de sangre, éste tiene una erección. Si la excitación o estimulación continúa, las venas se comprimen, lo que impide que la sangre fluya hacia afuera del pene. Con el flujo de sangre contenido dentro, el pene se llena hasta tener una erección completa.

Durante la *erección,* el glande o bálano del pene adquiere un color más oscuro y puede verse rojizo o purpúreo, en tanto las glándulas de Cowper tal vez secreten un poco de fluido preeyaculatorio. En los penes no circuncidados, el prepucio se contrae hasta dejar expuesto el glande. Los testículos incrementan su tamaño en un 50 por ciento y se aprietan con firmeza contra el cuerpo.

Qué es qué, esperma y semen

Algunas personas confunden "esperma" con "semen". Aunque ambos son expulsados al mismo tiempo durante la eyaculación, no son la misma cosa. El esperma y el semen desempeñan diferentes funciones. De hecho, el *esperma* es la célula sexual masculina que puede fertilizar el óvulo para crear vida. El *semen* es el fluido que transporta al esperma. Piense en el esperma como un surfeador y el semen la ola perfecta

¿Cuántos espermatozoides hay en el semen?

El hombre produce espermatozoides diariamente a partir de la pubertad. Su producción tarda 72 días. El semen se reconoce como el fluido lechoso que eyacula el hombre; los espermatozoides sólo constituyen menos del uno por ciento de ese fluido y el resto está compuesto en su mayoría por secreciones de la próstata, la glándula de Cowper y las vesículas seminales.

El semen es rico en nutrientes, incluyendo vitaminas, minerales, azúcares y ciertos aminoácidos, proteínas, encimas y sustancias alcalinas. Todos esos componentes nutren y proporcionan energía a los espermatozoides y los ayudan a protegerse del ambiente ácido de la vagina. No hay necesidad de preocuparse por las calorías, una eyaculación sólo tiene de 10 a 50 calorías. Lo que sí debe tomarse en cuenta son las enfermedades, independientemente de si la eyaculación sucede en la boca, la vagina o el ano. El semen puede estar contaminado de VIH, el virus del SIDA, así como de otras enfermedades de transmisión sexual. Por tanto, para mayor seguridad, sólo permita que el semen quede en un condón y no en alguna parte de su cuerpo.

La esterilidad en un hombre significa que tiene una condición en la que el conteo de espermatozoides es muy bajo o inexistente, o que debido a algún defecto éstos sean incapaces de llegar al útero o introducirse en el óvulo para fertilizarlo. Existen muchos procedimientos a seguir para aumentar las posibilidades de fertilidad en un hombre que desee tener un hijo. Consultar a su doctor es un buen comienzo para tratar la esterilidad.

Eyaculación y orgasmo

La e*yaculación* es la expulsión del semen fuera del pene. El *orgasmo* consiste en la contracción involuntaria de los músculos pélvicos y el placer erótico; suena sexy ¿no?

Muchas personas asumen que el orgasmo y la eyaculación deben ocurrir al mismo tiempo (generalmente así sucede) pero no siempre debe ser así. Un hombre puede tener un orgasmo sin eyacular. El orgasmo sin eyaculación puede ser el resultado de una eyaculación retrógrada. Lo anterior ocurre cuando la válvula entre la vejiga y la uretra no cierra y la eyaculación se ve obligada a desviarse hacia la vejiga en vez de continuar hacia la uretra. A pesar de que esta descripción podría hacerle cruzar las piernas y exclamar "auch", la eyaculación retrógrada no es dolorosa ni dañina, y tampoco afecta el placer de un orgasmo. Sin embargo, algunos hombres consideran desconcertante el tener un orgasmo sin sentir la expulsión del semen a través del pene. De ahí que a muchos hombres les desagrade este tipo de eyaculación.

Por otra parte, algunos hombres intencionalmente buscan tener orgasmos sin eyacular conteniendo el semen. Algunos practicantes del sexo tántrico pueden entrenarse para tener orgasmos sin eyacular.

La mayor parte de la gente quiere sentir el orgasmo una y otra vez, pero no olvide que aun cuando el orgasmo es una consecuencia, no es el fin último del sexo. Si se enfoca solamente en el orgasmo, corre el riesgo de hacerlo de prisa y negarse a usted (o a su pareja) los más sutiles placeres de la relación sexual previos al orgasmo.

¡Sorpresa! El tamaño no importa

Ahora que entiende los aspectos generales del mecanismo masculino y cómo el sistema transporta los espermatozoides al útero para cumplir su misión (o simplemente para tener un orgasmo) es el momento de pasar a detalles específicos; a las medidas, para ser exactos. La mayoría se pregunta si el tamaño importa, y de ser así, qué tanto.

Cuando se trate de placer, considere el acoplamiento, no el tamaño. La idea de que un gran pene hace a un excelente amante, simple y sencillamente es falsa. Un pene muy largo puede chocar de manera incómoda contra el cuello del útero de la mujer. Si es demasiado ancho, puede irritar la entrada de la vagina. Si la vagina es muy estrecha, un pene muy grande no podrá penetrar por completo. Por otra parte, si el pene es pequeño y la vagina es ancha, podría suceder que la mujer se pregunte: "¿Ya entró?" Pero existen muchas situaciones en las que un pene pequeño es mucho mejor que uno grande, como el sexo oral y el sexo anal. Lo anterior significa que en realidad lo importante, más que cualquier otra cosa, es la compatibilidad, más que la longitud, la circuncisión o si el pene se curvea hacia la derecha o la izquierda, etcétera. Recuerde que las mujeres reciben casi todos los estímulos físicos a través del clítoris, en vez de la vagina, lo cual significa que no es necesaria la penetración para que la mujer experimente placer.

Estoy segura que pensó que iba a evitar el tema y no iba a platicarle lo que realmente quiere saber. Pues bien, se lo diré; éstas son las medidas que está esperando: el largo de un pene flácido es de entre cinco y diez centímetros desde la punta del glande hasta la base. El largo de un pene erecto es de alrededor de 15 centímetros. Si no tiene el tamaño "promedio", no se preocupe. De cualquier manera, ¿a quién le gusta ser "del montón"? Lo esencial es que el tamaño del pene no hace a un amante ideal. Un hombre que sabe cómo hablar, tocar y cuidar de su amante, es mucho más que su pene.

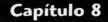

Capítulo 8

El jardín secreto de la mujer

Este capítulo le ayudará a comprender mejor cómo funcionan los órganos sexuales femeninos. La mayoría de las personas tiene una idea general de su funcionamiento, pero quizá nunca lo han estudiado a detalle. Los órganos sexuales femeninos nunca han sido alabados por su belleza, pero si los observa minuciosamente y con cariño, notará que los genitales femeninos son tan adorables como una flor.

Los órganos sexuales femeninos: ¿cómo funcionan?

El aparato reproductor femenino está formado por la vagina, el cuello del útero, el útero, dos ovarios y dos trompas de Falopio, así como algunas glándulas y conductos.

Los ovarios

Los *ovarios* son los principales órganos sexuales de una mujer, ahí es donde comienza todo. Los ovarios albergan las pequeñas células que pueden convertirse en un bebé. Tienen la forma de almendras y miden alrededor de cuatro centímetros de diámetro, están localizados en los extremos de las trompas de Falopio a ambos lados del útero. Los ovarios albergan a los óvulos; las mujeres nacen con todos los óvulos que tendrán en su vida. De hecho, las mujeres tienen más óvulos de los que podrían llegar a utilizar: 400,000. Iniciando con la menstruación en la pubertad y hasta la menopausia, los óvulos por lo general maduran a un ritmo de uno por mes. Si la pubertad empieza en promedio hacia los 13 años y la menopausia

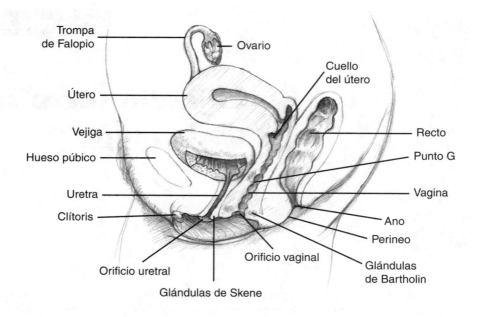

Trompa de Falopio — Ovario — Cuello del útero — Útero — Vejiga — Recto — Hueso púbico — Punto G — Uretra — Vagina — Clítoris — Ano — Perineo — Orificio vaginal — Glándulas de Bartholin — Orificio uretral — Glándulas de Skene

inicia comúnmente a los 47, entonces la mujer utiliza poco más de 400 óvulos en toda su vida. Los óvulos que no son liberados son reabsorbidos por los ovarios.

Normalmente los óvulos maduran de uno en uno, por lo cual si hay esperma presente durante la ovulación, una mujer sólo engendra un bebe. Si madura más de un óvulo al mismo tiempo, entonces puede tener gemelos o trillizos.

La maduración mensual de un óvulo es importante, pero no es la única función de los ovarios. También producen y liberan las dos hormonas sexuales: estrógeno y progesterona. Éstas son las encargadas de regular el ciclo menstrual, de ayudar al crecimiento de los senos y del desarrollo del vello púbico, así como de preparar el cuerpo de la mujer cuando está embarazada.

Las trompas de Falopio

Las *trompas de Falopio* son dos delicados conductos tubulares de unos 12 centímetros de longitud que van desde los ovarios hasta la parte superior del útero. Los extremos parecen campanas que tienen prolongaciones a manera de escobillas llamadas *fimbrias*. Durante la ovulación el óvulo es recogido por las fimbrias y es transportado a la trompa de Falopio para iniciar su viaje hacia el útero.

Si hay esperma (porque un hombre lo eyaculó recientemente en la mujer), entonces puede ocurrir la fertilización mientras el óvulo está dentro de la trompa de Falopio. El óvulo fertilizado recorre entonces el resto del trayecto hacia el útero para implantarse en la pared uterina, donde se desarrollará durante el embarazo.

El útero

El *útero* es el órgano que alberga al bebé en desarrollo y se asemeja a una pera invertida. La parte superior es el cuerpo y la parte estrecha que va hacia la vagina se denomina *cuello*.

El útero, que mide alrededor de 7 centímetros de largo y 5 de ancho, es un músculo poderoso que tiene tres paredes o capas. El recubrimiento interno se denomina endometrio, el cual de desarrolla y luego de desprende durante el periodo menstrual. La capa intermedia de la pared uterina se compone de tejido muscular que se extiende en todas direcciones; éste le da la fuerza necesaria al útero para facilitar el parto. ¡Se extiende lo suficiente para albergar a un bebé, para después contraerse durante el parto! La capa externa del útero es una membrana delgada que sólo cubre la parte externa del útero.

El cuello del útero

El *cuello del útero* es el área redonda en la parte superior de la vagina. Tiene un orificio en el centro, del tamaño de la punta de un lápiz, al que se conoce como orificio cervical, el cual es la puerta de entrada para los espermatozoides y de salida para la sangre menstrual y otras secreciones que provienen del útero. Durante el parto, el diminuto orificio se dilata tanto que permite el paso del bebé y no es de extrañar que sea más amplio en las mujeres después del parto. Aun cuando tiene pocas terminaciones nerviosas, puede ser muy sensible a la presión. De hecho, ciertas mujeres disfrutan al sentir esta presión en el cuello del útero durante la penetración, como cuando esta ocurre desde atrás, mientras otras no.

La vagina es para amantes

Al pensar en la vagina piense en flexibilidad, pues esta cavidad recubierta de músculo mide entre 7 y 10 centímetros de profundidad y se puede estirar para luego recuperar su forma milagrosa, placentera y repetidamente. La *vagina* tiene varios propósitos: 1) acepta que la penetren objetos como tampones o el pene, 2) Conduce el flujo menstrual fuera del cuerpo y 3) sirve como canal a través del cual pasa el bebé en el nacimiento. Además de la sangre (y los bebés) que sale por la vagina, es normal que las mujeres presenten en ocasiones un flujo vaginal, el cual puede ser blanco o moco transparente. (Sin embargo, si es muy espeso, oloroso o como coágulo, debe consultar a su médico.)

Las paredes vaginales descansan una contra otra a menos que estén desempeñando una función en la que deban expandirse. La parte externa de la vagina tiene muchas terminaciones nerviosas, la parte media tiene menos y finalmente, la parte interna, la más cercana al cuello del útero, cuenta con el menor número de terminaciones nerviosas. Son grandes los cambios que se dan en tan sólo 10 centímetros.

El orificio uretral y el orificio vaginal

En la mujer, a diferencia del hombre, la orina tiene un orificio especial para salir. La *uretra* de la mujer, por donde sale la orina, está separada del aparato reproductor. El *orificio uretral* o *meato urinario*, se encuentra entre el clítoris y el orificio vaginal, el cual conduce a la vagina.

Las *glándulas de Bartholin*, dos pequeñas glándulas con forma de frijol a cada lado del orificio vaginal, y las *glándulas de Skene*, cerca del orificio uretral, por lo regular secretan un fluido lubricante auxiliar en la estimulación y la penetración, aunque en su mayor parte la lubricación femenina proviene del sudor que se forma en las paredes vaginales cuando está excitada.

El himen

El *himen* es una membrana delgada que puede cubrir parcialmente el orificio de la vagina. El himen, por lo general, se rompe o desgarra la primera vez que una mujer copula. Algunas mujeres vírgenes a veces sangran un poco y sienten dolor por este desgarre en su primera vez. En ocasiones sólo se desgarra un poco durante la primera vez y es hasta la segunda o tercera vez cuando se rompe por completo. Muchas veces el himen se desgarra cuando la mujer aún es virgen (a veces mucho tiempo antes de tener sexo) por la introducción de tampones o por realizar actividades físicas bruscas, como montar a caballo o andar en bicicleta. Por otra parte, hay algunos hímenes que son más obstinados y tan gruesos, que resulta imposible la introducción de tampones o la cópula y es necesaria la intervención quirúrgica. Ciertas mujeres carecen en absoluto de himen, sin importar si han tenido sexo o no.

La vulva

La *vulva* es el término anatómico que define al conjunto de genitales externos femeninos. La vulva incluye *el monte de Venus, los labios mayores, los labios menores, el clítoris, el orificio uretral, el orificio vaginal y las glándulas de Bartholin y de Skene.*

El monte de Venus es una almohadilla de grasa subcutánea que descansa sobre la cara anterior del hueso púbico en la parte superior de la vulva y se encuentra cubierto de vello púbico.

Los labios mayores son dos pliegues de piel que cubren el orificio vaginal. Los labios menores son pliegues más pequeños de piel dentro de los labios mayores. Los labios varían en tamaño, forma y color. Algunas veces, debido a las secreciones naturales de las glándulas sebáceas, se acumula una sustancia blancuzca llamada esmegma alrededor de los labios, la cual se lava fácilmente durante el baño. (Como mencioné antes, si una mujer observa un flujo abundante, debe consultar a su médico.)

Las vulvas son muy variadas. Algunas mujeres tienen labios largos y delgados, otras los tienen cortos y carnosos. Ciertas mujeres tienen un gran clítoris del tamaño de una cereza y unas más lo tienen diminuto. Las hay con vaginas estrechas o con vaginas amplias. El vello púbico puede ser todo un bosque o puede ser escaso o nulo. ¡Eso es lo sorprendente de las vulvas! Al igual que los copos de nieve, no existen dos iguales.

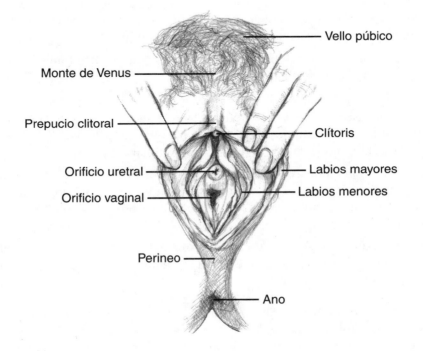

El *clítoris* es un órgano pequeño que tiene una alta concentración de terminaciones nerviosas. Está localizado en la parte superior de los labios, arriba de la vagina, no dentro de ella. Si puede imaginar que los labios son las ramas de un árbol de navidad, entonces el clítoris es la estrella que corona el árbol. Tiene una cubierta de piel que lo protege de ser estimulado constantemente. La estimulación del clítoris durante el sexo o la masturbación puede sentirse fabulosa y conducir al orgasmo. Los clítoris pueden variar en tamaño y forma sin que ello afecte la sensibilidad sexual. Todas las mujeres son capaces de tener orgasmos clitorales. De hecho, la única función del clítoris es proporcionar placer a la mujer y producirle el orgasmo.

El clítoris

El *clítoris* es un órgano pequeño que tiene una alta concentración de terminaciones nerviosas. Está localizado en la parte superior de los labios, arriba de la vagina, no dentro de ella. Si puede imaginar que los labios son las ramas de un árbol de navidad, entonces el clítoris es la estrella que corona el árbol. Tiene una cubierta de piel que lo protege de ser estimulado constantemente. La estimulación del clítoris durante el sexo o la masturbación puede sentirse fabulosa y conducir al orgasmo. Los clítoris pueden variar en tamaño y forma sin que ello afecte la sensibilidad sexual. Todas las mujeres son capaces de tener orgasmos clitorales. De hecho, la única función del clítoris es proporcionar placer a la mujer y producirle el orgasmo.

La "G" marca el punto

Desde que se "descubrió" el punto G, médicos y terapeutas sexuales han debatido mucho sobre su existencia. El hecho es que el punto G existe; es tan sólo el nombre de una zona anatómica en el cuerpo femenino, que está ubicada en la parte superior de la pared vaginal entre la cara posterior del hueso púbico y la parte frontal del cuello del útero. En esta zona abundan las terminaciones nerviosas que pueden ser más sensibles que el resto de la vagina. Digo "pueden ser", porque muchas mujeres no sienten nada cuando se les estimula el punto G. Por tanto, el debate no versa sobre su existencia, sino sobre su función.

Si usted es mujer y quiere saber cómo reacciona su punto G, entonces trate de hacer lo siguiente al masturbarse:

➤ Durante la masturbación, cuando ya esté excitada, frote repetidamente con la yema de sus dedos el punto G en la parte superior de la vagina, con un movimiento similar al que utiliza para llamar a alguien. ¿Tiene alguna sensación más profunda, como si se aproximara al orgasmo?

➤ Estimule el clítoris y el punto G al mismo tiempo. Introduzca un dedo en la vagina y frote, con un movimiento como el del punto anterior, la parte superior de la vagina mientras estimula su clítoris con la otra mano. ¿Se siente cerca del orgasmo?

➤ Utilice un vibrador con un aditamento especial para el punto G para sentir más estimulación en esa zona. ¿Siente que alcanza el orgasmo más rápido?

Recuerde que quizá no sienta ninguna diferencia cuando practique estos ejercicios, debido a que muchas mujeres no sienten nada especial en el punto G. Pero, aun cuando no sienta nada nuevo o diferente, puede disfrutar de estos ejercicios sólo por el gusto de masturbarse.

Eyaculación femenina

Las mujeres que tienen el punto G más sensible, dicen que realmente pueden "eyacular" cierto fluido de su uretra cuando llegan al clímax por la estimulación del punto G. Algunas mujeres dicen que su "eyaculación" puede variar de una humedad mayor que la usual hasta lanzar chorros de fluido. Esta eyaculación aún es controversial entre los médicos. En años recientes la eyaculación femenina se ha analizado químicamente y se ha establecido que tiene una composición diferente a la de la orina, pero eso es lo único que los investigadores saben con seguridad, lo cual significa que la eyaculación femenina es un fenómeno perfectamente normal.

Dos de sus partes favoritas: los senos

Se les mima, acaricia, frota, chupa y se les viste con toda clase de lencería. Y, como la broma está *ad hoc*, los hombres los confunden con ojos y los miran fijamente en vez de ver a la mujer a la cara. Aunque los hombres también tienen senos, por lo general son considerados el sello de distinción de la mujer. La descripción anatómica de los senos dista mucho de ser erótica. Los *senos* en realidad sólo son apéndices grasos y sus únicos músculos están en los pezones, el resto es grasa asentada sobre los músculos pectorales. El tamaño y la forma naturales de los senos femeninos están determinados por su contenido de grasa y por algunos ligamentos de suspensión, no por el tamaño de sus pectorales. Muchas mujeres no son felices con el tamaño o la forma de sus senos. Si es usted mujer, debe aprender a amar sus senos.

En el tejido graso de los senos hay unas glándulas capaces de producir leche, la cual es conducida a los pezones.

El *pezón* está localizado en la cima del seno y está rodeado por una *areola* (el color del pezón y de la areola pueden variar mucho, pero por lo general tienen tonalidades de color rosa, café o negro, dependiendo de la raza y color de piel de la mujer). Si una mujer está lactando (produciendo leche después del embarazo), el pezón es la zona que el bebé succiona para alimentarse.

La forma del pezón varía de mujer a mujer; pueden ser planos, prominentes o incluso invertidos. Los pezones invertidos son normales si siempre han estado así. Algunas mujeres con pezones invertidos se los hacen alterar con cirugía plástica. (Esta operación destruye los conductos de leche, por lo que no podrá amamantar.) De manera similar, algunas mujeres con pezones muy prominentes tratan de esconderlos bajo sostenes y ropa gruesos. (Sólo un comentario: si sus pezones sufren un cambio repentino en el color, como oscurecerse, o se invierten, puede ser un signo de cáncer de mama, así que consulte a su médico.)

Una razón para amar sus pezones, es que le pueden brindar un gran placer. Los pezones tienen nervios que pueden producir excitación sexual al ser tocados, lamidos o succionados. No todas las mujeres lo disfrutan y si la idea de que estimulen sus pezones le produce escalofríos, entonces puede pedir que nadie se los toque.

Sangre, sudor y lágrimas

Cada mes, el recubrimiento del útero se hace más grueso porque se prepara para albergar un óvulo fertilizado, en caso de que lo hubiera. Sin embargo, como la mayoría de los meses las mujeres no se embarazan, su cuerpo debe desechar este recubrimiento, el cual se desprende parcialmente dando origen a la menstruación. Algunas personas creen que la mujer sólo desecha sangre durante su periodo, pero ahora se sabe que en realidad es la capa interna del útero.

La menstruación de una mujer dura de 3 a 7 días. La mayoría de las mujeres sabe aproximadamente cuándo va a tener su menstruación, con base en su ciclo mensual. Sin embargo, algunas tienen ciclos muy irregulares. Típicamente, la menstruación ocurre una vez cada 28 días, aunque puede ocurrir entre los días 24 y 34.

Pocas mujeres saben que la dieta, el estrés, el ejercicio, los viajes o los medicamentos pueden alterar el ciclo menstrual. Como puede ser molesto no saber cuándo va a ocurrir la menstruación, muchas mujeres toman píldoras anticonceptivas para saber con seguridad cuándo ocurrirá. Si usted tiene periodos irregulares, pregunte a su médico si debería tratar de regularlos.

También es común para algunas mujeres tener sangrados o goteos de sangre cuando no están menstruando. Esto es normal en especial en las adolescentes cuyos periodos todavía no se han regularizado y en las mujeres que se acercan a la menopausia, cuando su ciclo menstrual empieza a desaparecer. Sin embargo, debe acudir a su ginecólogo si ha tenido sangrados vaginales que no esperaba, especialmente si usted ya pasó la menopausia. Otras causas de sangrado vaginal se deben a pólipos o tumores en el aparato reproductor femenino, que pueden ser peligrosos y necesitan atención médica.

Sangre, sudor y... orgasmo

El sexo durante la menstruación puede parecer grotesco para algunas personas y totalmente natural para otras. En realidad es una cuestión de preferencia personal. Una mujer tiene la misma sensación sexual durante su menstruación, por tanto, si ella y su pareja quieren tener sexo, pueden hacerlo. He aquí algunos consejos que lo harán más cómodo para ambos.

➤ Utilice condones porque el cuello del útero está abierto y es más susceptible a las enfermedades de transmisión sexual y porque es más higiénico para el hombre.

➤ Utilice anticonceptivos. Como lo mencioné antes, es posible que una mujer se embarace durante su menstruación. No se arriesgue.

➤ Utilice lubricantes. Durante la menstruación, la vagina de la mujer se seca un poco, por lo cual, aunque haya sangre, quizá no se sienta bien lubricada.

➤ No use sus sábanas bonitas, o ponga una toalla sobre la cama si no desea manchas en ellas.

En otras palabras, si usted y su pareja quieren tener sexo durante su menstruación, quítese la toalla higiénica y saque condones, anticonceptivos, lubricantes y sábanas viejas. Puede disfrutar del sexo cualquier día del mes.

SPM, la tormenta antes de la calma

Muchas personas no están conscientes de los tremendos cambios hormonales que ocurren en el cuerpo de la mujer durante cada ciclo menstrual. Esos cambios pueden ocasionar el Síndrome Premenstrual (SPM).

El SPM puede provocar una variedad de síntomas que empiezan 7 días antes de la menstruación, aunque los síntomas más agudos aparecen de 2 a 3 días antes de la menstruación y pueden incluir depresión, cambios de humor, irritabilidad, dolor de cabeza, cólicos, sensibilidad en los senos, dolor de espalda, inflamación, antojos, etcétera.

No existe una cura para el SMP, pero es bueno saber cuándo se aproxima; puede ayudarle a conservar su salud mental (¡y la de los que le rodean!). Una forma de reconocer los patrones de conducta y los síntomas es llevar un registro menstrual. Puede anotar la fecha de inicio, la duración y la severidad de los cambios físicos y psicológicos durante el ciclo menstrual. A veces es importante probarse a sí misma y a los demás que "todo está en su cabeza". Un registro como éste también puede ayudarle a su médico a diagnosticar problemas relacionados con la etapa del ciclo en que se encuentra.

¿Qué más puede hacer? Aquí le presento algunos consejos que pueden ayudar, los cuales en conjunto son buenos para cualquier día del mes:

➤ Cambie sus hábitos alimenticios. Reduzca su consumo de azúcar, sal, cafeína (incluyendo chocolate) y alcohol, con lo cual puede reducir sus síntomas. Al mismo tiempo aumente su ingesta de proteínas, calcio y vitamina B6.

➤ Ejercicio. Reducirá su nivel de estrés y mantendrá su cuerpo en forma para reducir los síntomas físicos como dolores de cabeza y cuerpo cortado.

➤ Mastúrbese. ¡Es cierto! La masturbación reduce los cólicos y la tensión en la vulva ya que envía sangre a esa zona.

➤ Descanse. Le ayudará a calmarse y sentirse saludable durante este periodo del mes.

➤ Tome aspirinas, Tylenol o medicamentos especialmente diseñados para el SPM, que no requieren receta médica como Syncol o Motrin (si su médico se los recomendara).

➤ Si sus cambios de humor o su depresión son severos, consulte a un psiquiatra sobre la posibilidad de utilizar antidepresivos como Prozac, Paxil o Zoloft para reducir los síntomas.

➤ Trate de cambiar su comportamiento cuando se note que está "en sus días". Respire hondo e intente calmarse si observa que está reaccionando en forma exagerada.

Si tiene una relación, o incluso si es soltera y vive con su familia o amigos, tal vez quiera pedir disculpas por no ser usted misma cuando esté pasando por el SMP. Por supuesto, no debe utilizarlo como excusa para un mal comportamiento, pero el hecho es que es difícil controlar su estado de ánimo cuando las hormonas parecen tener el control. Por eso, si la gente que la rodea lo entiende, puede ser más fácil para usted.

Higiene femenina: diga sí al baño y no a los productos químicos

Listas mujeres: guarden las bolsas, tubos, botellas y paquetes decorados con flores. No necesitan productos especiales, aromas especiales ni duchas vaginales; el baño en tina o regadera es lo único que una mujer necesita para mantenerse limpia.

Las mujeres tienen secreciones naturales que se presentan como flujo vaginal normal. La cantidad, consistencia, color y olor varían con el ciclo menstrual, lo cual también es normal. Todo es parte de una vagina sana. El flujo es, por lo general claro, pero puede ser un poco más espeso o blancuzco. La vagina no requiere prácticas de limpieza especiales; es un órgano de autolimpieza. El baño simple elimina el flujo y el olor. Los famosos desodorantes femeninos y las duchas de cualquier tipo son innecesarios. Es más, pueden irritar la vagina y provocar infecciones. ¡No los utilice!

Por otra parte, el flujo vaginal anormal tiene un olor desagradable (léase: huele a pescado podrido) y un color y textura extraños (puede ser grumoso como queso cottage y de color amarillento o verduzco) y puede causar comezón o irritación. Este tipo de flujo puede ser resultado de muchos tipos de infecciones vaginales. Si tiene flujo anormal, no lo cubra con perfume ni intente lavarlo. Vaya a ver al médico para que le dé el tratamiento adecuado. En general, la vagina no tiene un olor desagradable, debe oler como a, bueno, como a vagina. Y recuerde, aunque la vagina pueda parecer una flor, no debe oler como tal.

Capítulo 9

Excitación: su respuesta sexual

¿Se ha preguntado alguna vez por qué su cuerpo responde de la forma en que lo hace cuando se excita? Quizá piense que los orgasmos "sólo pasan". Tal vez crea que un orgasmo es sólo la señal para apagar la luz y dormirse, o que es un suceso azaroso que debe ser reverenciado. Pues déjeme darle una pista: el orgasmo es una parte de la respuesta sexual, pero no lo es todo. La respuesta sexual es una interacción compleja entre usted, su pareja y sus cuerpos.

Ni el orgasmo, ni entender los factores que conducen a él y que se presentan después, tienen por qué ser casuales. Usted puede disfrutar esta experiencia aún más si sabe por qué responde su cuerpo en la forma en que lo hace a las caricias o al aroma de su pareja o a su sola presencia. Quizá hasta pueda mejorar la experiencia del orgasmo para usted y su pareja.

Se puede tener sexo de formas tan variadas como las personas que lo hacen. Aun cuando quizá no exista un patrón para tener sexo, la respuesta sexual por lo general sigue un patrón cíclico. Este capítulo explora las cinco etapas de la respuesta sexual que todos atraviesan cuando se excitan.

Aquí viene ese sentimiento tan deseado

Cada persona experimenta su respuesta sexual de forma única, lo que significa que diferentes estímulos pueden provocar diferentes respuestas. La voz de alguien, el olor de un perfume o incluso una sola mirada, pueden provocar excitación. Una vez que el sentimiento se inicia, entra en acción el ciclo de respuesta sexual. El *ciclo de respuesta sexual* es un nombre que se le da al conjunto de sensaciones que su cuerpo experimenta cuando usted siente deseo. Hoy en día, la mayoría de los sexólogos concuerda en que el ciclo de respuesta sexual consta de cinco fases progresivas que en ocasiones son simultáneas: se inicia con el deseo, pasa a la excitación, se mantiene en la meseta antes de alcanzar el orgasmo y culmina en la resolución.

Las sensaciones y cambios físicos asociados con las diferentes fases se explican en la siguiente sección. Recuerde que en la vida las sensaciones no tienen categorías bien definidas, no fluyen en una sola dirección y pueden ser diferentes para usted.

Ciclo de respuesta sexual.

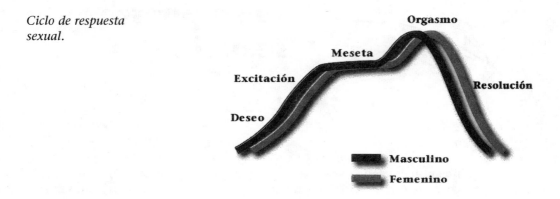

Deseo

El deseo es el primer paso y es el preludio de la excitación. En otras palabras, debe sentir deseo antes que ninguna otra cosa. El deseo es su impulso, pasión, urgencia o anhelo por querer tener sexo, y existen factores físicos y psicológicos que influyen en él. Entre los primeros están su salud, nivel de fatiga y nivel de hormonas sexuales. Los segundos incluyen ansiedad, confianza, estado de ánimo y nivel de tensión. Si no siente deseo, no llegará ni a primera base. Pero si su estado de ánimo es propenso, el deseo puede conducirle a una agradable excitación.

Excitación

Se caracteriza por un aumento del ritmo cardiaco, la tensión muscular y el flujo sanguíneo, lo cual provoca que aumente la sensibilidad a los estímulos y disminuya la sensibilidad al dolor. En las mujeres, el aumento en el flujo sanguíneo, también llamado vasocongestión, provoca que sus genitales, labios y senos, se llenen de sangre y que se inicie la lubricación vaginal. En los hombres, el primer signo de excitación es el aumento en el flujo sanguíneo de sus genitales, lo cual produce la erección del pene, la contracción del escroto y la elevación de los testículos. La mayoría de la gente se excita después de una combinación de estímulos físicos y emocionales, aunque también es posible la excitación sin estímulos físicos. En ocasiones, la excitación provoca que las personas se sientan demasiado ansiosas por tener sexo, dicho en palabras menos gráciles, lo desean y eso significa ¡aquí y ahora!

Meseta

Esta fase comprende un periodo en el que la excitación continúa y se intensifica por medio de la estimulación física, por parte de usted y de su pareja en caso de sexo compartido o por usted mismo durante la masturbación.

Los hombres pueden secretar "fluido preeyaculatorio" que a menudo contiene esperma. (Es la razón por la que retirar el pene antes de la eyaculación no es una técnica que sirva como anticonceptivo y el porqué del contagio de enfermedades de transmisión sexual antes de tener sexo.) En este momento se incrementa ligeramente la rigidez de la erección, la cabeza del pene se agranda y los testículos se hinchan y se acercan más al cuerpo.

En las mujeres, el clítoris se retrae debajo del prepucio clitoral, el tercio externo de la vagina se congestiona aún más con sangre y el útero se eleva totalmente, tirando de la vagina y haciéndola mucho más amplia. El "rubor sexual", que es un enrojecimiento temporal, se difunde a los senos y el pecho. Se produce la erección de los pezones y las areolas se dilatan. Durante esta fase, la gente se siente tan bien que quisiera que durara para siempre.

Orgasmo

Fisiológicamente, el tan anhelado orgasmo no es más que una descarga de tensión sexual. Contracciones musculares involuntarias liberan rápidamente la tensión neuromuscular acumulada y bombean la sangre del tejido genital vasocongestionado de regreso al resto del cuerpo. Estas contracciones ocurren en el tercio externo de la vagina y en el útero en las mujeres y en los músculos de la región pélvica tanto en hombres como en mujeres. También pueden ocurrir contracciones involuntarias del esfínter anal.

Un orgasmo dura de tres a diez segundos, y la contracción orgásmica tanto en hombres como en mujeres ocurre a intervalos de menos de un segundo cada una. Eso significa que tendrá entre 3 y 15 contracciones en sus genitales. Otras partes de su cuerpo, como manos, pies y cara, también podrían experimentar contracciones involuntarias. Emocionalmente hablando, un orgasmo puede servir para liberar otros tipos de tensión o para crear nuevos. Puede sentirse regocijado o sólo contento, sorprendido o decaído. Quizá experimente toda clase de emociones, que no son ni buenas ni malas. Podría llorar o reír.

Resolución

Es el retorno del cuerpo al punto de partida, un estado sin excitación. La diferencia principal entre el hombre y la mujer en su regreso al estado normal, es que el

71

hombre pasa por un periodo refractario inicial en el que la eyaculación es imposible físicamente. En cambio, si la estimulación continúa para una mujer después del orgasmo, puede seguir teniendo sexo.

Durante la resolución, los órganos sexuales disminuyen de tamaño, los músculos se relajan y el ritmo cardiaco y la respiración vuelven a la normalidad.

Si ha estado excitado pero no ha tenido un orgasmo, quizá la sangre tarde un poco más en abandonar sus genitales y la resolución en concretarse. Si se siente un poco agitado porque se excitó demasiado pero no llegó al clímax, tiene sus razones. Los hombres pueden experimentar dolor testicular y las mujeres congestión pélvica cuando no alcanzan el orgasmo. La tensión disminuye sola con el tiempo, pero si no le gusta esperar o no puede dormir, masturbarse hasta alcanzar el orgasmo puede ayudar a liberarla.

La gran "O"

Todos los hombres y mujeres son capaces de sentir orgasmos. ¿No es ese un don universal maravilloso? Sin embargo, para muchas personas el orgasmo se convierte en el "objetivo" único del sexo. Por desgracia para esas personas, las múltiples sensaciones, emociones, placeres y toda la diversión pasan a segundo plano. No olvide que hay todo un mundo de placer en el cuerpo para ser disfrutado en el camino hacia y de regreso del orgasmo.

Orgasmos femeninos

No existen dos mujeres que experimenten el orgasmo en la misma forma. Para unas es como un gran estornudo, otras sienten que es como escalar la cima de una montaña para luego deslizarse cuesta abajo; algunas perciben todas las sensaciones concentradas en sus genitales, mientras que para otras es una experiencia de cuerpo completo.

Cuando una mujer "se viene", su cuerpo se arquea, sus músculos se tensan, su vagina y las paredes uterinas se contraen rítmicamente junto con otros músculos pélvicos y el ano. Dependiendo de la mujer, otras partes de su cuerpo pueden tener espasmos. ¿Y qué me dice del poder femenino? Las mujeres, a diferencia de los hombres, pueden regresar inmediatamente a la fase de meseta una vez que sus contracciones uterinas y vaginales cesan, lo que las hace capaces de tener otro orgasmo tan pronto como quieran.

Como una mujer no eyacula como lo hace un hombre al tener un orgasmo, es difícil para su pareja saber si ella en realidad lo alcanzó.

¡Chicos, tomen nota! Sin importar qué tanto se agite una mujer en la cama, sólo hay una forma de saber si ella ha tenido un orgasmo, y es si él siente las intensas contracciones que ocurren en lo profundo del interior de su vagina.

Orgasmos masculinos

Existe una diferencia clave entre el orgasmo masculino y el femenino. El hombre realmente experimenta un "punto de no retorno" cuando se dirige inexorablemente al orgasmo; mientras que la mujer a punto de tener un orgasmo puede distraerse y perder el tren. Para el hombre, regresar al estado previo a la excitación es más difícil desde la fase de meseta que desde la de excitación. Esto es porque oleadas de impulsos nerviosos van y vienen de su sistema nervioso a sus genitales; además, los conductos que van de los testículos al pene se contraen al ritmo en que lo hace la pelvis hasta secretar el semen.

Próximo al orgasmo, un hombre no puede evitar eyacular y el semen es bombeado a lo largo de la uretra hasta el glande donde finalmente es liberado. Cuando un hombre llega a esta etapa, es imposible regresar. En realidad no puede evitar eyacular.

La mayoría de los hombres percibe tres sensaciones algo diferentes durante el orgasmo. La primera es una ola de calor y de presión palpitante, la cual lo lleva a la acción de bombeo de las contracciones orgásmicas rítmicas, seguidas por la sensación del semen que corre por la uretra, que es una sensación de cálida ebullición o de disparo.

Orgasmos múltiples: ¿cuantos más mejor?

¿Si uno es bueno, dos es mejor? Depende. Los orgasmos múltiples por lo general son una serie de orgasmos que ocurren con segundos o minutos de diferencia. Aunque los estudios revelan que las mujeres son capaces de tener orgasmos múltiples, menos de 50 por ciento los experimenta. Algunas mujeres pueden tener más de un orgasmo durante la cópula, pero la mayoría que experimenta orgasmos múltiples durante un encuentro sexual es porque alcanza uno antes de la cópula por estimulación manual, sexo oral o masturbación y el siguiente durante la cópula.

En los hombres, existe cierta duda de que los jóvenes puedan tener orgasmos repetidos. Digo "repetidos" en vez de "múltiples", porque eso lo hace un poco más claro. Los hombres tienen que pasar por la etapa de resolución (como se dijo previamente) para regresar al estado en el que nuevamente puedan tener un orgasmo. Muchos jóvenes pueden hacerlo fácil y rápidamente.

Por supuesto, cada cual puede obtener tanto placer físico y emocional de un orgasmo como de varios. La cantidad de ninguna manera iguala la calidad. Los orgasmos múltiples no son una medida de su sexualidad, placer sexual o proezas sexuales. Si experimenta un orgasmo, es maravilloso; si experimenta varios, también.

Orgasmos simultáneos: la sincronía lo es todo

Algunas personas creen que si experimentan un orgasmo al mismo tiempo que su pareja, entonces tendrán una conexión sexual más significativa. Pero no todos piensan así: cuando los dos tienen el orgasmo al mismo tiempo, se pierden de compartir el orgasmo de la otra persona por estar concentrados en el propio. Si quiere sincronizarse con su pareja para tener el orgasmo al mismo tiempo, hay ciertas cosas que puede hacer.

La etapa de excitación en hombres y mujeres puede tener una duración variada; como por lo general las mujeres se excitan más lentamente que los hombres, muchas parejas encuentran que sus respuestas sexuales no están sincronizadas. Si quieren tener un orgasmo al mismo tiempo, tienen que trabajar para alcanzar el mismo grado de excitación al mismo tiempo. Una forma de hacerlo es retrasar la penetración y concentrarse en el preludio para la mujer. Entonces, cuando la mujer esté próxima al orgasmo, el hombre puede penetrarla e iniciar el movimiento rítmico de la pelvis. Si se controla el ritmo, los dos pueden estar listos para el orgasmo al mismo tiempo. Como en todos los aspectos del sexo de pareja, la comunicación es esencial para lograr el orgasmo simultáneo.

Mitos del orgasmo

Hablar del orgasmo puede develar los mitos de la experiencia para usted y su pareja y así sentirse menos presionados por asegurar que ambos tengan uno. Deben conocer la verdad detrás de algunos mitos muy comunes del orgasmo.

Mitos y verdades del orgasmo

Mito	Realidad
El sexo no es bueno a menos que se llegue al orgasmo.	El sexo es bueno cuando es placentero, sin importar el orgasmo.
Los orgasmos múltiples son mejores que uno solo.	La cantidad de placer no está atada a la cantidad de orgasmos. Un buen orgasmo puede ser lo más placentero.
Los hombres no pueden tener más de un orgasmo a la vez.	Los hombres pueden tener orgasmos repetidos a intervalos cortos, especialmente cuando son jóvenes.
Las mujeres no pueden tener orgasmos después de la menopausia.	La menopausia no afecta la capacidad de la mujer para alcanzar el clímax. Las mujeres y los hombres pueden tener orgasmos a lo largo de toda su vida.
La gente mayor quiere menos orgasmos.	La edad no tiene nada que ver con el orgasmo. La gente de todas las edades quiere tenerlos... y los tiene.

Fingir el orgasmo

¿Se puede fingir el orgasmo? Es fácil para la mujer agitarse, gemir y hacer la cabeza hacia atrás en actitud de éxtasis. Para los hombres, fingirlo es difícil ya que tienen que mostrar la evidencia.

La cuestión aquí es ¿por qué querría fingir un orgasmo? Algunas personas lo hacen para proteger los sentimientos de su pareja. A veces, el ego de la pareja crece cuando logra que uno se venga. Otras veces, la gente puede estar cansada de hacer el amor y sólo quiere dormir.

Esto nos lleva a la siguiente pregunta: ¿es malo fingirlo? Puede ser; usted paga un precio por fingir un orgasmo. Mientras está ocupado fingiendo, gimiendo y retorciéndose, se pierde el verdadero placer que podría sentir. Incluso puede caer en un círculo vicioso de tener que fingir cada vez que tiene sexo, ya que la siguiente vez que no se venga, su pareja se preguntará si hizo algo mal. Además no ayuda en nada a que su pareja aprenda cómo hacer que usted se venga. Cada vez que finge, su pareja cree que ha hecho algo que lo hace sentir tan bien que le provoca un orgasmo, cuando en realidad no es así. Aunque puede decidir fingir un orgasmo, esto le priva a usted y a su pareja de las mejores cosas del sexo: intimidad y honestidad. Mi consejo es que brinde a su pareja y a usted mismo el verdadero placer del orgasmo, no las mentiras y problemas asociados con fingirlo.

Capítulo 10

Conozca sus dominios

Masturbación, esa palabra abominable que muchas personas temen mencionar porque, si la dicen, admiten que lo hacen. Con frecuencia, un velo de reserva, vergüenza y culpa se cierne sobre el hecho de brindarse placer uno mismo.

A los jóvenes se les dice que la masturbación no es saludable y que no deben hacerlo. ¿Creyó alguna vez que la masturbación lo iba a dejar ciego o que le iban a salir pelos o granos en las manos? En algún momento se dio cuenta de que esos mitos eran ridículos, pero probablemente continuó sintiéndose culpable, por lo que lo hacía bajo las cobijas o en el baño. Aun si nunca lo sorprendieron, es probable que un sentido innato le dijera que no debería hacerlo, quizá porque nadie hablaba de ello o porque simplemente se sentía demasiado bien. La verdad es que es muy sano, natural y normal, y no tendrá ningún problema por hacerlo.

Si este capítulo le va a ser de provecho, debe deshacerse de todas esas ideas que le dicen que la masturbación es algo de lo que debe sentirse culpable. Le diré de una vez por todas que tocarse es la cosa más natural del mundo. Deseche esas imágenes de mujeres solas y adolescentes lujuriosos. La masturbación es para todos: jóvenes, viejos, casados, solteros, felices o tristes. La masturbación es tener sexo con alguien a quien ama; siéntase orgulloso de darse placer. No tema decir la palabra, grítelo: "adoro la masturbación", no tiene por qué sentirse avergonzado.

Si empieza a sentirse bien acerca del hecho de masturbarse, tal vez pueda influir en la gente que le rodea. Puede animar a su amante para que se sienta a gusto con la masturbación. Después, los dos pueden hablar de cómo pueden utilizar lo que aprendieron al darse placer a sí mismos para mejorar su vida sexual juntos. Asimismo, quizá sea capaz de empezar a hablar abiertamente del tema con sus amigos.

Beneficios a la salud

La gente se masturba por varias razones; la principal es porque quiere tener un orgasmo. Pero de hecho, la masturbación tiene sus beneficios más allá de sólo sentirse bien:

➤ Funciona como una pastilla natural para dormir en esas noches de insomnio.

➤ Alivia todo tipo de estrés, así como la frustración sexual.

➤ Le enseña cómo puede alcanzar el orgasmo con más facilidad, de tal forma que cuando esté con su pareja, sepa lo que funciona mejor para usted.

➤ Le da una satisfacción sexual si es soltero.

➤ Acaba con los cólicos en algunas mujeres.

➤ Le da algo que hacer si está solo y se excita, o si simplemente está aburrido.

➤ Le brinda placer cada vez que lo desee.

¿Cuánto es demasiado?

Como mucha gente tiene la idea de que la masturbación es mala, se pregunta si se masturba demasiado. El hecho es que no es fácil masturbarse "demasiado".

A menos que se encierre en su habitación, no vaya a trabajar, corra a sus visitas y básicamente no tenga tiempo para otra cosa que no sea masturbarse, entonces no tiene de qué preocuparse. Puede sentir un impulso muy intenso por masturbarse y quizá lo haga todos los días, o incluso más de una vez al día, y está bien. Mientras no interfiera con su vida, disfrútelo. De igual modo, si sólo quiere masturbarse en contadas ocasiones, también está bien. Lo que sea que funcione para usted es saludable, siempre y cuando no se sienta culpable.

En general se cree que los hombres se masturban mucho más que las mujeres, pero puede que no sea cierto. No hay tanta diferencia entre los hábitos de masturbación de los hombres y de las mujeres. Una investigación reciente mostró que 85 por ciento de las mujeres se masturba, mientras que 99 por ciento de los hombres lo hace. Si usted es soltero y no tiene una pareja, la masturbación puede ser perfecta para usted. Cuando una aventura o un amor de una noche no es su estilo, entonces la masturbación puede ser su principal vía de desahogo sexual. Asimismo, lo puede mantener sexualmente activo cuando no tiene pareja.

Ciertas personas se masturban tanto como si tuvieran una relación o estuvieran casadas. Si la gente que tiene una relación se masturba, no significa que su pareja no la excite. Puede significar que todavía les gusta excitarse solos o que su pareja no se conduce sexualmente de la misma forma y que, por lo tanto, necesitan un suplemento. O que se sientan cansados y que no quieran tener la presión de desempeñarse bien al tener sexo con su pareja. Simplemente, es más sencillo masturbarse. Hay quienes se sienten celosos o traicionados si encuentran a su pareja masturbándose, pero no debería ser así. Si a usted le molesta, entonces debe encontrar la manera de aceptarlo; su pareja aún lo desea, es sólo que también quiere brindarse placer. Sólo debe preocuparse si su pareja no quiere tener sexo con usted porque prefiere masturbarse. Si se encuentra en esa situación, entonces acuda con un terapeuta sexual, no sólo para resolver su problema sexual, sino para que le ayude a resolver los problemas de su relación.

Diferentes caricias para diferentes personas

Sin importar si es casado o soltero, joven o viejo, la siguiente sección le puede ofrecer cierta información familiar acerca de la forma en que la gente se masturba. Si conoce bien su cuerpo, probablemente sepa que hay diferentes métodos de masturbación. Quizá ya haya probado algunos o todos. Si no lo ha hecho, puede empezar ahora. Continúe leyendo y con suerte algo llamará su atención. Quién sabe; tal vez quiera intentar algo antes de terminar este capítulo.

Pregúntele a 99 hombres su estilo favorito de masturbación y es probable que obtenga 99 respuestas diferentes. Algunos empiezan pensando en una fantasía, viendo fotos en revistas pornográficas, viendo películas triple X, teniendo charlas sensuales en línea o hablando a servicios telefónicos sexuales y después dejan que sus dedos hagan el resto. Algunos hombres prefieren lubricarse para reducir la fricción y aumentar la sensación, pero otros prefieren hacerlo a secas. Una vez que un hombre empiece, se enfocará en crear fabulosas sensaciones en sus genitales. Existen formas de masturbación comunes. Aquí hay algunas formas probadas y populares de cómo los hombres se masturban:

➤ Dando a su pene una buena fricción, usando movimientos de vaivén de la base a la cabeza. Algunos prefieren poner énfasis en el movimiento hacia abajo, de la cabeza a la base.

➤ Concentrando la estimulación directamente en la cabeza del pene, usando una mano en la cabeza y moviendo la otra arriba y abajo por el tronco.

➤ Utilizando una mano para presionar la base del pene y la otra para moverla arriba y abajo en el tronco.

➤ Aumentando su placer acariciando, jalando, masajeando o simplemente sosteniendo su escroto y testículos al mismo tiempo que trabajan con su pene.

➤ Estimulando sus pezones, glúteos, ano, o acariciándose cualquier parte del cuerpo del pecho a los muslos para obtener más placer.

Generalmente, su orgasmo proviene de la estimulación en el pene, con sólo la presión necesaria en los lugares donde se siente mejor, así como un ritmo constante. La gran mayoría de los hombres se masturba acariciando su pene con las manos, pero hay quienes prefieren acariciarlo contra el colchón o cualquier otro objeto sin utilizar sus manos. Esta técnica es una alternativa perfectamente normal.

Sin importar cómo lo haga, las más de las veces el resultado de la masturbación en un hombre son el orgasmo y la eyaculación. Pero, ¿qué hacer con esa sustancia pegajosa?, ¿dónde eyacular? Algunos prefieren masturbarse en la regadera, así no tienen que lidiar con situaciones pegajosas. Si están desnudos en la cama, algunos hombres eyaculan sobre su propio cuerpo o en las sábanas. Dondequiera que estén, algunos prefieren tener a la mano pañuelos desechables, una toalla o ropa sucia para eyacular en ella. Es cuestión de higiene personal y de tiempo.

En el caso de las mujeres, también pueden iniciar la masturbación con una fantasía o excitándose con imágenes pornográficas o eróticas. Una vez que empiezan, para la mayoría de las mujeres, el clítoris lo es todo. Aquí hay algunas formas en que las mujeres se encienden con la masturbación.

➤ Acariciando su clítoris con su dedo, dedos o incluso con toda la mano.

➤ Acariciando su clítoris indirectamente, frotando o jalando la piel que se encuentra sobre y alrededor del clítoris, como el prepucio o los labios.

➤ Rozando el clítoris contra un objeto, una almohada o el colchón.

➤ Frotando sus piernas firmemente una contra otra cuando todavía tiene ropa para obtener una mayor fricción.

➤ Utilizando un vibrador en su clítoris para disfrutar esa sensación especial.

➤ Rociando agua sobre su clítoris o permitiendo que el chorro de la regadera caiga sobre él. ¡Para eso son los accesorios de masaje!

➤ Penetrando su vagina con su dedo, dedos o con un consolador o vibrador. Esto por lo general se hace al mismo tiempo que la estimulación del clítoris.

➤ Estimulando sus pezones, senos, muslos, glúteos, ano, o cualquier parte de su cuerpo.

Adquiera experiencia

¿Cree que alguna vez elegiría copular de la misma manera y en la misma posición por el resto de su vida? ¡Lo dudo! Para aprovechar al máximo su vida sexual, debe aprender a obtener el máximo placer que se puede brindar a sí mismo. Para hacerlo, puede experimentar con algunas variaciones, de tal forma que desarrolle una vida sexual de masturbación enriquecida, satisfactoria y variada.

*Fotografía de P.
McDonough.*

Empiece por tocarse cuando quiera sentirse bien, a cualquier hora del día, en cualquier posición, utilizando cualquier clase de estímulo. La masturbación no sólo es un desahogo, puede masturbarse por diversión y aventura.

Pruebe masturbarse en todas las posiciones y formas diferentes. Puede hacerlo:

➤ En cada habitación de su casa y en el jardín.

➤ Parado, sentado o en cuclillas.

➤ Totalmente vestido, incluso con calcetines, zapatos y anteojos.

➤ En la tina o en la regadera.

➤ Con las luces encendidas.

➤ Mientras lee una revista erótica o ve fotos pornográficas.

➤ Mientras se ve en el espejo.

➤ Mientras ve el reloj y se toma el tiempo.

➤ Mientras ve televisión o un video (algo sexy, o para variar nada que sea sexy).

➤ Mientras habla por teléfono (tanto con una llamada erótica como con una conversación regular).

➤ Mientras está en el coche, el autobús, un avión o un tren, ¡sólo si nadie se da cuenta! (Esto es más fácil para las mujeres.)

¿Sabe lo que le gusta?

Puede tratar de descubrir qué tipo de estimulación física prefiera, al masturbarse experimentando con diferentes formas de tocamientos. Observe la lista siguiente, le ayudará a descartar lo que ya sabe que le gusta y le puede dar algunas ideas para intentar algo nuevo. Marque en la lista lo que disfruta.

Para mujeres:

- ❏ ¿Le gusta lo que siente cuando acaricia su clítoris?
- ❏ ¿Le gusta lo que siente cuando introduce un dedo en su vagina?
- ❏ ¿Le gusta lo que siente cuando se toca los senos?
- ❏ ¿Le gusta lo que siente cuando se toca los pezones?
- ❏ ¿Le gusta lo que siente cuando acaricia su pecho?
- ❏ ¿Le gusta lo que siente cuando se acaricia los pies?
- ❏ ¿Le gusta lo que siente cuando se acaricia los muslos?
- ❏ ¿Le gusta lo que siente cuando se acaricia los glúteos?
- ❏ ¿Le gusta lo que siente cuando introduce un dedo en su ano?
- ❏ ¿Le gusta fantasear mientras se masturba?
- ❏ ¿Le gusta ver pornografía mientras se masturba?
- ❏ ¿Le gusta masturbarse con vibradores?
- ❏ ¿Le gusta masturbarse con consoladores?

Fotografía de Elke Hesser.

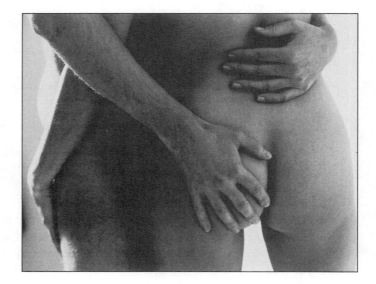

Para hombres:

- ❏ ¿Le gusta lo que siente cuando acaricia su pene?

- ❏ ¿Le gusta utilizar lubricación o no?

- ❏ ¿Le gusta lo que siente cuando sostiene su escroto o testículos?

- ❏ ¿Le gusta lo que siente cuando se toca los pezones?

- ❏ ¿Le gusta lo que siente cuando se acaricia el pecho?

- ❏ ¿Le gusta lo que siente cuando se acaricia los pies?

- ❏ ¿Le gusta lo que siente cuando se acaricia los muslos?

- ❏ ¿Le gusta lo que siente cuando se acaricia los glúteos?

- ❏ ¿Le gusta lo que siente cuando introduce un dedo en su ano?

- ❏ ¿Le gusta fantasear mientras se masturba?

- ❏ ¿Le gusta masturbarse con vibradores o consoladores?

Si experimenta con caricias y masturbación en su propio cuerpo, entonces tendrá una mejor idea de lo que se siente bien y cómo responderá su cuerpo cuando esté con una pareja. Esté abierto a nuevas sensaciones, no tema explorar territorios desconocidos. Por ejemplo, no diga "tocar mi propio ano es grotesco". En vez de ello pruébelo, nadie sabe lo que le puede gustar. Si le gusta, fantástico, ha aprendido algo nuevo de usted mismo, si no, entonces no lo vuelva a hacer.

Tócame, te toco

El siguiente paso es ayudar a su pareja a entender qué es lo que a usted le gusta, enseñándole cómo se masturba. Esto puede ser intimidante para algunas personas, pero es muy enriquecedor dejar de lado la ansiedad y hacer la prueba, ya que esto mejorará su vida sexual. Hay quienes asumen que lo que excitaba a su pareja anterior hará lo mismo con la nueva, lo cual rara vez es cierto.

Además de utilizar sus manos para guiarse mutuamente, pueden masturbarse frente a su pareja para mostrarle lo que más disfrutan. Si piensan que se pueden sentir cohibidos, inténtenlo poco a poco. En una noche, cuando ambos estén relajados y con ganas, enciendan algunas velas y hagan algunas bromas, después empiecen a masturbarse uno al otro, entonces sepárense sólo lo suficiente para concentrarse en su propio cuerpo y, antes de darse cuenta, se estarán masturbando frente a frente.

Puede ser una sesión muy educativa y divertida. Saber un poco puede ser inmensamente útil. Una vez que su pareja conozca sus trucos personales será más capaz de complacerle. Y quizá se exciten tanto masturbándose frente a frente que estarán prestos para poner en práctica sus lecciones.

Fotografía de Barnaby Hall.

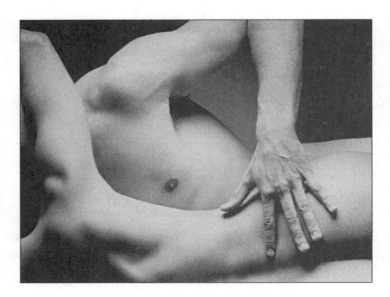

Ejercite sus músculos del amor

¿Sabía que existen algunos ejercicios que puede hacer para mejorar su vida sexual? Hay cosas que puede hacer solo y que le ayudarán a estar en forma para su pareja. Esto le da todo un nuevo significado a la palabra "tarea".

Todo está en ejercitar su *músculo pubococcígeo (PC)*, el músculo que tanto hombres como mujeres pueden sentir cuando tratan de detener el flujo de la orina. Flexionar este músculo puede incrementar la sensibilidad sexual de hombres y mujeres. Las mujeres pueden hacer que su vagina se sienta más estrecha ejercitando este músculo. También, muchas mujeres dicen que tienen orgasmos más intensos cuando han tonificado sus músculos PC, debido a que todos los músculos de esa zona trabajan en conjunto para proporcionar mayor estimulación durante el orgasmo. Desde luego, si el músculo PC de una mujer está tonificado, podrá incrementar el placer de su pareja. Si la vagina de una mujer es más estrecha, le dará más placer al hombre durante la penetración. Una vez que esté fuerte, ella puede flexionar ese músculo para hacerlo sentir que "está apretando" su pene.

Los hombres también se pueden beneficiar de un músculo PC fuerte. Tonificar este músculo puede ayudarle al hombre a sentir cómo se comporta el músculo cuando está excitado, alertándolo para disminuir el ritmo conforme se acerca a la eyaculación. Algunos hombres encuentran que si flexionan su músculo PC cuando están cerca del punto de no retorno, están utilizando una especie de "técnica de compresión" interna, la cual describo a detalle en el capítulo 28. Además de ayudar a controlar la duración, flexionar el músculo PC es algo que puede hacer durante la penetración para variar, si quiere que su pene "dance dentro de ella".

La forma de lograr esos excelentes resultados es haciendo ejercicios sencillos llamados *ejercicios de Kegel*. En realidad todo lo que se hace es flexionar el músculo PC muchas veces seguidas. Para un máximo beneficio, debe realizar los ejercicios de Kegel durante el día, todos los días, hasta llegar a 200 por día. Suena a que es demasiados ¿no? Pero no es tan extenuante como hacer sentadillas o lagartijas.

Para aprender cómo hacer los ejercicios de Kegel, primero necesita aislar el músculo PC. Esto se hace deteniendo y continuando el flujo de orina durante la micción. Es algo tan natural que probablemente nunca ha pensado en eso, pero ahora debe estar consciente de ello. El músculo que mueve es el PC. Una vez que pueda sentirlo, está listo para empezar a ejercitarlo.

En el caso de las mujeres, aquí están las instrucciones para hacer los ejercicios de Kegel:

❑ Apriete y relaje el músculo PC 10 veces seguidas. Haga 10 series por sesión, dos veces al día. Puede flexionarlo en cualquier momento, en cualquier lugar. El movimiento no es visible desde el exterior en la mujer.

❑ Apriete y sostenga de 3 a 7 segundos. Haga 10 series por sesión, hasta dos veces al día, en cualquier momento, en cualquier lugar.

❑ Apriete el músculo despacio, sosteniendo la compresión a intervalos crecientes, como un elevador deteniéndose en varios pisos. Hágalo en series de 10 por sesión, hasta dos veces al día, en cualquier momento, en cualquier lugar.

Los hombres sólo tienen que flexionar el músculo repetidamente. Pueden apretar y relajar el músculo PC 10 veces seguidas, 10 series por sesión, dos veces al día. No necesitan ni siquiera tocarse el pene, sólo dejar que el músculo se mueva. Usualmente provoca que su pene se levante un poco. No querrá hacerlo en público para que todos vean a través de los pantalones cómo danza su pene.

Como en todos los ejercicios, cuanto más consistente sea, más pronto verá los resultados. Inténtelo, no lo lastimará, e incluso le gustará cómo se siente. Algunos hombres y mujeres dicen que cuando inician sus ejercicios de Kegel, se excitan tanto por la sensación cuando flexionan el músculo PC, que sienten deseos de masturbarse.

Capítulo 11

La seducción

Es su pareja, el hombre (o mujer) de sus sueños. Él (o ella) sale de la ducha, se seca y abre la puerta de su recámara. Usted se siente excitado cuando se da cuenta de quizá hagan el amor esa noche. Cuando se abrazan, frunce sus labios para el primer beso sensual, pero algo le detiene. Su pareja no se ha rasurado, huele a limpiador de baño y se la pasa mirando el reloj.

Se pregunta si es una seducción o es la conclusión. ¿Dónde están la música, la luz de las velas y, lo más importante, el deseo? Solían pasar horas hablando, bailando, con la mirada fija en los ojos del otro y ahora esto: una toalla mojada y nada de romance. ¿Dónde estaba cuando la emoción desapareció de su vida sexual? Si esto le pasa a usted, entonces continúe leyendo. Puede aprender a seducir a su pareja de forma creativa.

¿Qué es el preludio sexual?

¿Cree que se trata de besos y caricias? Si es así, se está perdiendo de cierta diversión sensual. De hecho, el preludio sexual es una forma de preparar a su amante y a usted mismo para el sexo. Incluye todo aquello que le conduce al sexo, incluyendo la tensión sexual y el romance que se puede establecer durante horas antes del sexo.

Mejorar el estado de ánimo antes de dar el primer paso puede hacer que su experiencia sexual sea más emocionante. Puede crear un ambiente sensual con todo lo que tenga a la mano: la ropa que use, el ambiente de la habitación, la comida y la bebida e incluso las cosas sugerentes que diga. Puede entusiasmar a su pareja y a usted mismo poniéndole sensualidad a su día.

La intimidad que cree como parte de este preludio sexual le ayudará a tener una experiencia más profunda. Claro que algunas veces la gente quiere tener sexo sólo quitándose la ropa y echándose un "rapidín". Pero si realmente quiere incrementar su entusiasmo, deberá crear un escenario sensual para el preludio sexual. Piense en sí mismo como un guionista de cine que tiene que incluir mucha tensión sexual entre los actores principales. Para crear este escenario, necesitará liberar toda la tensión sexual que tenga dentro. Su meta es crear una escena tan sensual que su "coprotagonista" escalará y saltará desde grandes edificios para llegar hasta usted. Descubra su carácter creativo y sensual, haciéndose cargo de la escena y cree los ambientes que complacerán a usted y a su pareja.

Cree una atmósfera ideal

Para crear una atmósfera sexual, empiece horas antes del encuentro. Desde la mañana, comience a pensar en la experiencia sexual que se aproxima y comparta sus pensamientos con su pareja. Utilice algunas de estas ideas para flirtear con ella:

10 ideas para un preludio amoroso de todo el día

1. Llame a su pareja durante el día y con voz sexy diga: "Te espera una sorpresa cuando llegues a casa".

2. En la mañana, póngale una nota en su almuerzo con algo como esto: "Quisiera que me comieras ahora, pero seré tu postre en la noche".

3. Envíe varios mensajes románticos por correo electrónico, utilizando un nombre como "admirador secreto". Luego, en el último mensaje que le envíe, revele su identidad.

4. Rocíe perfume o loción en el saco de su pareja antes de que se vaya a trabajar, así percibirá su aroma todo el día.

5. Tómese una foto instantánea muy sexy y déjela donde sólo su pareja pueda encontrarla durante el día.

6. Cuando su pareja se esté vistiendo en la mañana, regálele ropa interior nueva para que la use ese día.

7. Envíele flores a su trabajo.

8. Saque una cita para ver a su pareja, usando un nombre falso; se sorprenderá de verlo a usted en vez de al ficticio "Señor López".

9. Déjele una nota en el volante, en la que diga algo como "Cuanto más pronto llegues a casa, más rápido sentirás mis labios".

10. En vez de saludarlo en la puerta, después del trabajo, deje un sendero de pétalos de rosa desde la puerta de entrada hasta la alcoba, donde estará esperándole.

Estas sencillas formas de seducir a su pareja le ayudarán a crear un gran ambiente para tener sexo. Trate de llevar a cabo por lo menos dos de estas ideas y observe los resultados. Cuanto más pistas seductoras le dé, más querrán liberar la tensión que se haya creado entre ustedes.

Además de crear tensión sexual al seducir a su amante, se está volviendo más sensual. Muchas personas se preocupan porque creen que no son sensuales o que no tienen atractivos. De hecho, todo lo que necesita es actuar emocionado por el hecho de querer tener sexo después. Su entusiasmo atraerá el interés de su pareja y se acercará con la misma actitud sensual.

Transforme su hogar en un nido de amor

Su casa debe verse, sentirse, sonar e incluso oler fabulosa. Sólo necesita afinar algunos detalles para crear su "guarida de seducción".

Primero debe limpiar; una canasta de ropa sucia y un lavabo desaseado nunca son sensuales. Asegúrese de aspirar las alfombras de la sala y de la alcoba en caso de que descarten el sofá o la cama y quieran hacer el amor en el piso. Más allá de limpiar, trate de engalanar y sensualizar su hogar.

Mire a su alrededor y trate de añadir algunos toques para hacer su espacio vital más incitante. He aquí algunas sugerencias:

➤ Ponga algunas almohadas, cojines o un bonito cobertor en el sofá. Recuerde el sentido del tacto: terciopelo, algodón o felpa se sienten fabulosos y los hará sentirse más cómodos cuando estén en la sala.

➤ Compre flores frescas y ponga algunas en la recámara y en la sala. Las flores hacen que el lugar se vea más romántico y huela bien si compra del tipo fragante como lilas, rosas rojas o gardenias.

➤ Siempre use velas en la mesa. También ponga una en la habitación; todos se ven mejor a la luz de las velas.

➤ Guarde una botella de champaña en el refrigerador, sólo en caso de que quiera crear una ocasión sensual especial.

➤ Coloque un retrato de ambos en la sala. Si tiene algunos objetos significativos de su relación, colóquelos también.

➤ Encienda incienso de jazmín o almizcle. Los aromas también pueden excitar las sensaciones y darle a la habitación un aire misterioso y seductor.

➤ Ponga música en la alcoba. Seleccione sonidos placenteros y sensuales como *jazz* o música clásica. También puede seleccionar canciones que les traigan gratos recuerdos.

89

> ➤ Tienda la cama con sábanas lujosas. Franela muy suave de algodón, algodón multihilado o peinado son los más acogedores. Algunas personas prefieren sábanas más sensuales de resbaloso satín; elija al gusto.

Su inversión en estos detalles le redituará en el futuro. Un hogar confortable y sensual es, a menudo, el mejor lugar para tener sexo. En realidad, es el lugar en el que la gente tiene sexo con más frecuencia, así que sáquele provecho.

Una vez que su hogar se sienta más sensual e incitante, se puede relajar y empezar a sentirse más sensual. Cuantos más detalles acogedores surjan en su hogar, más cosas nuevas explorarán usted y su pareja. Mantendrá su relación fresca y excitante añadiéndole más seducción.

Cree un festín sensual

Imagine esta escena: es hora de cenar, se dan cuenta que no hay nada que comer y ordenan *pizza*. Se la comen en la sala viendo las noticias de la noche. Después de cenar ven un poco de tele y después leen algo antes de irse a dormir.

Ahora imagine ésta: como no hay nada que cenar, ordenan *pizza*. Antes de que llegue, ponen la mesa con una vajilla bonita y velas. Abren una botella de vino tinto, que tenían reservada para una noche como ésta, y ponen un disco de *jazz*. Mientras comen, se miran en forma seductora a través de la luz de las velas; en vez de dar la primera mordida a su rebanada, se la ofrecen a su pareja. Cuando terminan de cenar, ambos están tan excitados por este intercambio erótico, que se van a la alcoba a hacer el amor.

¿Qué tipo de cena le gustaría más? Crear el ambiente sensual para la comida es muy importante. La comida es una gran fuente de placer y comemos todos los días. ¿Por qué no aprovechar la hora de la comida como una gran oportunidad para un preludio amoroso?

A veces lo pueden hacer comiendo *pizza*, pero otras veces pueden cocinar una cena romántica. Puede preparar un "festín seductor". Puede preparar la comida para sorprender a su pareja o pueden hacerlo juntos. Empiece con una entrada seductora de ostiones o higos, o tal vez quesos exóticos como el brie, con frutas o con pequeños tozos de pan cortado en forma de corazón. Como platillo principal, haga algo fácil de comer y de buen sabor. Haga la prueba con pasta en salsa de crema, ternera o camarones salteados con verduras. Debe evitar algunos alimentos (por razones obvias) difíciles de comer como pescado con espinas, problemáticos como el espagueti, olorosos como ajo o cebollas. Para el postre, fresas y chocolates son un toque sensual. Acompañe la cena con vino y el postre con champaña.

Ciertas personas creen en los alimentos llamados *afrodisiacos* que las ponen de humor para el sexo. Esto no es verdad. Por ejemplo, algunas personas creen que los ostiones son afrodisiacos porque contienen yodo, una sustancia que estimula el cerebro. Sin embargo, contienen una cantidad tan pequeña que realmente no tienen efecto. La única forma en que la comida lo puede poner de humor para el sexo es que la sirva y la saboree en forma seductora, como dándose de comer uno al otro. La imaginación es el mejor afrodisiaco que existe.

Si es un desastre en la cocina, podría convenirle más tener una cena romántica en un restaurante acogedor. Cuando come fuera, no tiene que preocuparse por cocinar o limpiar después, y así puede concentrarse en su pareja y disfrutar del ambiente mientras le traen a la mesa una comida bellamente preparada.

No importa dónde o qué coma, lo más importante es que mientras lo hace, vea, hable y flirtee con su pareja. Recuerde: no es sólo un alimento, es el preludio para el sexo.

Fotografía de Aoi Tsutsumi.

Diga cosas sensuales y sutiles

¿Le flaquean las piernas y se siente excitado cuando alguien a quien ama le dice palabras sensuales al oído o le dice "te amo"? Hacer comentarios casuales que sean sensuales o románticos durante el día y en las horas próximas al sexo, añadirán cierta anticipación sexual. No digo que tenga que decir obscenidades para crear una atmósfera, pero algunas bromas y el coqueteo pueden ser parte de una seducción maravillosa.

Hágale cumplidos a su pareja; diga cosas como: "Te ves realmente bella esta noche". Incite a su pareja: "Quiero sentir tu cuerpo junto al mío", retoce con ella;

"Pensaba lo grandioso que fue la última vez y creo que la próxima será aún mejor". Mantenga el contacto visual para demostrar que es sincero.

Fotografía de Attard.

También es muy seductor hablar de sus sentimientos. No me refiero a una de esas conversaciones pesadas y dramáticas acerca de "su relación". Me refiero a que deben mencionar que se sienten bien de estar juntos y de ser parte de la vida del otro. Al dejar que su pareja sepa lo que siente, sin exagerar, aumentará su intimidad y deseo.

Caricias (regale afecto)

El sentido del tacto es estimulante. Un sutil roce durante las horas previas al momento en que desea tener sexo hará que la tensión sexual aumente. El contacto físico fuera de la alcoba, a menudo conduce a una gran experiencia sexual. Todo es parte de un coqueteo subliminal. He aquí algunas sugerencias:

➤ Cuando caminen juntos, ponga su mano alrededor de la cintura de su pareja, deslícela casualmente hasta su cadera o glúteo por un segundo y devuélvala a la cintura.

➤ Cuando estén sentados a la mesa, ponga su mano en el muslo de su pareja por un momento.

➤ Si van al cine, tómense de la mano.

➤ Déle un abrazo repentino si de casualidad se encuentran parados uno junto al otro.

➤ Si están sentados juntos en el sofá, acaricie suavemente la cara, el pelo o el brazo de su pareja.

Aproveche cada oportunidad para rozar a su pareja, simplemente para indicarle que está feliz de que estén juntos. Todos esos roces y caricias encenderán a su pareja, haciendo que lo desee aún más.

Un beso, es sólo un beso... ¿O no?

El beso es una verdadera experiencia sexual íntima, acerca las caras y los cuerpos de los amantes y los hace temblar. El beso es a menudo la primera y más importante señal de que usted está interesado en intimar con alguien. Sin importar si sus besos son salvajes y hambrientos o suaves como una pluma, es importante besar bien, ya que es el preludio para el sexo.

La mayoría de la gente besa por primera vez durante la adolescencia, pero a veces los adultos no saben a ciencia cierta como besar en forma sensual. A continuación le doy algunos consejos para sus labios que pueden ayudarle con su técnica básica del beso. Después de éstos, le proporcionaré técnicas más avanzadas para besar.

Calentamiento

Si se siente nervioso o ansioso antes de un beso, trate de deshacerse de esos nervios. Los mejores besos se dan cuando se está cómodo. Si el momento es adecuado, tenga esto en mente:

➤ Si sabe que besará a alguien, evite los labios partidos. Utilice algún humectante labial si lo necesita. Unos labios suaves y tersos son los mejores para un beso.

➤ A la mayoría de las personas no le gusta el olor del ajo o la cebolla en el aliento de su pareja. Si puede, cepille sus dientes, o tome una menta, pero no se obsesione con su aliento.

➤ Antes de besar, arrímese y póngase cómodo.

Boca a boca

Usted y su pareja comparten el mismo aliento. Lea estos consejos antes del gran beso, así estará más relajado.

➤ Para empezar, roce la nuca de su pareja con la punta de la nariz y bésela suavemente hasta llegar a sus labios.

➤ Cuando esté a punto de besar los labios de su pareja, mantenga los suyos suaves y relajados; no es momento de acalambrarse.

➤ Cierre los ojos si quiere relajarse y disfrutarlo más. A veces es divertido besar con los ojos abiertos y ver cómo se ve la otra persona de tan cerca, pero lo recomendable es cerrar los ojos la mayor parte del tiempo para saborear y sentir sus labios en contacto con los de la otra persona.

➤ No se acerque a su pareja con la boca muy abierta. Empiece con sus labios cerrados besando los labios cerrados del otro. Esto los acostumbrará a sentir los labios de la otra persona en los suyos.

➤ Durante el beso, ponga sus manos en una posición cómoda, tal vez en la espalda o en los hombros de su pareja. Las caricias suaves son buenas, pero demasiado manoseo puede hacer desmerecer el beso.

El beso francés

Una vez que se siente cómodo besando, está listo para empezar a practicar el *beso francés*. Este tipo de beso puede sonar exótico cuando no se tiene mucha experiencia; sin embargo, muchas personas se complacen practicándolo con regularidad. Si es novato, estos consejos le ayudarán:

➤ Abra su boca un poco más. Si su pareja también abre ligeramente la boca y mete la lengua en su boca, entonces sólo deje que sus lenguas se fundan de modo natural.

➤ Si tiene que tomar la iniciativa, abra su boca suavemente y deje que su lengua salga de sus labios. No saque toda la lengua ni la meta bruscamente en la boca de la otra persona. Si a su pareja le parece bien, responderá de la misma manera. Deje que sus lenguas dancen. No tiene que dejar su lengua adentro todo el tiempo; puede retirarla, dar un beso en el contorno de los labios o en el cuello y empezar de nuevo.

➤ No tense su lengua, debe sentirse blanda y con cierto hormigueo. Besar al estilo francés debe ser tierno, como cuando acaricia a un gato que ronronea. Mantenga sus labios presionados suavemente contra los de su pareja, así ( ), no así ().

Tome aire

Todos los buenos besos tienen que acabar. Cuando esté listo para terminar el beso inicial, poco a poco cierre la boca y apártese. Puede volver a besar a su pareja cuando quiera.

Una vez que domine las bases del beso, realmente puede divertirse. Puede besar todo el cuerpo de una persona, o darle una "mordida de amor" o hacerle un "chupete" en el cuello. Puede dar besos con un dulce o con champaña en la boca. Puede besar al revés, dar pequeños besos continuos o un gran beso por el tiempo que pueda hacerlo sin detenerse. Puede dar un beso retozón o besar con profundidad y pasión erótica, todo depende del ánimo. Diviértase besando y si quiere ir más allá, el beso definitivamente marcará la pauta para el tipo de sexo que tendrán.

*Fotografía de
Edward Holub.*

Vístase para matar

Para sentirse más sensual y encender a su amante, vístase en forma atractiva y seductora. No tiene que empeñarse demasiado ni que ponerse un traje de porrista o pantalones de piel. Sólo trate de verse de lo mejor y añadir algunos toques sensuales.

Lo que use bajo la ropa puede ser más atractivo que todas aquellas prendas que tarda horas en seleccionar. La ropa interior o lencería hace que usted se sienta sensual sólo por saber lo que hay bajo su ropa. Los hombres pueden utilizar calzoncillos (boxers) de seda, o trusas ajustadas en colores vivos. Las mujeres pueden usar conjuntos de sostén y pantaleta de encaje o lencería más elaborada, como un corsé. Cuando por la mañana se vista con este tipo de ropa, ya está pensando que tendrá sexo más tarde. Es su pequeño secreto y lo hará sentirse sexy todo el día. Eso es emocionante; puede incluso bromear diciendo: "No puedo esperar para mostrarte lo que traigo bajo la ropa".

Desnúdese, desnúdese bien

Cuando llegue el momento de mostrar a su pareja lo que hay debajo de su ropa, tendrá el poder de provocarla. Es sensual y divertido tanto desnudarse el uno al otro como desvestirse para la pareja.

Tomen turnos para desvestirse el uno al otro: primero quítele algo a su pareja, después él o ella a usted. Básicamente, desvestir a alguien es fácil; sólo le debe quitar una prenda a la vez. Generalmente se empieza por la blusa, los zapatos, los calcetines, los pantalones, el sostén y la trusa o la pantaleta. Eso es todo.

Desnudarse para su pareja requiere algo más de experiencia. Necesita mover su cuerpo en forma sensual al tiempo que se va quitando las prendas de modo provocativo. Aquí le hacemos algunas sugerencias para que se desnude para su pareja:

1. Use ropa interior sensual y prendas fáciles de quitar. Para las mujeres, quizá un sostén, un liguero y medias, pantaletas de seda o de hilo dental debajo de la falda y una blusa con zapatos de tacón alto. Para los hombres, camisa de botones y corbata (para tener una prenda más que quitar), unos pantalones finos y boxers de seda o una trusa ajustada debajo.

Fotografía de Barnaby Hall.

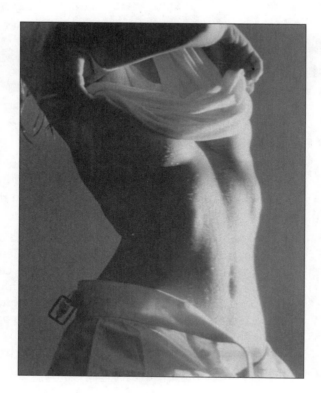

2. Ponga música sexy para empezar su *"show"* y para hacerlo con ritmo.

3. Baile alrededor de su pareja resaltando su pecho, glúteos y piernas. Incluso puede poner una pierna sobre el muslo de su pareja o rozar con el pie su entrepierna.

4. Despacio y provocativamente, empiece a quitarse la ropa. Quiere bromear un poco, así que deslice su ropa ligeramente y vuelva a ponérsela. Desabroche sus pantalones o su falda y vuelva a abrocharlos.

5. Quítese todas las prendas exteriores; al hacerlo láncelas suavemente a su pareja.

6. Una vez que esté en ropa interior, sea más seductor al quitársela. Deslice lentamente su trusa hacia abajo y luego súbala de nuevo. Si es mujer, baje un tirante del sostén y vuélvalo a subir. Desabroche su liguero sólo de un lado. Lance las prendas a su pareja.

7. Cuando se quede sin ropa exhiba su desnudez alrededor de la alcoba, acaricie todo su cuerpo, incluso sus genitales. Déle a su pareja un buen espectáculo, pero sólo permítale ver, no tocar.

8. Finalmente deje que su pareja lo toque y libere toda la magia.

Capítulo 12

Encuentre y toque a alguien

¿Alguna vez le ha rozado su pareja en forma accidental y sintió que todo su cuerpo se estremecía? ¿Se enamoró de alguien con quien salía cuando se tomaron de las manos por primera vez? ¿O al darle masaje a alguien ambos se excitaron tanto que empezaron a hacer el amor? Ése es el poder del tacto; puede excitarle e incluso hacer que se quite la ropa.

Algunas personas suponen que "sexo" sólo significa cópula. Sin embargo, puede recibir mucho placer sexual maravilloso con sólo saber cómo utilizar las manos. Efectivamente, tocar en forma erótica cualquier parte del cuerpo es parte del sexo maravilloso. Para quienes tienen el sentido del tacto muy desarrollado, tocar hasta el punto del orgasmo puede ser tan candente como el sexo... y en ocasiones mejor.

¿Cuáles son sus zonas erógenas?

Sus *zonas erógenas* son las partes de su cuerpo que responden a la estimulación sexual. Los senos y los genitales son las zonas erógenas más obvias, pero hay otras partes del cuerpo que también responden a la estimulación. Haga la prueba con los lóbulos de las orejas, la nuca, alrededor de los senos y en las axilas, los pezones tanto en hombres como en mujeres, las muñecas, las manos y los dedos, los glúteos y la entrepierna, el ano, la parte inferior de la espalda, detrás de las rodillas, las pantorrillas y los tobillos, los pies y los dedos de los pies. ¿Olvidé algo? Acaricie, cepille o jale tiernamente el cabello de su pareja. Lama, succione y bese toda su piel. Mordisquee y dé palmadas juguetonas, mime y muerda suavemente. Puede descubrir las zonas erógenas de su pareja tomándose el tiempo para probar algunas de las siguientes ideas:

➤ Acaricie la cara, labios y mejillas de su pareja con la punta de sus dedos.

➤ Acaricie sus senos, vientre y glúteos.

➤ Mordisquee la parte de atrás de sus rodillas y piernas.

➤ Bese la planta de los pies de su pareja y lama sus dedos.

Asegúrese de escuchar y observar a su pareja durante estas sesiones de juego; puede aprender lo que le gusta.

Fotografía de Barnaby Hall.

También puede tocarse usted mismo en nuevos lugares de diferentes formas. Esfuércese por experimentar y sentir su propia carne. De ese modo sabrá exactamente dónde le gusta que le toquen y ayudará a que su pareja se concentre en sus puntos más candentes. Siempre hay nuevos recovecos para ser descubiertos, en su propio cuerpo y en el de su pareja. Lo único que necesita para encontrar esos tesoros es un poco de imaginación. Luego pueden empezar a disfrutar las formas en que se tocan el uno al otro.

Cómo dar un masaje sensual

El *masaje,* frotando o apretando la carne, es una forma maravillosa de dar y recibir placer. Dar masaje puede ayudar a relajar a su pareja y a que ambos se sientan sensuales.

Para iniciar un masaje, primero encuentre un lugar tranquilo, quizá en el piso de la alcoba o de la sala. Tal vez le gustaría crear una atmósfera relajante utilizando música clásica o *new age.* Asegúrese de tener el tiempo para hacerlo, no querrá hacerlo de prisa. Cuanto más suave y duradero sea el masaje, más feliz será su pareja. Una vez que esté listo, pruebe el siguiente procedimiento unas cuantas veces hasta que se sienta cómodo con las técnicas fundamentales (basadas en técnicas de masaje suecas) y deje volar su imaginación.

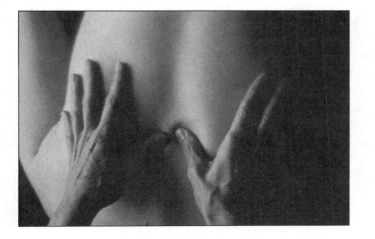

Fotografía de Doug Plummer.

1. Caliente sus manos frotándolas una contra otra. Vierta un poco de aceite para masaje en una mano para entibiarlo. No ponga el aceite directamente en la piel de su pareja, porque el frío ocasionará que los músculos se contraigan.

2. Haga contacto con su pareja poniendo sus manos a cada lado de la columna en la parte angosta de su espalda. Pídale a su pareja que se relaje, que respire profundamente y que se concentre en las sensaciones placenteras del masaje. Después guarde silencio y permita que el momento sea pacífico y silencioso.

3. Distribuya el aceite en toda la espalda de su pareja con movimientos suaves, usando toda la superficie de sus manos. Frote desde la base de la espalda hacia el cuello y después baje por los lados de la espalda.

4. Continúe con estos movimientos por dos minutos. En forma gradual, aumente la presión, principalmente a los lados de la espalda.

5. Después déle masaje alrededor del cuello y hombros con sus pulgares e índices en una especie de pellizco suave. (¡No pellizque muy fuerte!) Empiece suavemente y hágalo con más firmeza en las zonas donde los músculos estén tensos.

6. Regrese a los movimientos largos con los que empezó, frotando toda la espalda y los brazos; luego vaya hacia las piernas.

7. Después, desde la parte baja de la espalda; utilice ambas manos para frotar la carne a los lados del torso, en sentido opuesto a la columna y con movimientos suaves. Lentamente, vaya hacia la cabeza y cuando llegue al cuello, deslice las manos hacia la parte baja de la espalda y repítalo tres o cuatro veces.

8. Con movimientos circulares cortos, con su dedo pulgar o índice, dé masaje a toda la espalda por unos minutos.

9. Termine el masaje frotando suavemente la espalda hacia abajo unas seis veces, aligerando cada vez más la presión. La última vez, retire suavemente sus manos cuando vayan hacia abajo.

10. Permita que su pareja descanse sin moverse o incluso que se quede dormida.

Después del masaje, quizá desee seguir tocando y acariciando a su pareja en una forma más sexual. A menudo, un masaje sensual conduce a las caricias sexuales, así que puede utilizar el masaje para dar placer o como una forma de preludio amoroso.

Excitación en la tina o en la ducha

No sólo se trata de ahorrar agua, sino que también pueden tener una experiencia erótica si se bañan juntos como una forma de preludio para el sexo. Es increíble como una mano enjabonada se puede deslizar con facilidad sobre los pezones, entre los muslos y alrededor y en medio de las curvas de los glúteos.

Enjabonar a su pareja, explorando todo su cuerpo, puede ser fantástico. A diferencia de estar bajo las cobijas en la noche, cuando se bañan juntos pueden contemplar los cuerpos cubiertos solamente por la espuma del jabón. Si se cohíbe y es un poco aprehensivo respecto a bañarse juntos, regrese al capítulo 6 para aprender a superar la inseguridad que siente respecto a su cuerpo. Si puede dejar que sus inhibiciones se vayan por el drenaje, muy probablemente disfrutará la experiencia de enjabonarse con alguien sexy.

Besarse bajo el agua puede ser tan erótico como sentir el roce del cuerpo enjabonado de su pareja contra el suyo. Piense en la regadera como si fuera una cascada y que usted y su pareja están desnudos debajo de la corriente. La regadera es un excelente lugar para juegos sexuales. Una advertencia: si utiliza condón, quizá le sea difícil sacarlo y ponérselo apropiadamente. Lo mejor para la regadera podría ser el sexo oral o la masturbación mutua.

Hablando de sexo seguro, el sentido común nos dice que al copular de pie se corre el riesgo de resbalar en el piso mojado. Sea cuidadoso, siéntese o acuéstese en el piso de la regadera si hay espacio.

Bañarse en tina juntos puede ser una experiencia muy romántica si se crea la atmósfera con burbujas y velas. Pueden enjabonarse mutuamente, lavarse el cabello o simplemente estar acostados y relajarse en los brazos del otro.

Tener sexo en la tina puede ser muy divertido también. Cómo, depende del tamaño de su tina. En una tina pequeña, la persona que está abajo podría disfrutar más de la experiencia. La persona que está arriba por lo general tiene frío, ya que no puede estar sumergida tanto como la que está abajo. Un remedio es sentarse juntos en la tina. Al igual que con la regadera, hay que tener cuidado, utilice anticonceptivos y condones para protegerse y, además, tenga cuidado de no resbalarse.

Cómo provocarle un buen orgasmo con su mano

Él lo ha practicado desde que tenía 13, pero de alguna forma, el ponerse en manos de alguien, lo excita un poco más. Es el *trabajo manual*. Con frecuencia, al principio de una relación los trabajos manuales son parte de las actividades de la pareja antes de llegar a la cópula. Sin embargo, una vez que la relación progresa, los trabajos manuales por lo general se dejan de lado. Parece que la gente piensa en la cópula como "el verdadero asunto" y que el trabajo manual es un sustituto barato. La verdad es que dar un buen trabajo manual es tan real como todo lo demás y ¡también puede sentirse maravilloso!

Fotografía de Michael Cardacino.

Sin importar si es la primera vez que usted ve el pene de su pareja o que hayan tenido sexo por años, le está echando una mano a la variedad de su vida sexual. Además, los trabajos manuales son grandiosos por muchas razones. Puede hacerlos casi en cualquier lugar y en cualquier momento, desde el sofá de su sala hasta debajo de su escritorio, incluso en el cine o en un avión si cubre su regazo con un saco o una manta. Ni siquiera tienen que quitarse la ropa para hacerlo. Pueden platicar y besarse mientras lo hacen. Además de todo, es sexo seguro.

Si quiere echarle una mano, familiarícese con la siguiente figura y recuerde estos consejos:

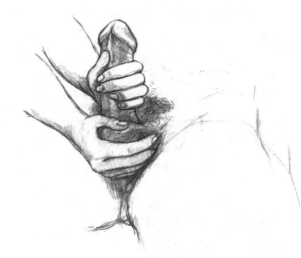

➤ Pídale que le muestre qué es lo que le gusta.

Ponga su mano sobre la de él y pídale que la inicie. De esa forma se dará una idea de la presión y el ritmo que le gustan y de la distancia que recorre su mano.

➤ Sea cuidadosa.

Hágalo como si estuviera acariciando un gatito, no una barra de acero.

➤ Conozca sus dominios.

Puede ir desde la base de su pene hasta la cabeza. Permita que él le muestre cuáles son las partes que más le gusta que le toquen.

➤ Utilice lubricantes.

Recuerde que el aceite reduce la fricción. Use cualquier lubricante comercial, pero si no tiene a la mano, le recomiendo el mejor de todos: su saliva.

➤ Aprenda el movimiento básico.

El movimiento básico consiste en deslizar su mano hacia arriba y hacia abajo desde la base del pene hasta la cabeza.

➤ Mantenga un ritmo.

Una vez que tenga un ritmo, manténgalo. Es el movimiento lo que lo estimula y un ritmo continuo lo llevará al orgasmo.

➤ Aplique una presión estable.

A algunos hombres les gusta tener más presión en la cabeza del pene durante un trabajo manual. Otros prefieren presión en la base. Pregúntele a su hombre qué le gusta. Una vez que aplique la presión que requiere, manténgala estable hasta el momento del orgasmo.

➤ Utilice ambas manos.

A ciertos hombres les gusta cuando su pareja mantiene una mano en la base del pene y utiliza la otra para deslizarla por el tronco. También puede mover hacia arriba y hacia abajo una mano y frotar la cabeza del pene con la palma de la otra. O puede mimar sus testículos con una mano mientras estimula su pene con la otra. Puede frotar alrededor de su ano, o acariciar su pecho, muslos o cualquier parte de su cuerpo.

➤ Participe de la excitación.

Está bien si usted quiere masturbarse al mismo tiempo. Darse placer usted misma mientras hace trabajo manual puede ser doblemente excitante.

➤ Llévelo hasta el orgasmo.

Enfóquese en el ritmo y la presión que sean mejores para él. Si parece que el orgasmo se tarda en llegar, pídale que le enseñe la forma en que lo puede alcanzar.

➤ Libérelo.

A veces, la cabeza del pene se hace más sensible inmediatamente después del orgasmo. Si eso le pasa a su pareja, suéltelo tan pronto como alcance el orgasmo.

Cómo hacer que ella tenga un orgasmo por estimulación manual

En vez de sólo utilizar un dedo como medidor para ver si la mujer está suficientemente lubricada para ser penetrada, su pareja puede pasarla muy bien (¡y darle un inmenso placer!) divirtiéndose allá abajo y provocándole un orgasmo por estimulación manual. Cuando una mujer sabe cómo provocarse un orgasmo masturbándose, disfrutará cuando su pareja le provoque uno con estimulación manual.

La estimulación manual implica más que el solo hecho de tocar su clítoris. Hay mucho más. Los siguientes consejos le ayudarán a provocar un orgasmo en la mujer por estimulación manual. Aquí se presenta una ilustración del área con la que jugará.

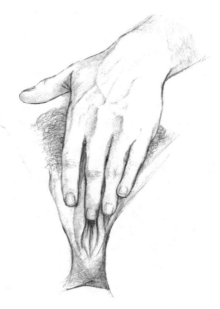

Consejos a la mano para conducirla al orgasmo

➤ Pídale ayuda.

Pregúntele lo que le gusta o ponga su mano encima de la de ella mientras ella le muestra lo que le gusta. Ella deberá mostrarle dónde le gusta que la toquen, de tal manera que pueda saber a qué se refiere cuando dice: "Oh, ése es el punto".

➤ Mojada es mejor.

Introduzca su dedo en su vagina y utilice parte de su lubricación natural. Si no está húmeda, utilice un lubricante.

➤ Mueva el dedo en forma circular alrededor de su clítoris.

Suavemente, roce su clítoris con la punta de uno o dos de sus dedos alrededor y por encima, con movimientos circulares.

➤ Sea cuidadoso con un clítoris sensible.

A muchas mujeres no les gusta la estimulación directa de su clítoris porque es muy sensible. Frote la parte superior de la capucha de piel que cubre al clítoris o alrededor del clítoris, a menos que le diga que disfruta de la estimulación directa.

➤ Frote alrededor de la vagina y los labios.

Frote con uno o dos dedos hacia arriba y hacia abajo el orificio entre sus labios, sobre ellos y alrededor de la vagina.

➤ Deslice un dedo o dos dentro de su vagina.

A algunas mujeres les gusta que les penetren la vagina con uno o más dedos. A la mujer tal vez le guste cuando roza la parte interna superior de la vagina, donde se localiza el misterioso punto G.

➤ Estimule la vagina y el clítoris al mismo tiempo.

Utilice uno o dos dedos para estimular su clítoris con un movimiento circular mientras mueve un dedo o dos dentro y fuera de su vagina.

➤ Bésela y tóquela.

Mientras sus manos están ocupadas abajo, bese su boca o cualquier parte de su cuerpo. Si tiene una mano libre, roce, acaricie, toque sus entrepiernas, pezones, senos, glúteos, ano o cualquier parte de su cuerpo que sea sensible y erótica.

➤ Mantenga el ritmo.

Cuando esté a punto del orgasmo, mantenga un ritmo estable estimulando las partes donde es más sensible; alrededor del clítoris.

➤ Deténgase después del orgasmo, a menos que quiera más.

El clítoris de muchas mujeres se vuelve muy sensible después del orgasmo, de tal forma que querrán que se detenga de inmediato. Deberá preguntarle a ella acerca de esto, debido a que para algunas mujeres tener un orgasmo sólo las hace querer tener otro de inmediato. En ese caso, no se detenga... ¡por favor no se detenga!

Cuando sepa cómo provocarle un orgasmo a una mujer con su mano, puede ser muy satisfactorio para ambos. También puede ser práctico durante la cópula, cuando puede llegar a esa parte y tocar su clítoris para ayudarla a que alcance el orgasmo más fácilmente.

Masturbación mutua: ¿Quiere una mano con eso?

La *masturbación mutua* es cuando la pareja estimula simultáneamente los genitales del otro con sus manos. Le permite a ambos tener placer sexual al mismo tiempo.

107

Cuando ambos se masturban mutuamente, pueden besarse y acariciar el cuerpo del otro además de platicar. Durante este acto sexual, las parejas se ven a la cara por lo que tiene un poco de voyerismo y de exhibicionismo: pueden excitarse al ver a su pareja o al ser vistos. La masturbación mutua también es divertida para parejas que quieren tener orgasmos al mismo tiempo. A menudo, la gente tiene más control sobre el momento del orgasmo durante la estimulación manual que en la cópula o el sexo oral. Pueden disminuir o aumentar la velocidad más fácilmente. Algunas veces, esa sensación de ayudar a su pareja a llegar al clímax puede ayudarlos a sentirse más cercanos y en mayor sincronía que cuando copulan. No hay reglas de cómo tocar a su pareja durante la masturbación mutua. Puede empezar a masturbarse usted mismo si es más fácil para tener el orgasmo. De esa manera ambos se aseguran de tener orgasmos.

Otra ventaja de la masturbación mutua es que se familiarizan con las respuestas de su pareja a sus caricias. Conocen más el cuerpo de su pareja y sus orgasmos al tiempo que comparten una experiencia sexual maravillosa. ¿Qué puede ser mejor que una vida sexual mutuamente satisfactoria?

Más formas de mantener el contacto

Además del masaje, el baño juntos y la masturbación mutua, hay otras formas de acariciar que son placenteras y sensuales. Puede utilizar diferentes materiales, juguetes, texturas y movimientos para estimular y excitar a su pareja.

Revise esta lista de experiencias táctiles:

➤ Cepille el cabello de su pareja.

➤ Acaricie con una pluma (de ave) todo el cuerpo de su pareja.

➤ Deslice un hielo arriba y abajo sobre el cuerpo de su pareja.

➤ Frote con peluche o felpa el cuerpo de su pareja.

➤ Hágale cosquillas.

➤ Déle golpecitos o nalgadas.

Capítulo 13

Use su boca

Puede tener un gran orgasmo sin mover un solo dedo. ¿Cómo es eso? ¡Con sexo oral! Algunas personas piensan que es lo mejor; es una forma de recibir placer puro sin el esfuerzo de moverse. Para otras, hacerlo se siente tan bien como recibirlo.

El sexo oral es practicado por millones de personas, pero eso no significa que sea natural para todos. Hay quienes se sienten inhibidos por recibir sexo oral, no pueden quedarse quietos y disfrutarlo. O se preocupan de no ser lo suficientemente buenos haciéndolo, por lo que tratan de evitarlo.

Por qué el sexo oral es maravilloso

Algunas personas conocen una verdadera razón: ¡se siente increíble! Pero también hay otras razones:

➤ El orgasmo puede ocurrir rápidamente y en forma intensa porque la estimulación se concentra en los genitales.

➤ La lengua es más flexible y suave que los dedos (y que casi cualquier otra cosa) por lo que puede estimular los genitales en una forma que es totalmente única.

➤ El sexo oral puede ayudar a que un hombre se sienta excitado durante el preludio y a que logre una erección firme lista para la penetración.

➤ El sexo oral puede ayudar a excitar a una mujer durante el preludio y a lubricarla mejor para la penetración.

➤ Los labios firmes, cálidos y húmedos pueden ser muy estimulantes cuando envuelven el pene.

➤ Una lengua tibia y húmeda puede ser muy estimulante cuando se mueve alrededor del clítoris y la vagina de la mujer.

➤ No existe riesgo de embarazo.

➤ El sexo oral, como cualquier tipo de sexo, es una forma de expresar amor.

El sexo oral es una parte importante de la vida sexual de muchas personas. Puede ser parte del preludio para la cópula. Puede ser un sustituto del sexo cuando la gente quiere esperar para que haya una penetración, o si uno de los dos no puede copular por enfermedad o discapacidad. Puede ser una variación sexual para disfrutarse tan sólo por el placer que proporciona.

¿Qué hacer si tiene inhibiciones en cuanto al sexo oral?

Para muchas personas, el sólo pensar en dar o recibir sexo oral los pone a temblar. La mayoría de las personas que no disfrutan el sexo oral es porque son muy cohibidas. Si éste es su problema y puede superarlo, será capaz de encontrar el placer de una forma totalmente nueva.

La razón principal por la que mucha gente se inhibe ante el sexo oral es porque es un acto muy íntimo. Su cara está directamente frente a los genitales de su pareja.

Podría sentirse inhibido por el sexo oral si:

➤ Le preocupa que sus genitales huelan mal.

➤ Teme que sus genitales sepan mal.

➤ Piensa que sus genitales se ven chistosos o que son de alguna forma fuera de lo común.

➤ Le preocupa que le duela la boca a su pareja o que se canse después de un rato.

➤ Se siente cohibido de que su pareja se quede con vellos entre los dientes o en la boca o la garganta.

➤ Teme que no pueda responder o ser recíproco.

➤ Se pregunta si su pareja lo hace por obligación.

Ninguno de los incisos de la lista es cierto en realidad. A menos que acabe de regresar de correr 10 kilómetros, no hay razón para que sus genitales huelan o sepan mal, si normalmente mantiene una buena higiene. Sus genitales tienen un sabor y un olor distintivos, pero es su aroma natural, es parte de usted. Lo mismo aplica para la apariencia de sus genitales o para la cantidad de vello púbico que tenga, o incluso para el tiempo que le tome alcanzar el orgasmo. No se preocupe de que el sexo oral sea incómodo o grotesco para la persona que tenga sexo oral con usted, porque no lo es; ¡es una parte maravillosa del sexo!

Tampoco se preocupe de que su pareja lo haga por obligación, recuerde: su pareja no tendría sexo oral si no lo deseara. El sexo oral es una opción, no una obligación. No piense que su pareja "en realidad no quiere hacerlo". Eso no debe preocuparle al que lo recibe. Recuerde que el sexo oral es una gran forma de excitar a alguien y una magnífica manera de brindar placer.

He aquí algunos consejos que le ayudarán a deshacerse de sus prejuicios acerca del sexo oral:

➤ Báñese antes de que su pareja le haga sexo oral. Mejor todavía, báñense juntos.

➤ Practique sexo oral en un momento y lugar que sean cómodos, nunca cuando se sienta tímido o presionado.

➤ Relájese, respire hondo y en vez de preocuparse, piense en todas las sensaciones que el sexo oral puede proporcionar.

➤ Hable con su pareja acerca de esto. Pídale que se detenga cuando se sienta cansado o que sea honesto sobre si le gusta o no hacerlo. Tener una mente abierta les permitirá expresar sus sentimientos respecto al sexo oral. También hable acerca de los tipos de estimulación oral que disfruta su pareja, así aprenderá a hacer lo que a él o a ella le gusta más.

Nadie debe sentirse forzado a dar o recibir sexo oral. Mientras que a la mayoría de las personas les gusta el sexo oral, hay también a quienes nunca les gustará. Si usted o su pareja caen en esta categoría, no debe forzarlo. Disfrute de otros aspectos del sexo si el sexo oral no es para usted.

Lámalo, lámalo bien

Practicar sexo oral en una mujer es una excelente forma de brindarle placer y de experimentar su sensualidad. A través del sexo oral, su pareja le puede ver, oler, probar y estimular más íntimamente. Su pareja puede experimentar su orgasmo en una forma que es muy diferente a la cópula, mucho más cercana y personal.

De hecho, algunas mujeres pueden tener orgasmos más fácilmente con sexo oral que copulando, ya que están recibiendo estimulación directa en su clítoris. Sin importar si alcanzan el orgasmo más fácilmente o no, muchas mujeres adoran el sexo oral, simplemente por la sensación de una lengua húmeda y cálida en su vulva.

Cuando practica sexo oral en una mujer, usted hace más que sólo tratar de que tenga un orgasmo. Puede darle placer haciendo toda clase de cosas con su lengua,

113

boca y dedos, como describiré a continuación. Entonces, cuando esté lista para venirse, usted puede concentrarse en lo que más le provoca a ella a tener un orgasmo.

Fotografía de
Barnaby Hall.

A continuación se presentan algunas ideas para degustar al practicar sexo oral a una mujer.

➤ Encuentre una posición cómoda.

Colóquese en una posición cómoda de tal forma que su cabeza quede entre los muslos de ella. Para muchas mujeres, la posición más cómoda es estar acostada de espaldas y usted hincado o sentado con la cabeza entre sus piernas. Por variedad, puede pedirle que esté sentada o parada mientras usted se hinca frente a ella, o puede estar acostado y ella ponerse sobre su cara.

114

➤ Empiece con sus manos.

Toque su entrepierna y pase su mano por su vello púbico. Moje su dedo y toque sus labios, clítoris y vagina. Empiece besando toda el área. Cuando esté excitada, ponga su lengua en su vulva.

➤ Lama toda la zona.

Lama desde la parte inferior de su vagina hasta la parte superior de su clítoris. Puede pasar su lengua alrededor de toda la zona. Puede utilizar sólo la punta de su lengua, o lamer como lo hace con un helado, o usar el borde de su lengua hacia adelante y hacia atrás. Sumérjase y explore toda el área con su lengua.

➤ Concéntrese en el clítoris.

Apunte su lengua y con la punta haga círculos alrededor de su clítoris. Continúe con el movimiento circular hasta lograr un ritmo constante. En vez de círculos también puede lamer el clítoris hacia arriba y hacia abajo, o hacia adelante y hacia atrás. Para estimular directamente el clítoris, separe los labios para exponerlo más.

➤ Evite la estimulación directa si su clítoris es muy sensible.

A ciertas mujeres no les gusta la estimulación directa del clítoris. Tal vez prefiera que se enfoque en los labios o en la capa de piel del clítoris. Si su clítoris parece desaparecer debajo del prepucio clitoral, tal vez esté muy sensible en ese momento, por lo que debe disminuir la presión de la lengua.

➤ Utilice los dedos alrededor de los labios.

Mientras lame el clítoris, muévalos y sepárelos con sus dedos. Ella disfrutará incluso si tira de ellos suavemente.

➤ Penetre la vagina.

Puede introducir un dedo o dos en su vagina y moverlos hacia dentro y hacia fuera. Puede utilizar su lengua para penetrar su vagina y moverla hacia dentro y hacia fuera. Ella disfrutará esto al mismo tiempo que la estimulación en el clítoris. Puede hacer ambas cosas al mismo tiempo y con el mismo ritmo. A algunas mujeres no les gusta ninguna clase de penetración, así que averigüe primero lo que le gusta.

➤ Utilice sus manos para estimular todo su cuerpo.

Alcance y toque sus senos y pezones. Toque su entrepierna, glúteos o cualquier parte de su cuerpo. Acaricie suavemente el rededor de su ano, o introduzca lentamente un dedo lubricado en él (*sólo* si sabe de antemano que es algo que le gusta).

➤ Pídale que le diga lo que le gusta.

Pregúntele si le gusta que la lama y en qué partes, o que le muestre directamente con sus dedos. Algunas mujeres le harán saber lo que les gusta haciendo ruidos o moviendo sus caderas, o incluso moviendo su cabeza con sus manos.

➤ Mantenga un ritmo cuando esté a punto del orgasmo.

Si está cercana al orgasmo, concéntrese en los lugares que responden mejor a su lengua. Si mantiene el ritmo en esa área, ella se elevará y podrá tener un orgasmo.

➤ Respete su espacio después del orgasmo.

El clítoris de una mujer se torna muy sensible después del orgasmo, de tal forma que quizá desee que se detenga tan pronto tenga el orgasmo. Tal vez sea el momento de abrazarse o prepararse para otras actividades sexuales. Si ella quiere besarlo después, puede hacerlo, por supuesto, pero a veces una mujer prefiere no besar inmediatamente después del sexo oral.

Ponga su boca alrededor de aquello

Sólo pensar en una boca tibia y húmeda alrededor de su pene, puede volver loco a un hombre. Para algunos hombres, el sexo oral es tan placentero que lo consideran su acto sexual favorito. Ellos reciben una estimulación más firme, húmeda y directa, todo concentrado en producirles un orgasmo fantástico.

He aquí algunos consejos sobre cómo practicar sexo oral en un hombre:

➤ Encuentre una posición cómoda.

Póngase en una forma cómoda, de tal modo que su cabeza quede entre sus muslos. Para muchos hombres, la posición más cómoda es estar boca arriba y usted hincada o sentada entre sus piernas. También pueden estar de lado con su cabeza entre sus piernas. Para darle variedad, él puede estar sentado o parado y usted hincada frente a él. También puede estar acostada y él colocarse sobre su cara.

➤ Empiece con sus manos.

Tome su pene con una o ambas manos. Tal vez pueda lamer su pene sólo para humedecerlo inicialmente y después utilizar sus manos para acariciarlo hasta que tenga una erección. Durante el tiempo que le practique el sexo oral, puede mantener su mano en el pene y guiarlo a la parte que usted quiera en su boca. O también puede probar el estilo "mira, sin manos" y sólo usar su boca.

➤ Lama su pene en varias formas.

Lama su pene a lo largo desde la base hasta la cabeza. Después lama hacia arriba y abajo con la lengua en forma plana, como si lamiera una paleta. Sacuda la punta de la lengua en la cabeza y el frénulo (la pequeña hendidura que está bajo el borde de la cabeza). Recorra con la punta de la lengua desde la base hasta la cabeza del pene, después con el mismo movimiento lama por debajo el borde de la cabeza del pene.

➤ Cubra sus dientes con los labios y mueva su boca hacia arriba y hacia abajo.

Mueva su boca hacia arriba y hacia abajo en la cabeza de su pene y pase de la cabeza al tronco. Lo más importante es que no permita que sus dientes rasguen su pene. Si moja sus labios y los extiende más allá de los dientes, eso los mantendrá alejados del pene. De otra forma, pliegue sus labios y cubra sus dientes con ellos. Esta acción de mover su boca hacia arriba y hacia abajo del pene es, a menudo, lo que más estimula a un hombre.

➤ Lama mientras succiona.

Mientras mueve su boca hacia arriba y hacia abajo, mueva su lengua y lama simultáneamente la cabeza o el tronco del pene. La cabeza del pene debe quedar en su paladar o en su mejilla mientras utiliza la lengua.

➤ Hasta la garganta.

Cuando el pene y su boca están muy húmedos, usted puede tratar de deslizar todo el pene por su garganta, lo más profundo que pueda. Algunos hombres no encuentran esta estimulación satisfactoria y muchas mujeres lo encuentran difícil de hacer, ya que sienten que se ahogan o sienten náuseas. Si trata de hacer esto, deberá ser capaz de utilizar la flexibilidad natural de su garganta relajándose y respirando por la nariz. Si en algún momento siente que se ahoga, deténgase de inmediato, porque el siguiente reflejo natural es vomitar y nadie quiere ni imaginar siquiera que eso suceda durante el sexo.

➤ Concéntrese en la cabeza del pene.

Concéntrese en mover su boca hacia arriba y hacia abajo sólo en la cabeza del pene. Para variar, puede plegar firmemente sus labios mientras chupa la cabeza de su pene. También puede mantener la cabeza del pene en su boca y mientras la mantiene cubierta, pasar su lengua alrededor de la cabeza una y otra vez.

➤ Use sus manos en conjunto con su boca.

Mientras su boca se concentra en lamer y succionar la cabeza, mueva su mano hacia arriba y hacia abajo del tronco del pene para combinar la succión y el trabajo manual. Asegúrese de que su mano y el pene estén húmedos. Mantenga un ritmo estable con su boca y su mano. De igual

117

manera, si no mueve su mano, puede sostener la base del pene para que se mantenga en un lugar cuando esté en su boca.

➤ Incluya sus testículos.

A algunos hombres les gusta también que les estimulen los testículos. Primero averigüe si le gusta, ya que hay hombres a los que no les gusta siquiera que se los toquen. Si es algo que le gusta, sostenga o dé masaje a sus testículos con la mano. O quite la boca de su pene y lama suavemente sus testículos y manténgalos en su boca. Después vuelva al pene.

➤ Tóquelo en todas partes.

Mientras su boca está en su pene, toque y acaricie sus muslos, pezones, pecho o cualquier parte que pueda. Descanse sus senos en su muslo o róicelos en su área genital. Toque suavemente alrededor de su ano, o introduzca lentamente un dedo lubricado en él (sólo si sabe que el contacto anal le gusta).

➤ Cuando esté a punto de eyacular, siga haciendo lo que le guste más.

De alguna forma le dirá que está próximo al orgasmo; verbalmente o moviendo sus muslos o retorciéndose para que usted lo note. Hasta este momento, mantenga un ritmo en el lugar y de la forma que él prefiera. Algunas veces el hombre se encuentra muy excitado y tratará de guiar su cabeza al ritmo que a él le gusta. Si eso está bien con usted, adelante, pero si es muy rudo, dígale que no empuje su cabeza.

➤ Suéltelo después del orgasmo.

Algunas veces, después del orgasmo, el pene del hombre se pone tan sensible que no le gusta que se lo toquen de ninguna forma. Si su pareja es así, entonces suelte su pene. Puede tocarlo en otras partes, acariciarlo o esperar a que esté listo para iniciar otras actividades sexuales. Puede besarlo si él está de acuerdo en eso. Algunos hombres prefieren esperar antes de besar a su pareja después de haber recibido sexo oral.

Como describí anteriormente, el sexo oral en un hombre es en su mayoría cuestión de lamer, succionar y utilizar las manos. Mientras que a algunos hombres les gusta cómo se siente el tener todo el pene en la boca de la mujer, la mayoría de los hombres alcanzan el orgasmo por el ritmo con que se succiona la cabeza, combinado con los movimientos de la mano en el tronco o en la base. Hay hombres que quizá quieran otra clase de estimulación durante el sexo oral. Averígüelo con su pareja. Hable acerca de esto para encontrar lo que es mejor, seguramente se convertirá en una pareja oral maravillosa.

¿Escupir o tragar?

Si le practica sexo oral a su pareja, debe decidir dónde eyaculará. Si no quiere que eyacule en su boca, hágaselo saber, de tal forma que cuando sienta que está próximo a la eyaculación retire su boca del pene y lo termine con su mano. Entonces haga que eyacule en una toalla, en sí mismo o en usted.

Si eyacula cuando su pene está dentro de su boca, debe decidir si lo escupirá o lo tragará. Escupirlo es lo más seguro. Al tener semen en su boca o tragarlo, puede correr el riesgo de contraer SIDA o alguna enfermedad de transmisión sexual. Si quiere estar totalmente protegida, utilice un condón al practicarle sexo oral. Si está segura de que su pareja no tiene ninguna enfermedad puede tragar el semen. Si no está segura, no se arriesgue, utilice un condón todo el tiempo o no permita que la punta de su pene esté en su boca en ningún momento (por el fluido preeyaculatorio) o retírela antes de que eyacule. Si decide que eyacule en su boca es por que usted quiere, no porque crea que así debe ser.

Algunos hombres dicen que la sensación es mejor cuando la boca está en contacto con el pene mientras tienen el orgasmo y que se sienten más "aceptados" o incluso amados si su pareja traga su semen. Puede platicar de esto con su pareja para saber cómo se siente al respecto. Si decide tragarlo, por lo general es más fácil dejar el semen flotando en su boca mientras su pareja eyacula y esperar a que termine para tragarlo. Pero asegúrese de que eso sea lo que quiere hacer y de no correr el riesgo de ninguna enfermedad.

Si él eyacula en su boca y usted no quiere tragarlo, encuentre un lugar para escupirlo discretamente.

Fotografía de Barnaby Hall.

Sexo oral seguro

Mucha gente no se protege durante el sexo oral porque cree que el riesgo de contraer una enfermedad de transmisión sexual o el VIH (SIDA) sea tan alto con el sexo oral. Pero sí corren riesgo, por lo que es buena idea utilizar protección durante el sexo oral.

Tal vez se pregunte qué tanto riesgo hay. Esto le dará una idea básica: para contraer el virus del SIDA basta con que el semen, la sangre o las secreciones vaginales infectados entren en contacto con una herida leve en su boca, una afta o incluso con cualquier parte en que sus encías estén abiertas (por haberse cepillado los dientes). Lo que pueda imaginar, es posible.

Si alguien tiene una enfermedad de transmisión sexual, las secreciones no siempre tienen que entrar en contacto con su flujo sanguíneo para contagiarse. En muchos casos, como con el herpes, lo único que se necesita es que su piel esté en contacto con otra piel infectada. Algunas personas tienen herpes en la boca y otras en sus genitales, eso significa que ya sea que usted practique o reciba sexo oral, puede contagiarse.

Para protegerse durante el sexo oral, debe utilizar condones en el hombre o una pieza de látex (llamada barrera oral o dental) o una película de plastipack sobre la vulva de la mujer. No suena muy atractiva la idea de tener sexo oral a través de una pieza de látex o de plástico. Pero no tiene por qué ser tan malo. Puede utilizar condones de sabores como menta o chocolate. Puede utilizar cualquier alimento a base de agua en la película de plastipack o en la barrera oral. Alimentos que no contengan aceite, como la gelatina o la jalea, y puede ser sabroso.

Aunque la sensación no será la misma al utilizar protección, bien vale la pena por su salud.

Más variantes del sexo oral

No siempre tiene que apegarse a la misma posición para obtener todo el placer del sexo oral. Hay formas de mejorar su experiencia y de variar su vida sexual. Las siguientes secciones muestran cómo usted y su pareja pueden obtener más satisfacción oral.

Acostado, de pie, sentado y en cuclillas

Es posible dar y recibir sexo oral casi en cualquier posición. Lo más importante es que ambos se sientan relajados y estimulados. Por ejemplo:

➤ Ponga una almohada bajo los glúteos de su pareja cuando está acostada, eso acercará sus genitales a su boca.

➤ En vez de que usted o su pareja descansen sobre su espalda, ambos pueden estar de lado, con la cabeza entre las piernas de su pareja. Ésta es una buena posición para quienes además, les gusta la estimulación en sus glúteos.

➤ Uno de los dos puede estar de pie, mientras que el otro se arrodilla al nivel de sus genitales.

➤ Puede sentarse mientras el otro se arrodilla al nivel de los genitales. Quien lo va a recibir, se puede sentar en la cama, en una silla, en un sofá, en la mesa, o en cualquier lugar que se le ocurra.

➤ Uno de los dos puede estar acostado y el otro ponerse en cuclillas sobre su cara. Incluso puede sentarse (sin dejar caer todo su peso). Esta posición podría ser incómoda si se sienta completamente sobre su pareja, por lo que le recomiendo que sea cuidadoso.

La sesenta y nueve es muy buena

Practicar sexo oral al mismo tiempo puede ser muy estimulante. Esta posición, llamada *sesenta y nueve*, le permite a una pareja excitarse al dar y recibir sexo oral al mismo tiempo.

La posición más cómoda para practicar la sesenta y nueve es estar recostado de lado, pero también funciona con uno encima del otro.

Hay a quienes no les gusta esta posición porque los distrae; esas personas necesitan concentrarse cuando quieren tener un orgasmo o no pueden enfocarse en practicar el sexo oral como les gustaría. Si es así, usted y su pareja pueden permanecer en esa posición pero hacerlo por turnos, así ambos pueden disfrutar. Para muchas personas es una buena variante o un preludio amoroso, incluso si no alcanzan el orgasmo.

Sensaciones cálidas y frías

Puede ser muy divertido jugar con las temperaturas durante el sexo oral. Puede ponerse un cubo de hielo en la boca mientras deleita a su pareja con sexo oral. También puede pasar el cubo de hielo por los senos o el pecho de su pareja mientras le practica sexo oral.

Pruebe poner un vaso con agua fría y otro con agua caliente (no demasiado caliente) junto al lugar en el que tendrán sexo oral. Haga un buche de agua fría y empiece a practicar sexo oral a su pareja, después tome un buche de agua caliente y vuelva a donde estaba. A ciertas personas les gusta la sorpresa de las diferentes temperaturas durante el sexo oral.

121

Para otra cálida sorpresa, use su aliento para calentar a su pareja. Coloque su boca abierta en la entrepierna de su pareja, incluso cuando todavía estén vestidos, y exhale profundamente en forma repetida. Sentirá cómo se acumula el calor y su pareja seguramente también lo hará. Este tipo de respiración profunda puede ser un preludio divertido para el sexo oral. (Debo advertirle que no es seguro soplar aire directamente al interior de la vagina. Algunos doctores opinan que puede causar una embolia, lo que significa que las burbujas de aire pueden causar un bloqueo peligroso en los vasos sanguíneos.)

Juegue con comida

Algunas personas encuentran que mezclar comida y sexo oral puede provocar sensaciones excitantes. Se ha dicho que ponerse una menta en la boca, le produce a su pareja una sensación de hormigueo. Cualquier tipo de comida puede ser divertido para quien va a practicar el sexo oral. Puede utilizar crema batida, miel y chocolate, por mencionar algunos. No ponga comida dentro de la vagina porque puede causar una infección. Deberá ser cuidadoso también con los alimentos pegajosos, ya que se pueden adherir al vello púbico. Si planea copular después del sexo oral, y usará condón, debe emplear sólo alimentos que estén hechos a base de agua, como la gelatina o la jalea, y que no contengan aceites. De otra forma, debe bañarse o lavarse bien antes de usar los condones para la cópula. Con esas precauciones en mente podrá divertirse con casi cualquier alimento durante el sexo oral.

Use juguetes sexuales durante el sexo oral

A algunas personas les gusta utilizar juguetes sexuales como consoladores y vibradores cuando practican sexo oral. Un consolador puede usarse para penetrar la vagina de la mujer, mientras su boca se esmera en el clítoris. Un vibrador puede utilizarse en el clítoris mientras que los dedos y la lengua de él lamen alrededor de la vagina, la entrepierna o cualquier parte que le guste.

De manera similar, durante el sexo oral en un hombre, los consoladores pueden utilizarse dentro o alrededor de su ano, o cualquier parte que le guste. Usted y su pareja pueden experimentar con estos juguetes sexuales para descubrir qué les agrada.

Contacto oral-anal

Alrededor del ano existen muchas terminaciones nerviosas y a muchas personas les encanta la sensación de la lengua moviéndose por ahí. El sexo oral-anal incluye lamer el perímetro del ano, hacia arriba y hacia abajo, mover la lengua en círculos alrededor del ano y mover ligera y rápidamente la lengua dando golpecitos al ano. También puede introducir un poco la punta de la lengua en el ano. Otra opción es lamer el perineo; el área localizada entre el ano y los testículos en un hombre y el ano y la vulva en una mujer. Muchas personas disfrutan la estimulación de esta zona tan sensible. Otras prefieren lamer el perineo a lamer el ano, porque existe el riesgo de absorber bacterias de esta zona.

Si usted disfruta de dar o recibir esta clase placer, la principal advertencia que puedo hacerle es: mantenga limpia esta zona para evitar bacterias y parásitos. Si se baña inmediatamente antes de recibir contacto anal-oral, evitará transmitirle cualquier cosa a su pareja. También puede usar una barrera oral o una película de plastipack para cubrir el ano y evitar este problema.

Placer oral total

No sólo los genitales son sensibles a la estimulación oral. Puede usar su lengua y su boca para dar placer en cualquier parte del cuerpo de su pareja. Puede explorar el cuerpo de su pareja con su boca en cualquier momento antes, durante y después del sexo. Mientras le da sexo oral, puede moverse a diferentes partes de su cuerpo, por ejemplo:

➤ Orejas y cuello son muy sensibles. Pruebe lamer o morder suavemente las orejas y el cuello de su pareja. Vea cómo responden estas partes a la lengua y al mordisqueo. Puede hacerlo como parte del arte de besar o como preludio o en cualquier momento durante el sexo si su cabeza está cerca del cuello y las orejas de su pareja.

Fotografía de Barnaby Hall.

➤ Hay a quienes les gusta que les chupen los dedos. Puede chupar los dedos de alguien en cualquier momento en que sus manos se encuentren cerca de usted. Puede ser muy erótico, porque la cara de su pareja puede estar muy cerca viéndolo chupar. Algunas veces es muy sexy chupar los dedos de alguien como un preludio al sexo oral, como si dijera "si te gusta lo que hago con tus dedos, espera a ver lo que puedo hacer con tus genitales".

➤ Para muchos, que les chupen los dedos de los pies es una experiencia casi orgásmica. Puede acostarse cerca de los pies de su pareja y complacerla. Pueden acomodarse en la posición sesenta y nueve, pero olvídense de poner sus bocas en sus genitales y vayan directamente a los pies. Si quieren, al mismo tiempo pueden estimular los genitales del otro con sus manos.

➤ Algunas mujeres y hombres tienen pezones especialmente sensibles que pueden sentirse increíbles cuando son estimulados. Tienen muchas terminaciones nerviosas que pueden excitarse fácilmente chupándolos o lamiéndolos. Esto puede ser muy divertido durante la cópula.

Sea atrevido y tenga diversión oral en cualquier parte.

Capítulo 14

Posiciones sexuales

Cuando tomó este libro, ¿esperaba encontrar muchas ilustraciones de parejas teniendo relaciones sexuales en todo tipo de posiciones únicas que podría incluir en su vida sexual? Pues eso espero, porque en este capítulo encontrará muchas posiciones sexuales creativas que puede aprender.

Aquí no encontrará ninguna clave mágica para tener mejor sexo. En este capítulo encontrará las posiciones adecuadas para ciertas personas en un momento determinado. La clave para disfrutar diferentes posiciones sexuales es expresar su creatividad sin obligar a su cuerpo a adoptar posiciones que no son las correctas para usted.

La diversidad en las técnicas produce diferentes sensaciones. Usted no está obligado a que le gusten ni a repetir cada una de ellas. Ésa es la maravilla de las experiencias sexuales; puede encontrar las que realmente le encanten y ampliarlas y descartar las que no le agradaron tanto. Tal vez algunos estén leyendo este capítulo para ver si "lo está haciendo bien", pero en cuanto a tener sexo, ¡no existen formas equivocadas! Simplemente haga lo que sienta natural y placentero. En tanto lo descubre, ¡diviértase experimentando!

El hombre arriba

La posición en la cual el hombre está arriba y la mujer abajo (conocida como *el misionero*) es la más tradicional, aunque no por ello es aburrida o pasada de moda. De todas las posiciones sexuales, ésta sigue siendo la que casi todas las parejas utilizan y disfrutan.

En esta posición, la mujer se acuesta boca arriba con las piernas separadas y el hombre se recuesta sobre ella. Uno de los dos introduce el pene en la vagina. Él soporta su peso con los brazos. Al ritmo del vaivén del hombre la penetra, ella puede levantar sus caderas y pelvis en un movimiento encontrado. El hombre controla el ritmo y la intensidad del vaivén casi en su totalidad. Muchas mujeres no lo toman a mal pues les permite relajarse y disfrutar en tanto él hace el trabajo.

Fotografía de Barnaby Hall.

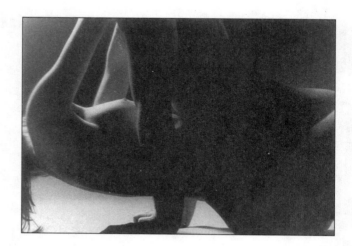

Para modificar el ángulo y la profundidad de la penetración, la mujer puede separar más las piernas, levantarlas en el aire o rodear con ellas la cintura o los glúteos de su pareja a fin de tener un poco más de control sobre el ritmo del vaivén. Si desean una mayor penetración en esta posición, pueden colocar una almohada debajo de los glúteos de la mujer para levantarla en ángulo. Si la mujer dobla las rodillas hasta su pecho o pone los pies en los hombros de él, logran una máxima penetración.

Esta posición puede estimular el clítoris en gran medida si el hombre se inclina hacia delante y ambos aprietan la entrepierna al mismo tiempo, o si ella presiona su clítoris contra la pelvis de él. Uno de los dos puede estimular manualmente el clítoris.

Esta posición es fabulosa para parejas que desean tener intimidad durante el sexo, ya que permanecen uno frente al otro mientras hacen el amor. Permite mucho contacto visual durante la relación así como ver la reacción de la pareja al momento de alcanzar el orgasmo. Si a usted le gusta besar y tocar a su pareja durante el sexo, esta posición es excelente. El hombre puede tocar varias partes del cuerpo de la mujer, por ejemplo, los senos, en tanto ella puede acariciarle la cabeza, los hombros, la espalda y los glúteos.

Aun cuando esta posición es ideal para que una mujer se embarace, no siempre es cómoda para quienes ya lo están, especialmente si el embarazo está avanzado. Tampoco lo es si el hombre es obeso. Los hombres que sufren de eyaculación precoz la consideran una posición difícil para contener la eyaculación, ya que disfrutan tanto que no quieren detenerse.

La razón de que esta posición sea tan popular, es simplemente porque parece ser básica. Algunas personas disfrutan del sexo así; otras sólo la adoptan de manera natural, aun cuando no sea su posición favorita. A menudo, las parejas buscan otras posiciones más creativas rodándose o cambiando de lugar.

La mujer arriba

Algunas personas piensan que la posición en la cual la mujer se coloca sobre su pareja es para las mujeres dominantes, y aunque la mayoría de las mujeres a las que les gusta esta posición son muy asertivas, ésta es la segunda posición sexual más popular para todos. La forma más común es que la mujer se ponga a horcajadas a la altura de la cadera del hombre, introduciendo su pene en ella para luego recostarse sobre él, ya sea con las piernas dobladas detrás de ella o estiradas a los lados de su pareja. Puede sostener su peso con los brazos.

Fotografía de Barnaby Hall.

Esta posición permite que la mujer controle más activamente las sensaciones, tanto propias como las de su pareja. Asimismo, puede controlar la velocidad del vaivén. El hombre no tiene mucho movimiento y la mujer tiene el control del ángulo y la profundidad de la penetración. Para asegurarse de tener un orgasmo, se puede inclinar hacia delante para rozar su clítoris contra la pelvis de su pareja durante el vaivén. Si la mujer se sienta, él puede ver, tocar y acariciar sus senos, lo cual puede ser muy excitante para los dos. El hombre también puede estimularle el clítoris, frotarle los glúteos o el ano. Ella también puede estimularse el clítoris con la mano. La mujer también puede tocar el pecho de su pareja o bajar y acariciarle el escroto y los testículos. Se pueden besar y tener mucho contacto visual. Al igual que la posición anterior, ésta les permite ver la reacción del otro durante el orgasmo. El sexo puede incluir el amor, independientemente de la posición, pero verse uno al otro, algunas veces es más romántico.

La mujer de rodillas

La posición sexual donde la mujer está acomodada al estilo "de perrito", es cuando ella se apoya sobre sus manos y rodillas mientras su pareja la penetra desde atrás. El hombre puede sujetarse de los hombros, las caderas, los muslos o la cintura de ella a fin de moverla en sentido opuesto a su vaivén. La mujer puede cambiar el ángulo de su pelvis y la profundidad de la penetración si se recarga en los codos en vez de en las manos, logrando así diversas sensaciones para los dos. Otra variante es que se acueste totalmente boca abajo con las piernas separadas, en tanto su pareja se recuesta sobre ella y la penetra desde atrás.

Fotografía de Gen Nishino

Algunas personas adoran esta posición porque permite una penetración profunda. Él disfruta la sensación ya que tiene mayor distancia para su movimiento de vaivén, en tanto la mujer disfruta la sensación del pene presionando contra la parte posterior de su vagina, lo cual quizá estimule el punto G de la mujer. Es probable que los hombres disfruten la sensación de los glúteos de su pareja contra sus muslos, además de que esta posición le permite acariciarle el clítoris, los senos, la espalda y los glúteos. En esta posición, la mujer también puede estimularse el clítoris para provocarse el orgasmo mientras él la penetra.

Sin embargo, algunas personas consideran la posición desagradable porque no existe la intimidad que produce el estar uno frente al otro. Asimismo, algunas mujeres sienten dolor cuando la penetración es muy profunda y el pene presiona el cuello del útero.

De lado

En esta posición ambos se recuestan de lado, se abrazan, separan las piernas apenas lo suficiente para lograr la penetración, o abren por completo las piernas y uno de ellos descansa su pierna sobre la de su pareja.

La relación de lado puede ser lenta, suave y relajante, produce mucha intimidad y a menudo permite una cópula prolongada. La pareja se puede besar, acariciar el rostro, el pecho y el resto del cuerpo, así como mirarse antes, durante y después del orgasmo. Los amantes buscarán mantener esta cómoda posición después del orgasmo, la cual proporciona mayor acercamiento emocional y relajación después del sexo.

Esta posición también se hace en forma de "cucharas", donde la mujer queda de espalda y él la penetra desde atrás. Para facilitar la penetración, la mujer puede flexionar sus rodillas y elevar un poco una pierna. De lado, el hombre tiene la libertad de acariciar los senos y los genitales de su pareja.

Como es una posición muy relajada, es excelente para parejas que estén cansadas, durante los últimos meses del embarazo, después de una enfermedad o cirugía, o para personas de la tercera edad. De igual manera es muy buena para quien le gusta sentir todo el cuerpo de su pareja durante el sexo.

Sentados

En esta posición, ambos se sientan uno frente al otro con las piernas separadas, quedando las piernas de uno sobre las de su pareja. Esta posición permite que los dos

Fotografía de Barnaby Hall.

controlen el ritmo del vaivén, ya que se acercan y alejan uno al otro. Las parejas que optan por tener sexo sentados, pueden levantar los glúteos y la pelvis para lograr una penetración profunda. En esta posición, ambos se pueden inclinar hacia atrás y apoyarse sobre sus brazos, permitiéndose experimentar diferente sensaciones al tiempo que se impulsan uno hacia el otro. Si prefieren, pueden tener una sesión más relajada sentados y abrazándose con un vaivén apenas perceptible.

Fotografía de Barnaby Hall.

Esta posición es adecuada para acariciar la mayor parte del cuerpo de la pareja. Si al sentarse queda espacio entre los dos, pueden mirarse a los ojos y al cuerpo. Es más fácil besarse y abrazarse si uno se inclina hacia adelante.

De pie

Esta posición por lo general hace que todos se imaginen un "rapidín" o el muy erótico, aunque riesgoso, sexo en elevadores o callejones.

Tener sexo de pie de hecho es una de las posiciones más difíciles. El de menor estatura de los dos (normalmente la mujer) debe buscar el nivel adecuado para que el hombre alcance la altura y ángulo correctos para introducir el pene. Tal vez la mujer tenga que rodear la cintura de su pareja con sus piernas o pedirle que él la cargue, o pararse en un escalón o algo que le dé mayor altura. Si usted es mujer y está pensando en uno de esos encuentros de pie, podría probar algo sexy y presentarse con zapatillas de tacón realmente alto. Sin importar cómo lo hagan, las parejas que tienen diferentes estaturas necesitarán mucha flexibilidad y equilibrio para disfrutar esta posición sexual.

Una pareja también puede tener sexo de pie y desde atrás. El hombre puede penetrar a la mujer de esta forma si ella se inclina contra la pared o la cabecera de la cama (el refrigerador, las llaves de la regadera... en fin, ya entendió). En esta

130

posición, el pene puede penetrar fácilmente la vagina, la cual se encuentra en ángulo hacia la parte inferior del cuerpo del hombre. Es mucho más sencillo si la mujer se inclina antes de la penetración.

Cuando una pareja está de pie, por lo general tiene las manos ocupadas tratando de que la mujer mantenga la posición adecuada. Si lo hacen de espaldas, ella estará viendo en otra dirección, por lo tanto no es la mejor posición para las caricias o el contacto. Debido a que por lo general se asocia con encuentros candentes, es una variación excitante que tal vez desee intentar.

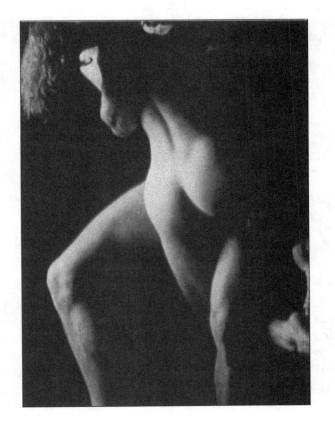

Fotografía de Barnaby Hall.

Nombres extraños para posiciones sensuales

¿Quería aprender algo nuevo al leer este libro? Pues aquí tiene algunas posiciones que pueden ser su respuesta. Existen infinidad de ellas que pueden practicarse con diferentes variaciones a las posiciones básicas que vimos anteriormente. Si utiliza su cuerpo y creatividad, puede cambiar a estas nuevas posiciones. Con la

131

ayuda de algunas ilustraciones sensuales, le describiré cinco posiciones que son bastante interesantes, ¡por decir lo menos! Algunas de ellas requieren práctica, pero... la práctica hace al maestro, así que ¡adelante!

Tijeras

A partir de la posición con la mujer arriba, ella se sienta y se separa ligeramente del hombre (aún con el pene en su interior) de tal forma que quede en escuadra entre las piernas de él. Así, la penetración es de lado. También pueden intentar esta posición de lado deslizándose en ángulo al mismo tiempo que se alejan uno del otro (o recostándose) de una posición sentada, de modo que sus piernas formen ángulos entre sí y parezcan un par de tijeras.

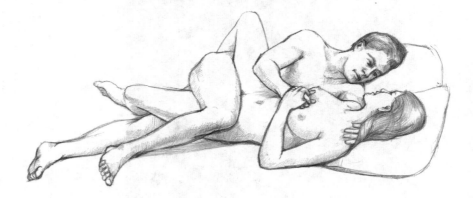

El cangrejo

El hombre se recuesta boca arriba y la mujer, mirando en dirección de los pies de él, se sienta sobre su pene con las piernas por fuera de los muslos de él. Cuando el pene entra, ella se inclina hacia atrás recargando sus manos a los lados de él y luego apoyando sus pies, elevando su cuerpo y echando la cabeza hacia atrás, mirando al techo. En esta posición de cangrejo, pareciera que ella se arquea hacia atrás.

La víbora

Sin separar las piernas, la mujer se recuesta sobre su pareja, o viceversa. El pene está en la vagina, mientras ambos cuerpos permanecen horizontales uno sobre el otro, manteniendo un contacto absoluto de modo que parecen dos serpientes encimadas. ¡Suena muy ssssexy!

El conejo

A partir de la posición del hombre arriba, la mujer separa las piernas a los lados del hombre a la altura de los muslos y levanta la espalda del piso en forma de arco (la cabeza, los brazos y los pies siguen en contacto con el piso). Durante la penetración, él se hinca mientras la toma de la espalda y la sostiene con las manos, al tiempo que realiza su movimiento de vaivén. Si esta posición lo excita, entonces ¡adelante!

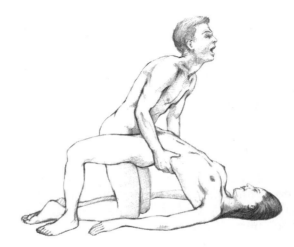

La carretilla

El hombre se encuentra de pie y la mujer está enfrente de él parada de manos con sus pies alrededor de la cintura o los hombros de él (dependiendo de su estatura). Él la penetra desde esta posición. Tal vez sea una de las posiciones exóticas más difíciles. La mayoría de quienes la practican lo hacen por aventura, ¡para ver si logran hacerla!

Sólo hay algunas variaciones por lo que si le interesa experimentar posiciones creativas, tome las básicas y modifíquelas un poco, experimentando con las diferentes formas en que termine su cuerpo. Siéntase libre de crear sus propias posiciones y si quiere divertirse un poco más, ¡póngales nombres simpáticos!

Sexo anal

El sexo anal no es únicamente la penetración anal. También incluye la introducción de su propio dedo o el de su pareja, la estimulación oral del ano y la penetración con un consolador o vibrador.

Debido a que el VIH, el virus del SIDA, se transmite más fácilmente por penetración anal, mucha gente ha malinterpretado que el sexo anal siempre es peligroso. De hecho, el riesgo es menor cuando una pareja usa condones y lubricantes eficaces. En caso de que practique el sexo anal, siempre debe utilizar condón.

Algunas personas disfrutan el sexo anal simplemente porque les gusta. Algunos hombres dicen que, durante la penetración, el ano se siente más apretado que la vagina. El ano tiene muchas terminaciones nerviosas, por lo que esta relación sexual satisface tanto a hombres como a mujeres.

Además de estimular dichas terminaciones nerviosas, los hombres que reciben sexo anal sienten mayor placer al estimular su próstata. Ésta puede localizarse introduciendo un dedo cerca de siete centímetros en el interior del ano y moviendo el dedo hacia el ombligo. La estimulación se logra al frotarla, no al picarla.

Para otras personas, el sexo anal está más asociado con deseos psicológicos que con el placer físico. La idea de practicar algo que se considera poco convencional o un tabú, puede ser muy excitante y a muchas personas les interesa explorar este territorio "prohibido".

Cualesquiera que sean sus razones para practicar el sexo anal, debe tener en mente estos tres puntos importantes:

1. Use condón en todo momento. *¡Considérelo una obligación!*

2. Utilice mucho lubricante a base de agua que sea "compatible con condones".

3. Relájese y hágalo despacio.

Debido a que el ano no tiene la elasticidad de la vagina, es muy probable que la primera vez que intente el sexo anal sea doloroso o incómodo. Si el receptor no está relajado, notará que el músculo en la entrada del ano, llamado esfínter anal, se estrechará. Para relajar dicho músculo y prepararlo para la penetración, la pareja primero debe intentar introducir un dedo bien lubricado. Luego de que el receptor se acostumbre a sentir el dedo en el ano, puede probar con dos dedos. Si al receptor no le molesta la introducción suave de dos dedos, entonces puede proceder a la penetración anal.

A pesar de que la gente a menudo visualiza el sexo anal como el hombre introduciendo el pene por atrás, no es la única posición que funciona. A veces, especialmente la primera vez, el sexo anal puede ser más cómodo si el receptor está arriba a horcajadas sobre el pene. En esta posición el pene penetra con mayor facilidad y el receptor tiene más control. Cualquiera que sea la posición que elija, recuerde utilizar mucho lubricante en el condón, en el pene y en el ano. Tómese su tiempo, introdúzcalo y penetre despacio. Un vaivén muy vigoroso (sobre todo sin suficiente lubricación) no sólo producirá dolor, sino también rasgará el recubrimiento del ano y quizá el condón, lo cual lo pondrá en riesgo de una infección o una enfermedad de transmisión sexual.

El sexo anal no debe ser sinónimo de dolor. La gran cantidad de terminaciones nerviosas en el ano implican que un tratamiento inadecuado puede causar mucho dolor, pero también significa que si lo trata con cuidado, puede obtener mucho placer. Una vez que la pareja se acostumbra a tener sexo anal no provoca dolor, y establece un ritmo que ambos disfrutan. Sin embargo, si lo intenta y no le gusta, entonces el sexo anal no es para usted y esto aplica a cualquier posición o variación sexual.

Capítulo 15

Conversaciones de almohada

Si el primer sonido que escucha después de tener sexo, es el ronquido de su pareja, entonces ninguno de los dos se está beneficiando de la experiencia. Algunas personas comparten un cigarro o una *pizza* después de tener sexo; otras hablan de sus pensamientos más profundos o sólo se miran uno al otro sin decir nada y otras más disfrutan con quedarse dormidas en los brazos de su amante.

Independientemente de lo que suceda en su alcoba después del sexo, el tiempo que pasen juntos los puede hacer sentir más cercanos que nunca. Algunos de los momentos más románticos y significativos ocurren después del sexo.

Una vez concluido el acto sexual, el cuerpo requiere cierto tiempo para que se normalicen la presión arterial, el ritmo cardiaco y la excitación sexual. Es hora de tomar aire, ya sea en sentido literal o figurado. Esto le brinda la gran oportunidad de serenarse y complacerse en los rescoldos.

Es probable que la gente se sienta más vulnerable después del sexo que en cualquier otro momento. La ternura después del sexo es una de las claves para mejorar el lazo íntimo de la pareja. Puede ser tan importante, sensual y erótico, como el propio acto sexual. Los momentos inmediatos después del sexo ayudan a las personas a poner de nuevo los pies en la tierra luego de haberse perdido en el éxtasis de la pasión.

Orgasmos después de la cópula

Normalmente se cree que la relación sexual termina cuando el hombre eyacula, pero ¿qué pasa si la mujer no ha tenido un orgasmo y lo desea? Muchas mujeres no siempre alcanzan el orgasmo durante la cópula, por lo que ella y su pareja pueden decidir continuar con el juego sexual para que ella pueda tener un orgasmo.

Si aún pueden continuar con un juego sexual, existen muchas cosas que pueden hacer:

➤ El hombre masturba a la mujer hasta que tenga un orgasmo.

➤ Ella se puede masturbar.

➤ Él puede practicarle sexo oral.

➤ Ella puede practicarle sexo oral a él. Quizá él pueda tener una nueva erección pronto y puedan volver a copular.

➤ Pueden jugar con juguetes sexuales. Tal vez ella pueda tener un orgasmo fácilmente con la ayuda de un vibrador.

Desde luego que el orgasmo no tiene que marcar el fin de la relación sexual, sino el hecho de que ambos se sientan satisfechos. Pueden preguntar: "¿Te gustó?" y empezar a disfrutar los momentos después del sexo.

Cuidados posteriores

No siempre tendrá ánimos de estar cerca, de jugar un rato más o incluso de abrazar inmediatamente después del sexo. Quizá desee cuidar de algunos aspectos:

➤ Tirar el condón.

Después de tener sexo, algunas personas se aseguran de deshacerse del condón. A veces buscan borrar la "evidencia", de modo que no se les olvide y alguien lo encuentre al día siguiente. Otras, simplemente, son ordenadas y limpias.

➤ Ir al baño.

A veces es inevitable levantarse al baño. A menudo, la relación sexual provoca la urgencia de orinar, por lo que mucha gente se levanta al baño inmediatamente después del sexo. De hecho, lo recomendable es ir al baño justo después de la relación sexual, en especial si es mujer, ya que limpia la uretra de cualquier bacteria que pudiese introducirse y ayuda a prevenir infecciones del tracto urinario.

➤ Beber algo.

La sensación de tener sed después del sexo se debe a que consumió mucha energía, como en cualquier otra clase de actividad cardiovascular. Si va a la cocina a traer agua, sea amable y traiga un vaso para su pareja.

➤ Comer algo.

¿Ha estado frente al refrigerador después de hacer el amor? Pues no está solo. Muchas veces los momentos íntimos después del sexo incluyen ordenar comida rápida, cocinar juntos o ir a la cocina para llevar galletas a la cama.

➤ Estirar las sábanas.

Algunas veces la cama queda muy revuelta después del sexo como para dormir cómodamente. Eso significa que tender la cama es una actividad que la pareja puede compartir después del sexo.

➤ Bañarse juntos.

Existen personas que gustan de bañarse después del sexo porque se sienten sudados o pegajosos. Bañarse juntos es un momento sensual que pueden compartir después del sexo.

Con tantas cosas por hacer después del sexo, ¿quién quiere dormir?

¿Qué pasa si quiere dormir?

Quedarse dormidos en los brazos del otro, o incluso en lados opuestos de la cama, ciertamente puede ser parte del sexo maravilloso. De hecho, mucha gente utiliza el sexo como relajante antes de dormir, y disfruta la sensación de quedarse dormida inmediatamente. Con ello culmina la liberación de tensión como fin del acto sexual.

No obstante, algunas personas lo consideran descortés y desconsiderado. A veces uno de los dos se puede sentir ignorado si el otro se queda dormido. Existe un viejo estereotipo de que, después de la relación sexual, el hombre se da media vuelta y se duerme, mientras la mujer se queda despierta mirando el techo. Lo anterior ha hecho pensar en si el orgasmo provoca sueño en los hombres. De ser así, ¿por qué el orgasmo no ocasiona el mismo cansancio en las mujeres?

De hecho, tener un orgasmo no tiene por qué provocarle sueño. Durante la etapa de resolución del ciclo de respuesta sexual, podría sentirse cansado en tanto su cuerpo se recupera del orgasmo. Sin embargo, su cuerpo no se queda dormido automáticamente. Usted es quien decide dormirse cuando se siente cansado, es todo.

Si siempre se queda dormido después del sexo y su pareja siente que usted está siendo desconsiderado, puede cambiar su forma de actuar. Para empezar, procure tener sexo cuando no esté cansado, de modo que después pueda mantenerse despierto. Si ambos quieren dormirse, entonces digan "buenas noches" y a dormir.

¿De qué pueden hablar?

Tal vez tenga una imagen romántica de que un amante maravilloso se quede despierto toda la noche después del sexo, hablando de Proust, Mozart y el significado de la existencia. Pero la conversación posterior a la relación sexual no tiene por qué ser tan profunda. Las mejores pláticas son simplemente las que disfruten, que los relajen y que mantengan el alto nivel de intimidad sexual que experimentaron durante la cópula.

Cuestiones espinosas, el trabajo o la familia política, no son temas que deban tocarse después del sexo. Si su pareja comienza a hablar de un tema que a usted le desagrada, le puede decir amablemente: "Hablemos de eso en otra ocasión. Acabamos de hacer el amor, preferiría platicar de otra cosa". Luego, puede guiar la conversación hacia temas más románticos y sensuales.

Algunos de esos temas pueden incluir, aunque no limitarse a:

➤ Hablar de qué tan cercanos se sintieron durante la relación sexual.

➤ Los sueños acerca de las cosas románticas que quisieran hacer juntos.

➤ Recordar el día que se conocieron.

➤ Hablar de las pequeñas cosas que les gustan del otro.

➤ Hacer bromas. La risa es muy sensual.

➤ Compartir lo que les gustó de esta relación y cómo pueden mejorarla para la próxima vez.

➤ Simplemente diga "te amo".

Cualquiera que sea el tema, aproveche esos momentos tan valiosos después de un encuentro íntimo para charlar de aquello que los hace sentir bien.

Fotografía de Susan Rubin.

¡Otra, otra!

Para muchas parejas la respuesta a "¿Cuándo deberíamos repetirlo?", es muy simple: "En cuanto él tenga una erección". Por otra parte, si la pareja no hace el amor muy a menudo, quizá reflexionen sobre lo que recién ocurrió y se pregunten cuánto tiempo pasará hasta la próxima vez. Si la pareja lleva poco tiempo, probablemente se pregunte si su relación durará lo suficiente para tener una "próxima vez".

Tal vez quieran volver a tener sexo de inmediato, pero deberán esperar hasta que sus cuerpos estén listos. Fisiológicamente, tanto hombres como mujeres necesitan un poco de tiempo para recuperarse, ésa es la etapa de resolución antes mencionada. Por lo general, la mujer necesita menos tiempo para recuperarse que el hombre. Sin embargo, a veces la vagina de la mujer puede estar muy sensible y quizá ella prefiera esperar un poco más. Algunos hombres tienen una nueva erección en cuestión de minutos; otros tardan horas. Lo anterior con frecuencia depende de la edad del hombre y de otros factores, como si ingirió bebidas alcohólicas, está tomando medicamentos o está cansado.

Si está decidido a repetir su experiencia, puede hacer del deseo y la excitación parte del romance después del sexo. A veces los momentos después del sexo son tan eróticos que se convierten en un preludio para una nueva experiencia. Si disfruta tener relaciones en repetidas ocasiones, entonces puede lograr que suceda. Empiecen con caricias tiernas hasta que vuelvan a excitarse. Enseguida, continúen a un ritmo más intenso de caricias y besos y exploren los genitales del otro con las manos o la boca hasta que se sientan listos para hacer el amor de nuevo.

Sexo a la carrera

Ya casi es común que si una persona tiene problemas para tener intimidad, no pueda pasar la noche con su amante después de tener sexo y se levante y se marche de inmediato. Pero cierto o no, si no se queda para platicar, tocarse, abrazarse o quedarse dormido, entonces es probable que tenga algunos problemas con la intimidad.

Si salta de la cama, toma su ropa, brinca de la cama y sale corriendo de la casa después de tener sexo, está saboteando el momento de intimar con su pareja. Para mejorar su vida sexual y su relación, debe aprovechar el momento justo después del sexo.

Incluso si su pareja o usted sólo quieren tener sexo por placer, sin tener mucha intimidad o amor, aún pueden divertirse después de haberlo hecho. Aprovéchelo, estoy segura que hará más maravillosa su experiencia.

141

Actividades creativas para después del sexo

Si se pregunta qué más puede hacer después del sexo, le tengo algunas ideas. Hay muchas cosas que puede hacer después del orgasmo para prolongar la experiencia íntima.

Dense un masaje de pies o espalda.

➤ Escuchen música mientras se abrazan.

➤ Escriban la historia de su romance, cómo es que se enamoraron.

➤ Lean en voz alta uno al otro.

➤ Vean un video romántico que tenga un significado especial para ustedes.

➤ Salgan a caminar.

➤ Vean una película pornográfica hasta que se exciten lo suficiente para tener sexo otra vez.

Si la pareja no permanece cerca y disfruta de los momentos después del sexo, aun cuando hayan tenido orgasmos maravillosos, pueden sentirse distantes. El sexo incluye intimidad, afecto, placer, cercanía y, sí, amor. Por eso, el momento inmediato a la relación sexual es una parte importante del sexo maravilloso.

Capítulo 16

En la variedad está el gusto

A veces el sexo es sólo sexo. Están ahí, se mueven un poco, tienen el orgasmo y eso es todo. ¡Esperen un momento! ¡Puede ser mucho más creativo que eso! Si siente que su vida sexual es "sólo sexo" la mayoría de las veces, eso le indica que necesita cambiar el ritmo, la posición, el lugar o el momento del día en el que tiene sexo. Piénselo un poco, ¿por qué esperar a tener variedad hasta que su vida sexual se vuelva aburrida? Debe sazonar un poco las cosas mucho antes de que su vida sexual se vuelva monótona, de manera que siempre sea excitante.

Considerando que la variedad en el sexo es infinita, no hay razón para que no disfrute sinceramente una vida sexual intensa y variada en los años venideros. Todo lo que se necesita es una pareja deseosa y un poco de imaginación. En este capítulo he imaginado algunas cosas por usted, lo que lo hace más fácil. Recuerde que sólo son algunas sugerencias, no reglas fijas. Puede tomar un poco de esto, un poco de aquello y tener ideas propias. Las posibilidades no tienen límite. Diviértase orquestando su vida sexual.

Los movimientos correctos

Los cambios más obvios que puede hacer en su vida sexual rutinaria incluyen probar nuevas posiciones. Si ha estado con la misma pareja por años, algunas veces las posiciones nuevas lo pueden hacer sentir casi como si tuviera sexo con una persona nueva, ya que se acercan el uno al otro desde ángulos totalmente nuevos. Una vez que tenga unas cuantas posiciones nuevas para agregar a su diversión, puede empezar por modificar su movimiento de vaivén durante la cópula para cambiar la sensación en cada postura.

Así, así

Para cambiar la sensación del sexo, puede aprender a variar su movimiento de vaivén durante la cópula. A continuación le presento algunos ejemplos que puede probar:

➤ Cambie la profundidad de la penetración. Si usted y su pareja gustan de una penetración profunda, entonces busquen una más superficial. O viceversa.

➤ Cambie la velocidad o la intensidad del vaivén. Si normalmente su movimiento es fuerte y rápido, trate de hacerlo más suave y más lento. O viceversa.

➤ Si normalmente se mueve en un solo sentido justo antes del orgasmo, rompa ese patrón. Sienta su vaivén un rato, luego deténgase y espere. Abrácense, bésense y tóquense y después vuelva al movimiento.

➤ Varíe el ritmo de su vaivén. Si por lo regular lo hace a un ritmo de "adentro, afuera, adentro, afuera", puede cambiarlo. Pruebe hacer dos movimientos cortos y luego uno largo adentro y afuera. Entonces será "adentro, adentro, adeeeentro, afuera". Experimente con todos los ritmos que se le ocurran.

➤ Si por lo general se concentra sólo en el vaivén de su pelvis y sus glúteos, entonces preste atención a otras partes de su cuerpo. Sienta los cambios en el vaivén cuando arquea su espalda o cuando pone sus brazos en su cabeza.

Cambie su cuerpo

Para otro tipo de variedad, puede hacer cambios físicos a su cuerpo. Hablo de los cambios naturales, nada en lo que tenga que intervenir un doctor. Puede cambiar la forma en que se ve y se siente su cuerpo perdiendo o aumentando peso. Si ha pensado en hacer dieta o ejercicio, hoy puede ser el día perfecto para empezar. El sexo se sentirá diferente conforme adelgace y desarrolle nuevos músculos, se moverá de modo diferente durante el sexo. Si ya está delgado, entonces trate de embarnecer un poco para cambiar la forma en que siente el sexo.

Otros cambios más simples, como un corte de pelo (¡en cualquier parte!), pueden hacer que se vea y se sienta diferente. Si no desea tocar su cabello ni por equivocación, pruébese una peluca. Puede darle una apariencia sexy totalmente nueva y a su pareja la oportunidad de pretender que tiene a su lado una belleza pelirroja, castaña, rubia o negro azabache para variar.

Puede también hacer algunos cambios salvajes en su vida sexual, añadiendo alguna variación a sus órganos sexuales. No me refiero a visitar al cirujano plástico para llenar sus senos o glúteos de silicona (no lo necesita) o para una engañosa elongación del pene (no lo haga). Me refiero a que hay algunos juguetes con los que puede jugar durante el sexo para tener cambios no tan sutiles.

Como mujer puede comprar implantes de silicona que van en su sostén (¡no en su cuerpo!). Puede encontrarlos en el departamento de lencería de muchas tiendas departamentales. Puede comprar un sostén más grande del que normalmente usa y rellenarlo con los implantes para ser dos tallas más grande. Mientras use el sostén durante el sexo, puede tener grandes senos balanceándose que se verán naturales y se sentirán casi reales cuando su pareja los toque.

Como hombre puede ir a una tienda de juguetes sexuales y comprar una "extensión de pene" sólo para ponerle variedad a su vida sexual. Existen dos tipos para escoger; uno que se ve como un gran consolador que usted pone en el pene antes de la penetración. La mujer sentirá la diferencia, pero usted probablemente no sienta nada debido a que es de un material muy grueso. El otro modelo es como un condón largo y grueso. Estas extensiones pueden ser de silicona muy delgada que proporciona cierta sensibilidad durante el sexo. Recuerde que son para tener variedad, diseñados para parejas que se conocen bien el uno al otro y quieren explorar nuevas sensaciones. Este tipo de juguetes no es para hacer bromas o engañar a alguien.

Comestibles increíbles

"Cómeme" adquiere un significado totalmente nuevo cuando se mezcla comida y sexo. Lo que sea que tenga en el refrigerador puede hacer su vida sexual más sabrosa. Toda la comida puede ser sexy; sin embargo, tradicionalmente hay algunos alimentos más eróticos que otros. Para hacer especial el sexo, puede verter champaña sobre su pareja y luego sorberla de su cuerpo. Decore con crema batida el cuerpo de su pareja y ponga una cereza hasta arriba. Actúe como el sirviente personal de su pareja y aliméntelo con uvas o higos. Si desea algo dulce, llene de chocolate la tina del baño y dense un chapuzón.

No olvide sus verduras. Las zanahorias y los pepinos son sustitutos grandiosos del pene si desea una penetración. Recuerde la regla práctica: si le puede poner un condón y es suave y flexible, entonces puede utilizarlo como consolador.

Revise también su congelador, ya que el hielo puede ser muy estimulante. Puede incitar a su pareja pasando un hielo por su pecho, pezones, cara y brazos. Si quiere ser realmente aventurero, puede utilizar una paleta helada como consolador (primero póngale un condón). Eso le dará un nuevo significado a la expresión "me dejaste helada". Sólo que no la deje dentro por más de unos segundos, porque el hielo puede producir quemaduras. Diviértase con todos los tipos de comida que se le ocurran; agregará sabor y vitalidad a su vida sexual.

Mojado y salvaje

Para una sensación resbalosa, puede divertirse utilizando aceites y lubricantes. He aquí una forma para deslizarse hacia el éxtasis. Coloque un lienzo grande de plástico (una cortina de baño o una lona) en el piso y después cubran sus cuerpos desnudos con aceite para bebé o para masajes. La sensación de rodar juntos cubiertos con un sensual y resbaloso aceite puede ser maravillosa. El único problema es que no puede utilizar condones de látex si el aceite está hecho a base de petróleo, ya que el látex se puede romper y perder su efectividad en la prevención de enfermedades de transmisión sexual y del embarazo. Este juego está diseñado para que las personas retocen juntas y se hagan caricias resbalosas.

Si quiere divertirse con lubricante durante el sexo, puede utilizar lubricantes hechos a base de agua. Son maravillosos para la masturbación mutua. Algunos lubricantes están formulados específicamente para durar tanto como usted.

Pintura de contacto

Los desnudos han sido muy aclamados en el mundo artístico. Incluya algo de cultura en su vida sexual "pintando desnudos" usted mismo. Puede buscar en tiendas de arte o de sexo pinturas que sean solubles al agua y que pueda aplicar con seguridad (y sensualidad) al cuerpo humano. Puede pintar mensajes incitantes como "entre aquí" arriba de los genitales de su pareja o puede dibujar pinturas sensuales. Diviértase resaltando los mejores atributos de su pareja y después disfruten juntos de un baño caliente.

El rapidín

La mayor parte de la gente opina que el sexo es mejor cuando dura mucho tiempo y cuando los dos tienen orgasmos. Sin embargo, el sexo rápido y desenfrenado conocido popularmente como *rapidín,* puede ser maravilloso. Rompe con lo predecible y, además de la premura, las circunstancias que lo rodeen pueden ser emocionantes. Muchos rapidines ocurren en lugares exóticos o semipúblicos, cuando alguno de los dos o ambos aún están vestidos o no se han bañado o se brincan el preludio amoroso.

Su nivel de adrenalina se elevará cuando esté "con el tiempo encima". Mucha gente adora la emoción de tener un encuentro sexual cuando se les hace tarde para el trabajo, para abordar un avión o cuando hay invitados a punto de llegar.

Vale la pena probar un rapidín, ¡y probarlo de nuevo! Pero no lo convierta en el pan de cada día. Lo importante es aprovecharlo para romper la rutina, no como forma de vida sexual.

Sexo de fin de semana

Trabaja mucho toda la semana, ¿por qué no divertirse mucho todo el fin de semana? Quédese en cama desde el viernes en la noche hasta el lunes por la mañana, alternando sexo y siesta y disfrutando de su comida favorita en la cama. Repitiendo el ciclo una y otra vez. Relájese y disfrute la decadencia de esto. Puede llevar un registro para saber cuántas veces puede tener sexo, si puede hacerlo en cualquier posición, a cualquier hora del día, en cualquier habitación y si puede mantener así el ritmo hasta el lunes por la mañana. Si realmente disfruta su fin de semana de sexo, tal vez pueda faltar al trabajo el lunes y quedarse en cama retozando un poco más.

Sexo medio dormido

Están medio dormidos cuando sus bocas se encuentran y empieza la magia y antes de que se den cuenta, ya están haciendo el amor. A veces ese estado semiconsciente en medio de la noche cuando no se dan cuenta de todo, puede provocar una experiencia sexual alucinógena. Hacer el amor en medio de la noche, puede ser en verdad un sueño hecho realidad.

Tócame en la mañana

De cualquier forma él se levanta con la "erección matutina", por lo tanto, cuando tengan ganas, tener sexo matutino puede ser muy atractivo. Si se siente estresado por el día que le espera o por llegar temprano a su trabajo, relájese; el sexo matutino puede hacer que desaparezcan sus preocupaciones. Más tarde, durante el día, cuando las presiones aumenten, lo único que tiene que hacer es pensar en el maravilloso momento de la mañana y verá como el estrés desaparece. Es una gran técnica para reducir el estrés.

Almuerzo especial

Imagine que está muy atareado en el trabajo. De pronto, su pareja le llama para decirle "amor, deja lo que estés haciendo y vamos a comer juntos, nos vemos en el motel". Se encuentran para comer pero sólo hay una clase de almuerzo, y no me refiero a la comida. Tomar un descanso del trabajo para tener sexo puede ser fabuloso y es mucho mejor para su salud y su productividad que esas aburridas comidas acompañadas de alcohol.

Obscenidad en el baño

Los baños no sólo son lugares para "ir", también son lugares grandiosos para "venir". Todos esos espejos le permiten verse y ver a su pareja en toda su gloria, además todo ese ambiente vaporoso crea un efecto sexy. Puede sentarse en el borde de la tina o meterse en una llena de burbujas o, para darse un verdadero placer, se puede meter en la ducha, tomar la regadera manual y utilizarla como vibrador. Pruebe el tener sexo por detrás, inclinada hacia adelante, sujetándose del colgador de toallas o de la manija de la puerta, o de pie en la regadera (tenga cuidado de no caer). Pueden quedar albeantes y luego tener sexo oral en el piso del baño sobre el diminuto tapete. Quizá sea un buen momento para un corte y usted pueda darle estilo al vello púbico de su pareja o rasurarlo completamente. Puede tener mucha diversión húmeda y vaporosa en el baño.

Vayamos a la cocina

La cocina ofrece superficies limpias y resistentes para tener encuentros eróticos así como mucha comida que puede utilizar como juguetes sexuales, como mencioné antes.

Cómanse

Imagine esto: ha preparado un gran festín para su pareja. Cenan a la luz de las velas y usted preparó el escenario para la seducción con una buena botella de vino y música romántica de fondo. Cuando su pareja pregunte: "¿Qué hay de postre?", usted limpia la mesa (de un manotazo, por supuesto) y hacen el amor en la mesa del comedor. Suena bien, ¿no? Pero no tiene que esperar hasta el postre. Si da de comer en la boca a su pareja durante la cena, quizá se exciten tanto que se monten mutuamente allí en una silla del comedor.

Amor en la sala

Usted vive ahí, ¿no? Entonces, tenga sexo ahí. En el sofá, en la mesa de centro, en el piso y déle un nuevo significado a la frase "centro de entretenimiento". El sexo en la sala es muy emocionante porque nadie lo espera. La siguiente noche que tenga invitados y esté sentado en el mismo sillón, usted y su pareja pueden intercambiar miradas y sonrisas mientras sus invitados se preguntan qué ocurre, aunque probablemente nunca adivinen su secreto. Sólo asegúrense de recoger todo, sería muy embarazoso si uno de los invitados (o sus hijos) encuentra sus medias o la envoltura de un condón.

Escalera al cielo

¿Que podría ser más ardiente que conducir a su pareja escaleras arriba hasta la alcoba? Detenerse a hacer el amor antes de llegar arriba. La urgencia de poseer a su amante al grado de no poder esperar un escalón más es muy erótica. En ocasiones hacerlo en las escaleras significa hacerlo en las de la oficina o en las de incendio, cuando las cosas se pongan candentes. No olviden aprovechar los diferentes niveles que ofrecen los escalones. Pueden hacerlo de pie más fácilmente porque con los escalones pueden estar a la misma altura. Pueden hacerlo "de perrito" en un ángulo en el que ella esté de rodillas en un escalón, apoyándose con las manos en el escalón de arriba (o al revés) y él la monte y la penetre por atrás. En cualquier posición que encuentren, pueden ver a su pareja desde un ángulo completamente nuevo y excitante.

No hay vacantes

Tal vez ya hayan recorrido toda la casa, incluyendo el ático y el sótano y el garage, por lo que quieren encontrar un lugar totalmente nuevo. Algunas personas piensan que el sexo en vacaciones es el mejor porque tienen más tiempo y más privacidad en la habitación de un hotel de la que podrían tener en su propia casa. ¿Por qué esperar a las vacaciones? Rente una habitación de hotel por una noche o tan sólo por una tarde. No importa si renta una habitación para un viaje de negocios, para su luna de miel o sólo para retozar, si está en un hotel no tendrá que preocuparse de que alguien escuche sus gemidos ni de lo sucias que queden las sábanas. Además puede disfrutar del lujo del servicio a cuartos, de las botanas en el minibar, los canales para adultos en la televisión, la máquina de hielo en la esquina y muchas toallas limpias y, si realmente tienen suerte, tal vez hasta les toque una de esas salvajes camas vibradoras.

Sexo en grandes espacios abiertos

El aire fresco, los pájaros cantando, el olor del pasto recién cortado, el cielo azul o la brillante luna llena, tal vez sean lo que usted necesita como escenario para retozar en la naturaleza. Tener sexo en espacios abiertos le puede abrir todo un abanico de posibilidades. Puede hacerlo en su jardín o puede ir a lugares más exóticos. Todo espacio abierto puede ser suyo. Algunos lugares gritan: "¡Tenga sexo aquí!" y si lo están pidiendo, ¿entonces por qué no?

Fiestas en el jardín

Si su jardín está rodeado por una barda alta o grandes árboles, entonces podrá tener toda la privacidad que necesita para tener sexo en el jardín. Pueden hacerlo en el pasto o en una poltrona o incluso pueden trepar a un árbol y hacerlo sentados en una rama. Si su jardín no tiene esa privacidad, entonces puede hacerlo en la noche y en silencio por respeto a sus vecinos. Pero si el exhibicionismo es parte de la excitación, entonces por lo que más quieran, hagan su fiesta en el jardín en pleno día.

El pájaro loco

El sexo en el bosque es una gran experiencia para los amantes de la naturaleza. Por lo general presenta sombras románticas y usted puede recostarse en una cama de

149

agujas de pino. El mayor problema que la gente encuentra en el bosque es que la naturaleza puede dar al traste con su estilo. Muchos "naturalistas" arrepentidos han salido del bosque cubiertos de garrapatas, hiedra venenosa o picaduras de mosco.

La mejor forma de protegerse es prevenir y utilizar toda clase de repelentes. Para evitar esos inconvenientes, lleve una tienda de campaña con usted. Suba el cierre de la tienda y baje el cierre de sus pantalones, quítese toda la ropa y haga el amor en su propio mundo cubierto en medio del bosque.

En lo alto de las montañas

Si esquía en el invierno o hace caminata en el verano, la majestuosidad del escenario montañoso lo invita a celebrar la vida. Y qué mejor forma de celebrarla que con su pareja, ayudándose mutuamente a alcanzar todos los picos. Puede hacerlo en el elevador de esquiadores, en un montón de nieve o en una vereda de la montaña. Sólo asegúrese de sujetarse y no mirar hacia abajo.

Arena, deslizadores y sensualidad

Algunas personas dicen que el sexo románticamente intenso puede ocurrir en la playa. Sienten el viento, el sonido de las olas, el cielo azul o la brillante luna llena, todo es muy romántico y acogedor. Un consejo: lleven una manta para evitar que les entre arena en cualquier abertura de su cuerpo. Ya sea que lo hagan

Fotografía de
F. Issaque.

horizontal o verticalmente, en ángulo o en las cuatro esquinas, con este tipo de manta de playa todo está resuelto.

Retozar en el parque de juegos

En la noche, en un parque de juegos desierto, sus fantasías sexuales pueden liberarse totalmente. Pueden deslizarse por la resbaladilla hasta los brazos de su amante, ser felices dando vueltas o pueden darle un significado especial a la palabra "columpiarse" haciendo el amor en un columpio.

Sumérjase en el azul profundo

Hacer el amor en una alberca puede ser extremadamente romántico y sensual. La sensación del agua, la forma en que se ve su pareja cuando está mojada y la forma en que pueden flotar mientras sus cuerpos fluyen juntos son parte del ambiente sensual de nadar desnudos. Es un lugar ideal para experimentar con nuevas posiciones. Por ejemplo, el hombre puede estar parado mientras que la mujer flota boca arriba, él puede tomarla por la cintura y penetrarla mientras ella está aún flotando. Sumérjanse, refrésquense y disfruten de lo emocionante que es el sexo en la alberca.

Sube y baja

¿Se ha dado cuenta de cuán eróticos pueden ser los elevadores? A menudo tienen pisos alfombrados, pasamanos, espejos en el techo e incluso música clásica para ayudarlos a elevarse. Apriete el botón que detiene al elevador y háganlo. Cuando terminen, alise su falda, fájese la camisa y suelte el botón de paro y continúe su viaje. Sólo recuerde que algunos elevadores tienen cámaras de seguridad y que lo que era privado podría ser más público de lo que le gustaría.

Vaya forma de ganarse la vida

Por supuesto, no intentará tener sexo en su oficina si trabaja en un pequeño cubículo rodeado de colegas, pero si tiene su propia oficina con una puerta que puede ser cerrada con seguro, entonces lo tiene resuelto. Tire los papeles de su escritorio y haga el amor ahí, o quizá en el sofá de piel de la esquina. Dondequiera que elija tener sexo en el trabajo, definitivamente se excitará con la emoción de un rapidín, mezclada con la adrenalina de hacer algo que sabe que no debería. ¿Quién dice que no se pueden mezclar los negocios con el placer?

También puede pensar en hacerlo:

➤ En los salones de la universidad, cuando estén vacíos.

➤ En el gimnasio, en alguna sección donde nadie los vea.

151

➤ En movimiento; en aviones, trenes, taxis, etcétera.

➤ En el coche; estacionándose en un lugar apartado, como un mirador.

Bien, quizá no tenga una alberca, una oficina cerrada o el tiempo para irse de fin de semana, pero en algún momento de su vida tal vez tenga esas oportunidades. Como puede ver, los ejemplos de este capítulo son algunas cosas que pueden sazonar su vida sexual. Le puede tomar años hacerlas todas (a menos que ya las haya hecho). Mientras siga probando la variedad del ancho mundo del sexo, siempre disfrutará de una vida sexual erótica y maravillosa.

Capítulo 17

Sus fantasías sexuales

Usted camina por la playa cuando se inicia una leve ventisca. Descubre a una radiante y curvilínea trigueña vestida de blanco que camina sola por la costa. La brisa lo guía suavemente en dirección de ella y la lluvia, que se ha tornado tibia y constante, lo arrastra hasta ella. Su vestido, ahora empapado, revela el contorno de sus pezones, su cintura, sus caderas y sus muslos. Al acercarse, ella lo mira y usted observa sus ojos negros y profundos. Sin decir palabra, se enamora. Sus labios tocan los de ella, sus manos tocan cada curva de su cuerpo excitando todos sus sentidos. La levanta en vilo, después la acuesta suavemente sobre la arena, cerca del agua. Conforme sube la marea, usted la penetra y sus cuerpos se funden en uno solo. Usted está haciendo el amor, muy enamorado. Al ritmo de las olas usted se viene y se viene y... ¡ups, parece que por un momento me perdí en una fantasía!

Las fantasías sexuales tienen el hábito de dar vueltas en nuestra cabeza. Lo mejor de las fantasías es que puede pensar en ellas cuando lo necesite. Puede evocar una fantasía para excitarse más cuando se masturba o cuando tiene sexo con su pareja, pero a veces una fantasía sexual surge en su mente cuando menos la espera (como cuando trata de escribir un libro). Una fantasía no es más que un deseo caprichoso, una imagen o un relato que lleva en la mente. Las fantasías pueden ser relajantes, emocionantes o excitantes y las puede tener en cualquier momento y en cualquier lugar.

Mucha gente recibe intenso placer sexual con sólo usar su imaginación y cada vez son más quienes usan su imaginación y fantasías para agregarle emoción a su vida sexual. Fantasear acerca de cualquier cosa es totalmente normal. Si elige realizar sus fantasías, debe hacerlo con base en el buen juicio para determinar si lo que está en su cabeza puede ser igualmente maravilloso en la realidad. Sin importar si tiene fantasías todo el día, pero nunca las llevará a la práctica, o si simplemente espera a la persona, el lugar y el momento adecuados para ponerlas en práctica, las fantasías sexuales son una excelente forma de mantener estimulada su mente (y quizá su cuerpo).

¡En sus sueños!

Si quiere medir 1.75m, tener una larga cabellera rubia y hacerle el amor a Mel Gibson y Harrison Ford al mismo tiempo en una cabaña en el bosque, en medio de una tormenta de nieve a mediados de julio, no podría hacerlo, ¿o sí? Sólo en sus fantasías. Usted puede ser la protagonista de su fantasía y seleccionar a quien quiera como su coestrella. Puede verse como quiera: bella, exótica, alta, baja, rolliza, bien torneada, delgada, gorda, negra, blanca, joven, vieja, cualquier cosa. Puede escribir y dirigir la escena que se desarrollará en la forma que desee. El único límite que tiene es su imaginación y tiene mucho de eso, ¿o no?

Las fantasías pueden ser activadas por su imaginación o por estímulos externos, como un desconocido atractivo, una pintura erótica, un libro o una película. Cualquier cosa que lo seduzca, siempre que lo excite y lo haga tener un orgasmo, es buena. Las fantasías le permiten expresar su creatividad en una forma sexual. Quizá fantasee acerca de cosas que desea hacer pero que no ha hecho aún. Puede fantasear acerca de cosas que haya hecho en el pasado y que aún lo excitan. También puede haber cosas que nunca querría hacer, pero se divierte pensando en ellas. Puede volver a sus fantasías tan seguido como quiera. Puede refugiarse en ellas como si fueran su propio retiro sexual. (Asumiendo, desde luego, que no tomará vacaciones permanentes allá.) Un valor agregado de sus fantasías es que ahí no existen el SIDA, el embarazo ni las enfermedades de transmisión sexual. En su imaginación no tiene que usar condones ni anticonceptivos. Puede sentirse realmente liberado en sus fantasías.

La masturbación y las fantasías a menudo van de la mano (por así decirlo), pero también acompañan el sexo de muchas personas. Si se dilata en alcanzar el orgasmo con su pareja, puede traer a la mente su fantasía sexual favorita para darle un empujoncito a su relación sexual. Las fantasías le ayudan a concentrarse en lo erótico, ayudándolo así a alcanzar el punto de no retorno.

Si sueña despierto en la forma como le gustaría hacer el amor, las fantasías le pueden dar buenas ideas, además de una mayor confianza cuando decida que está listo para poner sus ideas en práctica. Las fantasías también son maravillosas para usted si piensa que le gustaría realizar algún acto sexual, pero no está absolutamente seguro. Puede experimentar en sus fantasías y ver si lo enciende antes de considerar ponerlo en práctica. Los terapeutas sexuales han encontrado que una fantasía puede, incluso, ayudar a las personas a superar ciertos problemas sexuales. Si tiene pensamientos positivos y sexualmente liberadores, eso lo ayudará a ser menos inhibido respecto al sexo. A través de las fantasías puede confrontar sus temores acerca del sexo y aprender a disfrutar su sexualidad usted solo, de tal manera que pueda disfrutarla con alguien más.

Las fantasías son normales, pero algunas veces se pueden salir de control. Si alguna de sus fantasías cae en estas categorías, es tiempo de buscar la ayuda profesional de un terapeuta:

➤ **La fantasía lo hace sentir culpable o fuera de control y no puede sobreponerse a esos sentimientos negativos.** Si está muy preocupado acerca de sus fantasías y no puede deshacerse de esas preocupaciones, puede trabajar con un terapeuta para descubrir por qué algo que debería ser inofensivo lo altera tanto.

➤ **Está tan obsesionado con la fantasía que interfiere con su vida.** Por ejemplo, si piensa tanto en la fantasía que no puede concentrarse en el trabajo, no quiere platicar con sus amigos y familia o su amor en la vida real sufre porque usted sólo se preocupa de su fantasía.

➤ **La fantasía causa problemas sexuales en su relación.** Por ejemplo, si no puede tener sexo con una persona real porque su fantasía es mucho mejor.

➤ **Por causa de su fantasía ha participado en (o está seguro de querer participar en) actividades que se consideran peligrosas, arriesgadas, ilegales o amenazantes.** ¡Éstas son las situaciones por las que nunca se deben hacer realidad las fantasías!

La lista de las 10 más populares

La gente tiene fantasías acerca de todo y en mis años como educadora sexual las he escuchado todas. Hay algunas cosas con las que la gente fantasea más que con otras. He hecho esta lista de lo que considero más popular en cuanto a fantasías sexuales. Revise si su fantasía se encuentra en la siguiente lista:

Las 10 fantasías sexuales más populares

1. **Tríos o sexo en grupo**

   Imagine una boca en su boca, una boca en sus genitales y una boca en su pezón, mientras seis manos tocan su cuerpo al mismo tiempo. En verdad se puede dejar volar la imaginación si se piensa en un trío (threesome o mènage à trois) o en tener sexo en grupo. Tal vez lo haya hecho antes y la emoción de recordarlo realmente lo excite. Quizá desee probarlo algún día y pensar en lo que hará alimentará su fantasía. Aun si cree que no podría manejar las emociones intrincadas de tener sexo en grupo en la vida real, la fantasía todavía puede excitarlo. Acaso lo mejor de todo es que las fantasías de sexo en grupo son la única forma de acomodar a doce personas en su cama matrimonial.

*Fotografía de Voller
Ernst.*

2. Sexo con una persona famosa

Tal vez algún día conozca a Jennifer Aniston o a George Clooney y llegue a tener un encuentro sexual apasionado y salvaje con ella o él. Pero es muy probable que no llegue a conocerlos, por lo que mientras tanto puede fantasear con esa persona cada vez que quiera. Algunas veces es la idea de tener sexo con alguien poderoso lo que hace que la gente se excite y tenga orgasmos en estas fantasías con celebridades. Otras, sólo incluimos en nuestras fantasías la imagen de compartir una alberca con esas sensuales celebridades. Ya sea que se trate de Brad Pitt haciéndole el amor en una tina de agua caliente o de Drew Barrymore mimándolo mientras usted retoza en su cama, puede ser muy divertido fantasear con celebridades. A menos que se codee con los ricos y famosos, normalmente estas fantasías nunca se harán realidad. Y eso es bueno, de otra forma Pamela Anderson estaría muy adolorida por todos los hombres con los que tendría que tener sexo en la vida real.

3. Sexo con un amigo o con alguien de quien esté enamorado

Cada mañana, cuando pasa junto a su escritorio en el trabajo, el olor de su perfume activa en usted una ola interminable de fantasías. Piensa que no debería invitarla a salir porque trabajan juntos, pero seguro es maravilloso tenerla en sus fantasías cada noche. Lo conoce desde hace casi un año y aunque se repite a sí misma que "sólo son amigos" y que no le atrae en lo absoluto, es divertido incluirlo en sus fantasías mientras se masturba. El único problema es que cuando estén juntos, la sorprenda mirándolo divertida al recordar la posición en que lo imaginó la noche anterior.

Es común fantasear acerca de la gente que nos rodea. De cualquier modo las ve y piensa en ellas todo el tiempo, ¿por qué no incluirlas en sus fantasías?

4. Sexo con una persona desconocida

Está de pie en el metro durante la hora pico y una persona alta, atractiva y pelirroja está parada junto a usted con su cuerpo pegado al suyo. Sus cuerpos se mecen al compás del movimiento del tren. De pronto, el objeto de su deseo se mueve. ¡Oh, no! Sus destinos son distintos. Una vez que está al otro lado de las puertas de vidrio, su belleza voltea a verle con ojos libidinosos y sonríe. Pero no les preocupa no haberse conocido, porque saben que siempre pueden encontrarse en sus fantasías.

Ya sea una persona desconocida que vio en el metro, el mesero en el restaurante al que fue con su cónyuge, la mujer tímida que vive en el departamento de al lado o simplemente una persona que invente en su imaginación, la fantasía común del sexo con una persona desconocida le permite tener la emoción del sexo anónimo, sin sus riesgos.

5. Sexo con alguien del mismo sexo

Sus senos rozando los senos de ella. O su pene en su mano izquierda y el pene del otro en la derecha. ¿Suena divertido? Sin importar si es homosexual, heterosexual o bisexual, fantasear con alguien del mismo sexo es natural y normal. Puede ser divertido imaginar un tipo de sexo que quizá nunca tenga o fantasear acerca de una alternativa sexual de la que ya disfruta o que le gustaría probar. En ambos casos, puede experimentar nuevas ideas y sensaciones cuando fantasea con alguien del mismo sexo. Por cierto, si es heterosexual, sus fantasías no lo hacen homosexual y si es homosexual y fantasea con alguien del sexo opuesto, eso no lo hace heterosexual.

6. Fantasías de violación, de ser atado y de ser azotado

¿Alguna vez ha deseado que alguien a quien apenas conoce le arranque la blusa, la agarre del pelo, la tire al piso y tenga sexo con usted? La mayoría de las personas no desean ser forzadas a tener sexo ni quieren forzar a alguien en la vida real; sin embargo, estas fantasías son muy comunes. Son fantasías que nunca deben llevarse a la práctica (a menos que su pareja lo consienta). No obstante, está bien tener estas fantasías. Si se imagina forzando a alguien a tener sexo con usted, eso puede significar que siente que no tiene control en la vida real, así que le gusta tener el control en sus fantasías. Si le gusta fantasear con ceder el control, tal vez sea porque es muy poderoso en la vida real y le gusta rendirse en sus fantasías.

157

¿Se le ha antojado que su amante le ate las manos a la espalda y lo(a) ponga en sus rodillas para darle unos azotes o nalgadas? La gente que fantasea con ser atada a menudo pide a gritos un encuentro sexual "libre de culpas". Fantasean con que no pueden resistirse al sexo porque están amarrados. Quienes fantasean con ser golpeados, pueden ser sadomasoquistas en la vida real. O tal vez sólo les guste la sensación en sus fantasías. A veces los hace sentir como si fueran malos y debieran ser castigados, y ser malo se siente tan bien.

7. Sexo mientras alguien los mira

Se desabotona la camisa despacio y sin inhibiciones, pero con cierta emoción porque sabe que se está exhibiendo. Toca su pecho, desliza su mano por su cuerpo y, conforme se excita, empieza a masturbarse. Para ciertas personas, ser exhibicionistas puede ser muy excitante, por lo menos en una fantasía. Puede imaginar que es una bailarina nudista que actúa para un observador y lo excita. Podría fantasear que tiene sexo con un extraño y que su pareja los contempla, o que tiene sexo con su pareja y que el vecino los observa. En la realidad quizá sería embarazoso que alguien los viera, pero puede funcionar muy bien en una fantasía.

8. Sexo en público

¿Puede imaginarse teniendo sexo por atrás, inclinada en la barra de su bar favorito, o parada en la pista de una discoteca atestada de gente, o en una playa, o haciéndolo contra el muro de contención en la vía rápida a la hora pico? El sexo en público es arriesgado en la vida real, pero en una fantasía puede sentir la emoción del riesgo sin tener que preocuparse porque lo arresten por faltas a la moral. Puede tener cualquier pensamiento que lo encienda. Nadie lo sorprenderá en público si sólo está en su mente.

9. Sexo en un lugar exótico

Algunas personas van hasta el Gran Cañón sólo para tener sexo oral con su pareja, mientras que otras sólo fantasean con la idea. Quizá nunca será capaz de practicarle sexo oral a una mujer sobre su escritorio en el trabajo ni se atreva a masturbar a alguien en el techo de un rascacielos o tal vez no pueda hacerlo con el empleado de mensajería en la parte trasera de su camión, pero son fantasías sencillas de imaginar.

Sus fantasías en lugares extraños pueden llevarlo a donde nunca ha estado, o pueden transportarlo de regreso a lugares en los que ya ha estado o planea visitar. Si ha tenido sexo en su jardín, puede fantasear con tener sexo entre los geranios sin tener que salir. Si planea hacer el amor en la playa durante sus vacaciones en Cancún, puede fantasear con ello antes siquiera de que despegue el avión. Tal vez haya un lugar en el que nunca se atrevería a hacer el amor, como la montaña rusa. Su imaginación puede ponerlo ahí y ni siquiera tendrá que hacer fila para estar en el primer asiento. Donde quiera que lo lleve su mente, es seguro y divertido pensar en lugares exóticos.

10. **Sexo con un amante anterior**

   Si el sexo más excitante de su vida lo tuvo con su ex, entonces no permita que se vaya de sus fantasías. Algunas personas no soportan fantasear con un ex, porque después del orgasmo se deprimen por la ruptura o se sienten fuera del lugar por el hecho de que el ex esté por ahí, aun en una fantasía. Para otros, las fantasías de tener sexo con el ex son fáciles de evocar en cualquier momento. Es una clase de sexo que puede recordar y que sabe cómo se sentía. Sólo evoca el pasado para excitarse y tener un orgasmo en el presente.

Cualquiera que sea su fantasía, simplemente debe disfrutar de los pensamientos y las imágenes que lo excitan; lo único que importa es que funcione para usted.

Fotografía de Barnaby Hall.

Comparta sus fantasías

Antes de que su imaginación asuma el poder y usted se pierda en su fantasía sexual favorita, hablemos sobre si debería platicarle a su pareja sus fantasías. Usted y su pareja pueden decidir hablar de sus fantasías para que ambos aprendan cosas íntimas acerca del otro. Cuanto más comparta sus fantasías sexuales, su pareja entenderá más sus pensamientos respecto al sexo. Tal vez su pareja nunca supo que usted tuviera una imaginación tan salvaje y acaso se sienta encantado de poder explorar alguna de esas fantasías con usted. Estas son razones positivas para hablar acerca de sus fantasías, pero antes de hacerlo debe pensar en ciertas cosas.

Antes que nada, sólo debe platicarle sus fantasías a su pareja si cree que es capaz de manejar el escucharlas. Debe asegurarse de que él o ella entiende que las fantasías son naturales, normales e inofensivas. Si su pareja tiene un enfoque tradicional del sexo, platicarle sus fantasías le podría molestar. Si cree que su pareja podría desconcertarse si le platica que de vez en cuando tiene fantasías con personas del mismo sexo, entonces no se las platique. Podría ser interesante platicar una fantasía como esa sólo para que su pareja sepa lo que hay en su imaginación, pero no vale la pena si cree que su pareja no podrá manejarlo. Si en verdad desea contárselo, entonces asegúrese de decírselo con tacto. Lo que quiero decir es que es mejor contar primero sus fantasías más leves y después las más salvajes.

En segundo lugar, si le cuenta sus fantasías a su pareja, quizá sea mejor que le explique que son cosas con las que fantasea cuando se masturba o con las que sueña despierto, no cuando tienen sexo juntos. Es perfectamente normal pensar ocasionalmente en otras cosas mientras tiene sexo con su pareja. (De hecho, incluso ayuda a evitar infidelidades, ya que puede representar una vía de escape el pretender que está con otras personas.) Su pareja puede sentirse celosa o incluso traicionada si sabe que usted fantasea con alguien más mientras tienen sexo.

Lo tercero que debe tener en mente si comparte sus fantasías, es que algunas veces su pareja no podrá sacarse esa imagen de la cabeza. Tal vez su pareja piense incluso que lo único en lo que usted piensa durante el sexo, es en esa fantasía. En otras palabras, si platica su fantasía de tener las manos atadas con una mascada durante el sexo, su pareja podría interpretarlo equivocadamente y pensar que usted siempre finge tener las manos atadas durante el sexo. Asegúrese de explicarle que la fantasía es sólo un aspecto de la sexualidad que usted disfruta y que aún le gustan las cosas que siempre han hecho.

Cuarto, recuerde que cuando le dice algo a alguien, esa persona a menudo desea contarle la misma clase de cosas. Si platica sus fantasías, quizá su pareja desee revelarle las suyas. De ahí que sólo deberá platicar sus fantasías si está completamente preparado para conocer las de su pareja.

Un último detalle, y muy importante antes de que empiece a platicar sus fantasías. Asegúrese de explicar si quiere poner en práctica o no algunas de sus fantasías. Haga énfasis en que la gente no siempre desea realizar sus fantasías. Asegúrese de que quede claro.

A veces, la gente cree que si su amante tiene una fantasía en particular, querrá ponerla en práctica. Esto, obviamente, puede representar un problema, algunas fantasías pueden ser amenazadoras para su pareja y ponerlas en práctica no será placentero para usted. Las cosas pueden tomar un matiz negativo para usted y pueden desquiciar su vida sexual que de otra manera es saludable. Sólo usted sabe (o puede descubrir) qué tan celosa, insegura o confundida puede ser su pareja respecto a sus fantasías sexuales.

La diferencia entre tener una fantasía y compartirla, es que al tenerla para usted solo usted tiene el control. Es sólo cuando comparte sus fantasías que las cosas cambian. Tal vez para mal y ya no quiera ni siquiera pensar en su fantasía después de contarla. Por otra parte, si platica sus fantasías, quizá encuentre que su pareja tiene la misma fantasía y ambos la pueden poner en práctica. Si ambos piensan que les gustaría darle vida a su fantasía, sigan leyendo.

Cuando una fantasía se hace realidad

No siempre es fácil hacer realidad una fantasía. Si tiene una fantasía cuando se masturba, puede ser sólo lo que necesita para satisfacerse, pero si la pone en práctica, puede ser un fiasco. Una vez entrevisté a una mujer que se masturbaba cada viernes con la fantasía de tener sexo con un extraño que conocía en un bar. Un viernes, en vez de masturbarse en la cama con su vibrador, se arregló y fue a un bar en el que recogió a un desconocido. Tuvo sexo con él y se dio cuenta de que su fantasía era mucho mejor que el sexo. En la vida real, el sexo fue desagradable y aburrido. El siguiente viernes volvió a su cama, a su vibrador y a su fantasía.

Si ha tenido una fantasía con un desconocido cuando se masturba y quiere ponerla en práctica, no se sienta obligado a platicársela al extraño. Todo lo que usted necesita saber es si él o ella desea tener sexo con usted. Sin embargo, las cosas se complican más si quiere poner en práctica una fantasía con su pareja. Tienen que hablar acerca de ello, decidir si funcionará para los dos y ambos contar con el pleno consentimiento del otro.

Digamos que su pareja y usted ya hablaron de su fantasía de tener sexo en trío; dos mujeres y un hombre. Si creen que quieren ponerla en práctica, pero vacilan en hacerlo, ambos tienen que hablarlo muy bien y deben seguir muchos pasos antes de decidir si desean llevarlo a cabo.

Si piensa poner en práctica una de sus fantasías, he aquí algunas cosas que deberá hacer primero:

161

1. Hable con su pareja acerca de las consecuencias positivas y negativas. (Por ejemplo, una consecuencia negativa de tener sexo en grupo puede ser los celos. Una consecuencia positiva podría ser que tuvieran una experiencia sexual liberadora.)

2. Mientras tienen sexo digan algunas cosas en voz alta, como si estuvieran realizando su fantasía y vean qué se siente. (Siguiendo con el ejemplo del trío, pretenda que hay una persona en el cuarto e interprete la escena. Simule que está hablando con la tercera persona.)

3. Vean juntos una película pornográfica que muestre el tipo de acto sexual que les interese realizar. Si lo que ven en la película los excita a ambos, entonces podrán darse cuenta si funcionará para ustedes. Si la película los desanima no funcionará en la vida real. (Nota: si su fantasía es ver juntos una película porno, deben dejar este paso para después.)

4. Hable acerca de los detalles que espera que suceda si llevan la fantasía a la práctica. Si crea una especie de guión, sabrá qué esperar y se sentirá más seguro y confiado respecto a lo que viene a continuación.

5. Asegúrense uno al otro que detendrán la fantasía si su realización no le agrada a alguno de los dos o a ambos.

6. Hablen nuevamente acerca de ello para asegurarse de querer hacerlo.

7. Si ambos se sienten listos, entonces manos a la obra y ¡buena suerte!

Recuerde, si pone en práctica una fantasía y no le gusta, no deberá hacerlo de nuevo. Si este es el caso, todavía puede disfrutar la fantasía, sólo deje de intentar hacerla realidad.

Si disfrutó ponerla en práctica, entonces su pareja y usted agregaron emoción a su vida sexual. Algunas parejas encuentran que poner en práctica sus fantasías sexuales es una parte integral de su vida sexual y les da una emoción adicional que no tienen todos los días.

Capítulo 18

Vistas y sonidos sexys

Imagínese en los brazos de su amante. Ambos sienten una mutua pasión desenfrenada y están totalmente perdidos en la emoción de ese momento. El cuerpo desnudo de su pareja se siente maravilloso. Se tocan todo el cuerpo. Empiezan a besarse, de pronto, en términos no muy claros, su pareja le describe en las palabras más crudas y explícitas, el tipo de sexo que podrían tener. ¿Qué hace, avanza o retrocede? ¿Podría ser algo excitante, algo que le haría desprenderse de su ropa y decir "tómame, soy tuya"? ¿O sería algo decepcionante y grotesco?

¿Qué pasa si su pareja pone un video de clasificación XXX en la reproductora de video y le sugiere verlo juntos? ¿Y si le envía un correo electrónico lleno de diálogo erótico? ¿Cómo se sentiría si encuentra una revista de desnudos escondida bajo la cama de su pareja? ¿Cómo se sentiría si encuentra cargos a líneas de sexo en la cuenta del teléfono?

Es natural excitarse viendo fotos sensuales o leyendo novelas sexuales o hablando en forma erótica en persona o a través de la línea o en Internet. De hecho, para muchas personas, estos métodos de expresión sexual pueden ser divertidos y muy satisfactorios.

Mucha gente adora usar diálogos o imágenes eróticas para mejorar la masturbación, para encenderse antes del sexo o para sazonar la vida sexual con su pareja. A otras personas no les gusta la pornografía de ninguna clase y la encuentran ofensiva. Si no le agrada la charla explícita ni las fotos sexy, entonces debe evitarlas; no debe sentirse obligado a que le guste algo. Pero si hablar sucio y la pornografía lo excitan, aprovéchelo.

Sexo al oído

Hablar sexy o "hablar sucio" como se le conoce comúnmente, abarca toda una gama que va desde: "Oh, tu cuerpo es tan hermoso", hasta lo más bajo y sucio como: "Te gusta cuando te lo meto duro, ¿verdad, perra libidinosa?"

Pero no cometa errores: en realidad no hay nada "sucio" en hablar sucio. Es sólo una forma de utilizar el lenguaje y su imaginación para expresar sus deseos sexuales o para sentirse más excitado. Incluso le podríamos llamar "lenguaje sexy" en vez de "lenguaje sucio". Si su idea de lenguaje sexy es susurrar dulces naderías, entonces no tiene que utilizar palabras soeces ni maldiciones para ser sexy.

Obviamente hay más de una forma de decir "vagina" o "pene". Tal vez deba preguntarle a su pareja qué palabras le gusta usar comúnmente, las que encuentra eróticas, las que en verdad lo calientan y las que lo enfrían. Por ejemplo, quizá su pareja por lo general le dice "pene" al pene y la forma coloquial, "verga", lo excite cuando usted se la dice, pero siente que la palabra "pito" lo apaga. Si usted no lo sabía y le había llamado "verga" cuando hablaban del uso del condón y "pito" cuando trataba de excitarlo, creo que estaba muy lejos de lograrlo. Por ello es que debe conocer lo que excita a su pareja y sus términos preferidos y también debe ser sensible con las palabras que encuentra ofensivas.

La regla más importante para hablarle sucio a su pareja es conocerla suficientemente bien para saber lo que considera erótico y lo que considera ofensivo. Además de hablar sucio, algunas personas se excitan con los gemidos que emite su pareja durante el sexo. A menudo son sonidos naturales que salen de su boca cuando tiene sexo, pero algunas veces son exagerados para agregarle sabor al sexo. Si realmente se deja llevar durante el sexo, entonces sólo deje salir los sonidos que son impulsivos o incontrolables. Si usted o su pareja se excitan al escuchar más gemidos durante el sexo, entonces enfatícelos y haga tanto ruido como sea posible.

Una vez que conozca el límite para el lenguaje sucio y para los sonidos que le gusta oír y hacer a su pareja durante el sexo, entonces puede empezar a ser creativo. He aquí algunas sugerencias:

➤ Hablar sucio durante el sexo significa básicamente utilizar lenguaje coloquial u obsceno para explicar lo que está haciendo, lo que la otra persona está haciendo y lo que le gustaría estar haciendo o que le hicieran. Sólo sea verbal y descriptivo.

➤ Puede prepararse para hablar sucio haciendo una lista de todos los sinónimos vulgares para las partes sexuales del cuerpo y memorizarlos. De esa forma, si su pareja quiere que hable sucio durante el sexo, tendrá una gran cantidad de coloridas expresiones a la mano. Vea cuántas formas diferentes hay para decir: "Quisiera tener sexo contigo".

➤ Hable a una línea de sexo para escuchar cómo lo hacen los profesionales. Incluso puede tomar notas. Si es una línea en vivo, puede pedir consejos.

➤ Lea las cartas porno en las revistas como *Penthouse*. Están llenas de diálogos sucios que le darán algunas ideas.

➤ Puede variar la forma en que gime o grita durante el sexo. Haga la prueba con un gemido lento, profundo y gutural, o con un grito estridente. Haga lo que sea que usted o su pareja crean que es sexy.

Lo más importante, suéltese durante el sexo. No tema a los sonidos y palabras que puedan salir de su boca. Es muy natural y normal expresarse cuando algo se siente tan maravilloso. ¡Sólo asegúrese de no molestar a sus vecinos!

Llamada salvaje

"¿Qué estás usando?" Esas palabras pueden ser el inicio de algo realmente sexy, un encuentro sexual telefónico. El sexo por teléfono entre amantes puede ser maravilloso para mantener la flama encendida cuando están lejos uno del otro o sólo para animar un aburrido día de trabajo.

Fotografía de Gen Nishino.

¿Cómo funciona? Bien, todo lo que necesita es un teléfono, el número de su pareja, algo de tiempo, privacidad y muchos pensamientos sexys. (Ah, sí, y el consentimiento de su pareja, pues si no lo tiene, se considera como una llamada obscena e ilegal.) Una vez que tenga a su amante ansioso y deseoso al otro lado de la línea, entonces diga cualquier cosa erótica que se le ocurra.

Sólo para que no se quede sin palabras, enlisté algunas variaciones de sexo por teléfono que podrían ayudarlo para empezar. Puede apegarse a uno de estos métodos para una conversación completa o alternar entre uno y otro:

➤ Cree una imagen mental de su encuentro y narre paso a paso lo que imagine que está sucediendo. Por ejemplo: "Ahora estás deslizando tu mano entre los botones de mi tersa blusa de seda".

➤ Explique lo que le gustaría que ocurriera: "Me gustaría que estuvieras aquí para que lamieras mis pezones".

➤ Narre mientras se masturba: "Acabo de meterme el dedo y, ¡oh!, se siente tan bien, ¡agh!".

➤ Explique exactamente lo que le gustaría estar haciéndole a la otra persona: "Ahora sostengo tus huevos en una mano, acaricio tu pecho con la otra y estoy lamiendo la cabeza de tu pene".

Otro pero que la gente le pone al sexo por teléfono, es que no se puede estar seguro de que la persona al otro lado de la línea haya tenido un orgasmo. Es fácil fingir un orgasmo cuando nadie observa. Su amante puede hacer todos los sonidos del orgasmo, pero usted no puede ver lo que sucede. Eso puede añadirle misterio a la experiencia o puede hacerlo sentirse muy frustrado.

Existen aún más incógnitas si tiene sexo por teléfono en una línea de paga. Muchos periódicos y revistas porno anuncian números telefónicos acompañados de fotos de mujeres y hombres sexys de todas las formas, colores y tamaños en posiciones provocativas. El anuncio puede decir "exuberante y hermosa", pero la persona que esté jadeando al otro lado bien puede ser pequeña y flaca. No tiene idea de cómo luce la operadora de la línea de sexo. Tiene que tener mucha imaginación para alcanzar el orgasmo por teléfono con un extraño. Además, el sexo por teléfono con profesionales es muy costoso. Por ello, si tiene una pareja, puede ser maravilloso si aprenden a hacerlo juntos.

Desnudos

Es difícil evitar las fotos sexuales, porque prácticamente están por todos lados. En televisión, anuncios espectaculares y publicidad, abundan las imágenes deslumbrantes. Incluso en revistas de interés general que presentan modelos escasamente vestidas en posturas provocativas. Las revistas porno son tan comunes que puede verlas casi en cualquier parte.

A mucha gente le gusta ver revistas pornográficas por la excitación sexual de ver a otros desnudos. Millones de personas disfrutan masturbándose mientras ven un desnudo. Años atrás, investigaciones sobre sexo encontraron que los hombres se excitaban más con las fotos que las mujeres. Sin embargo, investigaciones actuales establecen que esto no es verdad. Tanto hombres como mujeres pueden excitarse al ver fotos sexys.

Si las fotos de gente desnuda que no conoce no son su idea para excitarse, usted y su pareja pueden tomarse sus propias fotos. Háganlo juntos con una cámara instantánea y se divertirán haciendo poses sexys. Sólo asegúrese de que ambos estén de acuerdo sobre el destino que tendrán las fotos cuando se cansen de disfrutarlas. Decidan si uno de ustedes las guardará o se desharán de ellas.

Relatos sexys

En los puestos de periódico o tiendas de revistas que venden revistas porno encontrará una gran variedad que sólo contienen literatura erótica, no fotos sexys. Además encontrará libros con este tipo de diálogos en casi cualquier librería.

Es natural sentirse excitado si lee un libro erótico o algo sexy que escribió usted mismo. El género que prefiera es cuestión de gusto personal. Utilice cualquiera que le agrade y disfrútelo durante la masturbación, excítese antes del sexo o compártalo con su pareja.

Películas porno

Millones de personas se excitan al ver películas pornográficas, también conocidas como películas XXX, películas para adultos o porno. Éstas le permiten ver gente teniendo sexo sin que ellos lo puedan ver a usted. Si renta un video porno, puede regresar o avanzar hasta las secciones que más le interesen e incluso puede tener sexo al mismo tiempo, todo en la privacidad de su hogar.

Pocas personas ven una película completa pues la trama por lo general es aburrida; sólo hay una clase de clímax en una película porno y no tiene nada que ver con la intriga. La mayoría de las personas avanzan la cinta para saltarse las escenas aburridas y el diálogo ridículo, a menos que la mala actuación sea un buen fetiche para ellas. Van directo a las escenas sexuales (no les toma mucho tiempo) y, si se están masturbando, hay muchas posibilidades de que apaguen la película tan pronto como alcancen el orgasmo. Ése es el fin básico de la pornografía, ayudarle a que se excite y tenga un orgasmo.

Al ver películas porno, puede aprender sobre el sexo salvaje, no sólo excitarse. Tenga en cuenta que los actores son "celebridades sexuales", personas que se han operado el cuerpo y que sólo actúan como si estuvieran disfrutando el sexo. Tienen la ventaja de un guión, un director y la edición; si puede ver una película ignorando esos detalles, puede obtener algunas ideas. Vea las posiciones sexuales

167

y escuche cómo gimen o hablan durante el sexo; puede tomarlo como un mini-curso de fantasías sexuales.

Renta

No es necesario disfrazarse de incógnito y entrar en una tienda obscura y sospecho-sa para encontrar una película porno. En estos días es más fácil, ya que muchas tiendas que rentan videos comunes también rentan videos porno.

Si desea ser sutil con su pareja, la próxima vez que visiten un videoclub puede es-cabullirse a la sección porno y su pareja probablemente entienda la insinuación de que se siente sexual y que una película porno podría ponerle candela a la no-che. Una pista: no lo puede hacer en Blockbuster, no tienen películas porno.

Filme su propio video

Muchas personas quieren verse en video teniendo sexo, por tanto tratan de hacer sus propias películas caseras utilizando una cámara de video para filmar sus aven-turas sexuales. Si usted y su pareja quieren hacerlo, estos consejos le ayudarán:

➤ Antes de empezar, ambos deben estar seguros de querer hacerlo. Debe tener pleno consentimiento de su pareja; nunca grabe a nadie sin que lo sepa y lo acepte. Con antelación, acuerde con su pareja cuándo harán la grabación y si grabarán algo más sobre la cinta o qué harán con ella después de verla algunas veces.

➤ Cierre la puerta, apague el timbre del teléfono y asegúrese de tener com-pleta privacidad para su sesión de filmación porno.

➤ Necesitará buena iluminación para que la cámara capture una buena ima-gen. La luz común o la luz de día es buena, pero la luz de las velas creará una atmósfera más adecuada, proyectará sombras oscilantes en sus cuerpos y le dará un brillo sensual al video.

➤ Haga tomas abiertas, no acercamientos; la mayoría de los cuerpos desnudos se ven mejor a distancia y las tomas abiertas permiten un mejor panorama. Si graba con acercamiento, se saldrá de cuadro cuando se mueva o cambie de posición.

➤ Conecte la cámara de video a una televisión mientras graba para que pue-da vigilar la toma. De esa forma, si no le gusta cómo se ve, puede hacer cambios mientras graba en vez de esperar a ver el producto terminado.

➤ Al verse en el monitor, experimenten hasta encontrar la posición en que luzcan mejor. Algunas personas piensan que nunca se verán bien si la cámara los toma desde atrás.

➤ Una vez que encuentren un buen ángulo, pueden hacer el amor en la forma usual o pueden exagerar sus movimientos y usar lenguaje obsceno al estilo de una película porno.

➤ Vean juntos el video, ¡ojalá que lo disfruten!

Después de verlo, deben cumplir su acuerdo sobre el destino del video, lo cual es muy importante pues no es bueno que un video de ustedes ande rodando por ahí; cualquiera podría encontrarlo.

Conéctese y deléitese

Si alguna vez ha navegado en Internet, es probable que haya visto que existen millones de sitios de sexo en línea. Sólo escriba la palabra "sexo" (o "sex" para entrar a sitios internacionales) y encontrará sitios que le prometen cosas como: "FOTOGRAFÍAS DE GOLFAS XXX", "DESNUDOS, DESNUDOS, DESNUDOS CALIENTES", "actos sexuales sin censura", "fotos de sexo anal gratis", "Bellezas asiáticas desnudas y mojadas". Si quiere descubrir el sexo en línea, tiene mucho de donde escoger, pues las computadoras se han convertido en un inmenso campo propicio para el material sexual. En línea usted puede:

➤ Aprender desde salud sexual hasta extravagancias sexuales.

➤ Leer historias de aventuras sexuales salvajes.

➤ Ver fotos pornográficas y videos en tiempo real.

➤ Entablar pláticas sexuales en salones de conversación.

➤ Enviar correos electrónicos sexys o románticos a su pareja.

El tema del sexo en línea es inmenso y no es necesario ser un especialista en computadoras para encontrar sitios, foros y otras alternativas sexuales. Todo lo que necesita es conocer lo básico y conectarse.

Sitios sexuales: atrape los vínculos

Cualquiera que se conecte en Internet puede visitar alguno de los cientos de millones de sitios sexuales cuando lo prefiera. Algunos ofrecen educación sexual precisa y responden a preguntas frecuentes acerca del sexo, las cuales en línea se conocen como FAQ por sus siglas en ingles (Frequently Asked Questions). Sin embargo, la mayoría de los sitios sexuales no tienen fines educativos, normalmente contienen fotos de desnudos o fotos eróticas que son mucho más explícitas que las de las revistas. Algunos muestran videos pornográficos, otros muestran cámaras que filman escenas reales en vivo. Pero no todos son gratuitos, de hecho, una vez que usted entre en un sitio, sólo le muestran una o dos fotos y luego le piden que escriba su número de tarjeta de crédito para poder ver más material. Es entonces cuando tiene que decidir si realmente vale la pena.

Para encontrar estos sitios en la red, como mencioné antes, en cualquier buscador escriba palabras como "sexo", "oral", "orgasmos", "fotos de desnudos" o cualquier término sexual que le atraiga. Aparecerán cientos, miles, incluso millones de sitios en cada búsqueda. Otra forma de encontrarlos es ir directamente a sitios en la red que tienen vínculos con cientos o miles de sitios porno. El problema de los vínculos con los sitios de sexo es que en muchas ocasiones lo hacen navegar en círculos, prometiéndole fotos de desnudos que pocas veces encuentra.

Salones de conversación sexual: el sonido de una mano tecleando

Algunas personas prefieren la característica interactiva de los salones de conversación sexual en línea, en vez de sólo leer o ver imágenes sexys en los sitios de Internet. Existen muchos salones de conversación que complacen a una gran variedad de intereses. Puede usar un alias para entrar a un salón de conversación y enviar mensajes sexuales anónimos. Puede intentar excitarse con lo que escribe y lo que lee. Si tiene una computadora portátil, puede llevársela a la cama, o simplemente sentarse frente a su escritorio, excitarse y escribir con una sola mano.

Capítulo 19

Diversión con juguetes sexuales

El arco iris, su mascota, los guantes que le tejió la abuela, su peluche favorito. ¿Eran algunas de sus cosas favoritas? Ahora que ha crecido, ¿no es tiempo de encontrar otras nuevas? Las cosas favoritas de los adultos ofrecen diferentes métodos para excitarse. Desde bolas chinas, hasta esposas, consoladores de silicón y vibradores eléctricos, los juguetes sexuales han inquietado –y penetrado– de modo creciente la sexualidad de las personas cuando buscan diversión adicional.

Se considera juguete sexual casi cualquier cosa que no sea el equipo con el que nació y que se use en el juego sexual. Es decir, un *juguete sexual* es cualquier objeto que se utilice durante la relación sexual o la masturbación para aumentar el placer de los participantes, por lo cual agregar juguetes a su vida sexual puede ser maravilloso. Si mantiene una mente abierta quizá sea capaz de superar sus inhibiciones respecto al sexo y de evitar que la forma tradicional se convierta tan sólo en una experiencia mundana más. Recuerde, nunca se es demasiado viejo para tener juguetes.

¿Tienes un consolador en tu bolsillo o sólo estás contento de verme?

Un *consolador* es un sustituto de un pene erecto. Podrá ser artificial, pero el sexo con un consolador es real. Están diseñados para inserción vaginal o anal y no vibran. De hecho, no se mueven a menos que usted los mueva. Algunas personas encuentran muy placentera la sensación de plenitud que proporciona un consolador introducido y no piden nada más. Por otra parte, usted puede mover el consolador si lo que busca es la sensación del vaivén tradicional.

Los consoladores se parecen mucho a los automóviles, ¡lo llevan a donde quiera ir! Los consoladores son más rígidos que muchos penes y nunca se ponen flácidos, los hay desde el tamaño de un dedo hasta más largos que la vida, así que tiene muchas posibilidades de encontrar el que se ajuste en su garage.

La gente utiliza consoladores por varias razones. Aunque la mayoría de las mujeres alcanzan el orgasmo a través de la estimulación del clítoris, la sensación del vaivén de algo duro se agrega al placer, en especial durante la masturbación. Muchos hombres, homosexuales o heterosexuales, sienten lo mismo y les gusta utilizar pequeños (o grandes si lo prefieren) consoladores para penetración anal, con o sin pareja. Un consolador sujetado a un arnés permite a la mujer contar con un pene, sólo para variar, a fin de penetrar a una pareja femenina o masculina. Cuando un hombre se amarra un consolador puede penetrar a su pareja, masculina o femenina, incluso cuando su pene no esté erecto.

Los consoladores pueden simular un pene, tener doble cabeza o tener figura de ballena.

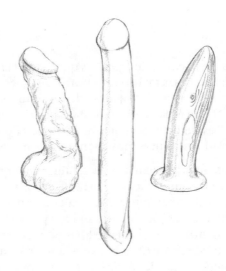

Existen consoladores hechos de silicona, hule o látex y vienen en diferentes estilos, tamaños, colores y texturas. Algunas veces tienen forma de pene, otras, de animales o plátanos y muchas cosas más. Unos son rectos y otros curvados para dirigir la presión hacia el punto G.

La silicona es el material ideal para los consoladores porque es fácil de limpiar, es flexible y absorbe el calor corporal, por lo cual se siente casi como si fuera un pene verdadero.

Los de hule o de látex son menos caros que los de silicona y vienen en una mayor variedad de estilos, aunque se pierde la sensación de calidez de la silicona, pero ahorra dinero que puede gastar en más juguetes. Mucha gente ha utilizado sus consoladores de goma o de látex durante muchos años, así que no debe tener problemas al elegir un modelo económico. Sólo recuerde, como casi todo en la vida, se obtiene lo que se paga.

Cuando compre consoladores, compare varios con sus manos, sus ojos y sus fantasías, pero tenga en mente algunos principios básicos: busque longitud, espesor, dureza y textura. Lo más importante es que debe empezar con algo pequeño; compre un consolador que pueda manejar, no uno que espere poder manejar.

Al comprar un consolador, considere si desea un modelo manual o uno que se adapte a un arnés para tener las manos libres para otras actividades. Si opta por uno con arnés, tenga en cuenta que dentro del arnés el consolador parecerá un centímetro más pequeño.

Otra alternativa que puede encontrar en el mercado es el consolador de doble cabeza, el cual permite una variedad en las posiciones y en la penetración que un pene real no puede proporcionar. En otras palabras, puede lograr una doble penetración; esto significa que puede ser utilizado por dos mujeres al mismo tiempo, por un hombre y una mujer al mismo tiempo, por dos hombres de espaldas al mismo tiempo. Es más, si el consolador es flexible, puede utilizarlo una mujer por ambos lados al mismo tiempo. ¿Captó todas las posibilidades?

Vibradores: encienda el placer

Los vibradores proporcionan un tipo de placer diferente, ¡uno con mucha energía! Existen modelos que se conectan y modelos de baterías, que proporcionan bastante estimulación genital. Si alguna vez ha utilizado un *vibrador*, conoce la agradable sensación que proporcionan en todo el cuerpo: hombros, cuello, espalda, glúteos, abdomen, manos y pies. Pero cuando lo pone en sus genitales, ¡las sensaciones se disparan! Además se mueve más rápido que sus manos y nunca se cansa.

Los vibradores pueden ser de tres tipos. El más común es el que tiene forma de pene, funciona con baterías y está hecho de plástico, sólo que tiene la desventaja de que le falta potencia y las baterías se agotan con frecuencia. Quizá tenga temple, pero no tienen la estabilidad de potencia de los que se conectan.

El segundo estilo es el tipo cetro, un modelo grande con forma de garrote que se conecta y proporciona mucha estimulación. Éstos son los más recomendados para las mujeres que nunca han tenido un orgasmo. La mayoría se venden como "masajeadores personales" más que como juguetes sexuales pues los fabricantes se rehúsan a aceptar el hecho de que su producto se utiliza como juguete sexual. Sin embargo, el empaque discreto facilita su compra a las personas que se avergüenzan al comprar juguetes sexuales.

El tercer tipo de vibrador es el giratorio, el cual parece una secadora de pelo pequeña. No es tan popular como los otros, pero muchas personas lo prefieren porque tiene cabeza de plástico o de látex y una gran variedad de diferentes accesorios.

173

Vibre hasta el orgasmo utilizando un modelo estilo pene de baterías, el cetro mágico o el giratorio.

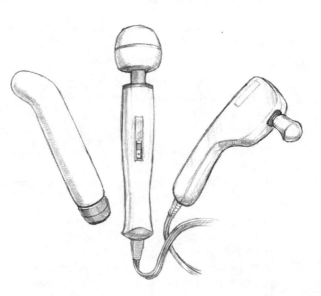

Dos son compañía y tres no son necesariamente multitud cuando ese tercer participante es su vibrador. Quizá desee mantener a su amante y a su vibrador separados como fuentes de placer, pero puede ser una experiencia maravillosa que ambos se encuentren. Si decide introducir a su pareja a los placeres del vibrador, hay algunos pasos que tal vez desee seguir:

1. Permita que su pareja vea cómo utiliza el vibrador en usted. Una vez que su pareja se sienta cómoda viéndolo, utilícelo en su pareja.

2. Empiece aplicándolo en áreas que no sean los genitales para ver como responde su pareja.

3. Haga que su pareja ponga el vibrador en sus genitales. Hágale saber exactamente qué es lo que más le gusta. No hay forma de que conozca el ángulo, la presión o el movimiento que usted disfruta a menos que se lo diga.

4. Luego, puede probarlo durante la cópula y explorar diferentes posiciones hasta encontrar la que sea la adecuada para ambos.

Cuide su inversión para prolongar su duración y su vida sexual. He aquí unos consejos para cuidar su vibrador:

➤ No lo deje caer, ni siquiera al calor del orgasmo. Las partes se rompen fácilmente.

➤ Guarde las baterías fuera del vibrador para que ambos duren más. También reduce el riesgo de que las baterías se corroan dentro del vibrador y dañen los componentes.

➤ Nunca ponga el vibrador en o cerca del agua. Si es eléctrico puede provocar que se electrocute. Aun en el caso de los de baterías, el agua oxida las partes metálicas.

➤ Nunca jale ni tense el cable. Utilice una extensión si es necesario.

➤ No se acueste sobre su vibrador ni sobre el alojamiento de las baterías, podría quemarse por el calor.

➤ No se duerma con el vibrador encendido.

➤ A menos que sea exhibicionista, no lo deje a la vista (alguien podría pedirlo prestado y nunca se lo devolverán) ni lo lleve en su equipaje de mano, los componentes metálicos pueden lucir sospechosos en el explorador de rayos X y los guardias de seguridad podrían sacarlo y verlo.

Me encanta lo tradicional, ¡pero esto es increíble!

Muchas mujeres y hombres encuentran la estimulación anal tan excitante como la genital y los juguetes anales pueden darle un poco de placer adicional. Un consolador anal es más pequeño y está diseñado para ser introducido en el ano y el recto. Por seguridad, tienen una superficie lisa sin texturas y una base ensanchada para evitar que se deslicen por completo dentro del recto. A menudo son ensanchados en la parte media para estimular directamente las terminaciones nerviosas una vez que se encuentran dentro de la cavidad rectal. Asimismo, la punta del consolador anal roza la próstata cuando se mueve, enviando así más señales placenteras al cerebro. Aunque las mujeres no tienen próstata, pueden obtener mucho placer por la abundancia de terminaciones nerviosas en su ano.

Como con todos los juguetes sexuales, existe una gran variedad de consoladores anales, además del ensanchado está el de "perilla", una esfera de látex o de hule con mango. De igual manera, ciertas personas encuentran placer al utilizar "bolas anales", una serie de esferas enlazadas que se introducen en el recto (pueden medir entre 1 cm y 7.5 cm de diámetro) para crear una sensación de completa satisfacción y un sentido de placentera liberación conforme se sacan lentamente, una por una. Los consoladores en forma de diamante están diseñados para dejarlos dentro del ano por cortos periodos de tiempo sin tener que sostenerlos. Desde luego que no debe utilizar ningún consolador por periodos prolongados y nunca debe quedarse dormido con ningún juguete dentro de su cuerpo.

¿Un viejo secreto chino?

Las bolas chinas (bolas ben wa) son sólidas bolas de metal que están diseñadas para brindar placer sexual a la mujer cuando son introducidas en su vagina. ¿Cómo funcionan? Sólo la mujer que las utilice puede saberlo a ciencia cierta. Le diré que la biología señala el hecho de que el interior de la vagina no tiene muchas terminaciones nerviosas por lo que quizá no obtenga lo que espera. Algunas mujeres han descubierto que en lugar de rodar juntas al interior de la vagina y producir placer, una de las bolas se acomoda en el cuello uterino, lo cual dificulta el retirarlas. En caso de que lo pregunte, las bolas chinas no están diseñadas para ser introducidas por el ano.

Anillos para el pene, consoladores anales y bolas chinas, son algunos de los juguetes estimulantes que no encontrará en una juguetería común.

Juguetes para hombres

El primero de la lista es el anillo para pene, una argolla de acero, un objeto en forma de arandela de hule o una correa de piel ajustable que se pone alrededor del pene o de la base del pene y del escroto. Está diseñado para ayudar a mantener la erección en el hombre, permitiendo el flujo de sangre hacia el pene y restringiendo su salida. Colocado en un pene flácido antes de la excitación, el anillo para pene ayuda al pene a lograr y mantener la erección. Algunos hombres encuentran que la presión que ejerce el anillo en su pene y escroto es placentera en sí misma, sin importar cuánto dure la erección.

Recuerde que los anillos para pene restringen el flujo de sangre, por lo que debe tener mucho cuidado con su uso. Aquí tiene algunos consejos:

➤ Nunca los coloque en heridas, áreas infectadas o que no tengan sensibilidad.

➤ No son juguetes recomendables para hombres que sufren desórdenes de coagulación sanguínea o que sangran fácilmente, que sufren de enfermedades neurológicas o vasculares, incluyendo a los millones que padecen diabetes.

➤ No utilice anillos para pene si está tomando aspirinas, anticoagulantes o medicamentos que adelgacen la sangre.

➤ Deje de utilizar el anillo para pene si se siente incómodo o con dolor o si sufre de cambios inesperados como sangrado, magulladuras o pérdida de sensación.

➤ No utilice el anillo para pene como tratamiento para la impotencia; es un juguete sexual, no un tratamiento médico. Consulte a un médico o un terapeuta sexual si tiene problemas de erección.

Sexo sí, drogas no

Ciertas personas sienten el deseo de añadir drogas a su interacción sexual. No obstante que muchas drogas afectan el estado mental y físico, no son juguetes y no se debe jugar con ellas. Las drogas y el sexo no se mezclan en forma positiva para la mayoría de las personas. Se debe ser muy cuidadoso y analizar su deseo de utilizar drogas en su vida sexual antes de experimentar. Puede encontrar formas más seguras y legales para elevarse durante la relación sexual.

El alcohol, una droga legal, es utilizado dentro del contexto sexual como un "liberador", pero en realidad es un depresivo. Aun cuando una o dos copas quizá lo ayuden a deshacerse de sus inhibiciones, más de 120 ml pueden convertirse en un depresivo causando impotencia transitoria en el hombre. También puede afectar su capacidad de decisión en cuanto a su deseo de tener sexo o no y en cuanto a la forma en que desea tenerlo, así como su capacidad para usar de forma adecuada condones y anticonceptivos. También puede limitar su capacidad para disminuir o detener actividades sexuales en las que de otra forma no participaría. Disfrute una copa o dos, pero que ese sea su límite.

Aunque se cree que es un afrodisiaco, la marihuana no puede crear pasión donde no la hay. Ciertas personas manifiestan un aumento del deseo sexual y una excitación más intensa y duradera, pero otras personas encuentran que la marihuana tiene el efecto opuesto de tranquilizarlos. En cualquier caso, recuerde que es ilegal y que como toda droga puede ser peligrosa.

El nitrato de amilo es una droga ilegal que provoca la relajación temporal de los músculos en el sistema vascular, generando una privación de oxígeno y el aflujo sanguíneo, lo cual relaja los músculos anales y vaginales. Sin embargo, esta droga produce dolores de cabeza crónicos y puede ser dañina al sistema nervioso.

Las píldoras como el éxtasis, así como las drogas alucinógenas como LSD y los hongos, también son drogas ilegales que se dice afectan el deseo sexual. Como todas las drogas, pueden ser peligrosas e impredecibles. Se dice que la cocaína eleva el nivel de excitación tanto en hombres como mujeres, pero también conduce a la depresión. El uso de la cocaína puede conducir a la paranoia, la dependencia fisiológica y la impotencia, así como puede acarrear graves consecuencias financieras y criminales.

¿Por qué echar a perder su vida por creer que las drogas pueden intensificar su vida sexual? En vez de ello, trate de disfrutar la elevación natural de la excitación sexual. Si está buscando algo adicional, algunos juguetes sexuales se lo pueden proporcionar.

Capítulo 20

Swingers, dominantes y hombres en faldas, ¡oh cielos!

Pelucas, paletas, antifaces, zapatos de plataforma... ¿suena intrigante? Si es así, quizá lo excite el sexo alternativo. Tal vez ya haya experimentado con algunas de estas cosas pero no se ha dado cuenta. ¿Qué tal ese sentimiento sensual cuando usa pantaletas o calzoncillos de seda? ¿O la ansiedad que siente cuando usted y su pareja ponen en práctica sus fantasías sexuales? ¿O qué tal la "nalgada cariñosa" que le da a su pareja? Éstos son pequeños aspectos del sexo alternativo.

El sexo alternativo consiste en interpretar personajes, vestirse con ropa del sexo opuesto, practicar sexo en grupo, fetichismo o sadomasoquismo. Tal vez haya pensado en probar algunas de estas cosas, pero no sabe dónde empezar. Bueno, lo único que tiene que hacer es platicarlo con su pareja, saber lo que les gustaría hacer y ser creativos.

Actuación: hacer creer y representar

¿Se ha sentido encasillado interpretando al mismo personaje toda su vida? ¿Acaso su carrera profesional define su personalidad y está cansado de ser el doctor, el maestro, el contador o el escritor? ¿Está cansado de interpretar siempre al mismo personaje en el seno de su familia y le gustaría cambiar con su madre, padre, esposo, esposa, hijo o hija? Si le interesa interpretar a alguien diferente en su vida, entonces usted y su pareja quizá disfruten jugando a que son otras personas cuando tienen sexo. Para algunas personas, asumir una personalidad diferente durante el sexo puede ser una experiencia muy erótica.

Como mencioné antes, no siempre se deben poner en práctica las fantasías e *interpretar un personaje* es una fantasía, por tanto usted y su pareja deben primero hablar al respecto. Cuando hablen, podrán crear un "guión" de lo que desean hacer. Hablar les da la oportunidad de discutir sus sentimientos, miedos y expectativas. Deben estar totalmente de acuerdo sobre las conductas que adoptarán *antes* de experimentar con la interpretación de personajes.

¿Qué propósito puede tener el interpretar personajes si decide intentarlo? Uno solo, liberarse de los personajes que interpreta todos los días, por ejemplo, si usted es doctor, tal vez quiera ser un paciente a quien están examinando y así experimentar la vulnerabilidad. Quizá quieran interpretar personajes que les recuerden cómo eran de jóvenes, como pretender que ambos son vírgenes, o que ella es la líder de las porristas y él es capitán del equipo de fútbol. Interpretar personajes le permitirá conocer aspectos ocultos de usted mismo y de su pareja, y así experimentar nuevas sensaciones sexuales con la excitación de cada nuevo personaje.

El número de personajes que asuma está limitado sólo por su imaginación. Considere los siguientes ejemplos como auxiliares en su esfuerzo imaginativo:

➤ Personal de servicio: ser sirvienta, mayordomo, esclavo, geisha, mujer del harem o prostituta, mientras la pareja interpreta al dueño de la casa, el sheik o el cliente.

➤ Personajes poderosos: actuar la relación entre un superior y un subordinado como "profesor-alumna", "madre-bebé", "policía-criminal", "jefe-secretaria", etcétera.

➤ Fantasías violentas: interpretar uno al "agresor" y otro a la "víctima", incluyendo fantasías de dominación y violación. Recuerden que sólo es una interpretación; ambos deben consentir en hacerlo y nadie debe salir herido.

➤ Celebridades: asumir el personaje de una persona famosa que tenga aspectos positivos, como Marilyn Monroe, o negativos, como el Marqués de Sade.

➤ Animales: pretender que usted es un cachorro que necesita ser entrenado y que quiere jugar, un caballo que necesita ser domado y montado o un borrego que se le ha perdido a un pastor estricto pero protector.

Como puede ver, hay mucho de dónde escoger. Puede interpretar casi cualquier personaje que se le ocurra. Sólo asegúrese de que usted y su pareja hablen al respecto y estén de acuerdo en todos los términos antes de que se levante el telón. Si a ambos les agrada la idea, intenten interpretar algunos personajes a fin de agregar algo dramático a su vida sexual.

Fotografía de Patricia McDonough.

Vístase con ropa del sexo opuesto: qué hay bajo esa falda

Probablemente ha visto muchas imágenes de gente que se viste con ropa del sexo opuesto y de transexuales en los medios de comunicación. Pero, ¿sabe en realidad quiénes son y por qué les gusta hacerlo?

Quienes se visten con ropa del sexo opuesto lo hacen para satisfacer sus necesidades emocionales, eróticas o culturales, o sólo para ocasiones especiales como un carnaval o una fiesta de disfraces. No hay nada anormal en que un hombre se ponga ropa de mujer o una mujer se ponga ropa de hombre. La mayoría de quienes lo hacen son heterosexuales y pueden ser tanto hombres como mujeres. A veces se les denomina "travestis", que proviene del latín "trans" que significa "al lado opuesto" y "vesti" que significa vestimenta. En realidad quienes lo practican prefieren no utilizar ese término porque piensan que tiene una connotación más clínica o incluso peyorativa.

El hecho de que un hombre utilice ropa de mujer no significa que sea homosexual o que quiera tener sexo; de igual manera, si una mujer se viste como hombre, no significa que sea lesbiana. Vestirse así no es cosa de sexo, sino de género. Género es la forma en que usted se percibe como hombre o como mujer. Sexo se

181

refiere a su orientación sexual, o sea, con quién le gusta tener relaciones sexuales. En palabras simples: el género está entre sus orejas y el sexo entre sus piernas.

Vestirse con ropa del sexo opuesto no tiene por qué afectar sus relaciones. De hecho, la mayoría de quienes lo hacen son casados y tienen hijos. Por ejemplo, un hombre que se siente atrapado todo el día en su traje y corbata, se puede sentir liberado al llegar a casa y ponerse un vestido. O tal vez una mujer quiera hacerse pasar por hombre una noche para sentir el poder que tiene él cuando se pone un traje. Muchos también lo hacen porque les gusta cómo se ven en el espejo así vestidos. Se admiran a sí mismos (a menos que tengan parejas que los colmen de cumplidos) para sentirse bien con su apariencia cuando se sienten más a gusto con su género.

No confunda a estas personas con transexuales, no son iguales. Los transexuales piensan que el género con el que nacieron no es el correcto y para remediarlo algunos utilizan hormonas o se hacen cirugía de cambio de sexo, lo cual no es necesario para ser transexual. Siempre y cuando una persona piense que debería ocupar un cuerpo de otro género, esa persona es transexual, con o sin operación.

He aquí otra palabra para usted: *transgenérico*, es el término global que incluye a todas las personas que quieren experimentar una o todas las características del sexo opuesto, incluyendo a los transexuales y a quienes sólo se visten con ropa del sexo opuesto.

Fotografía de Mariette Pathy Allen, de su libro Transformations: Crossdressers and Those who Love Them.

No es un asunto fácil de manejar una vez que alguien acepta que es transgenérico. Por ejemplo, si un hombre quiere vestirse como mujer y durante toda su vida ha ocultado el hecho a todos los que le rodean, puede sentirse aislado y confundido. Tal vez cuando nadie esté en casa, se vista en secreto para sentirse bien, pero quizá después se sienta tan culpable que deseche sus vestidos y jure nunca más hacerlo. Ese hombre debe entender que no hay nada malo en él y que vestirse de mujer es una parte natural de su identidad. Sin embargo, para llegar a ese punto y poder decirle a sus allegados lo que hace, es posible que primero sea necesario que hable con otras personas que lo hacen o con un terapeuta especializado en el tema.

Además de las personas que disfrutan de interpretar a un personaje del sexo opuesto, también están las que no lo hacen pero que quieren tener sexo con ellas. Como cualquier orientación sexual, ésta es sólo una variante de la expresión sexual y es tan normal como todas las demás. Sin importar si se es hombre o mujer, transexual o no, la forma en que exprese su género es única para usted y debe disfrutar esa particularidad y los placeres que le proporcione.

Fetiches: ¿puedo tocarte los pies?

¿Le parecería extraño si estuviera flirteando con alguien que mucho antes de besarla le pidiera que lo dejara tocar sus pies? Si eso sucediera, probablemente usted asumiría que esa persona tiene un *fetiche,* una atracción por un objeto o una parte del cuerpo no sexual que produce una excitación sexual.

Cuando una parte del cuerpo se vuelve un fetiche, la persona se siente más excitada por esa parte no sexual que por cualquier parte típicamente sexual. Es fácil imaginar a un hombre que hace un fetiche de los senos, es un hombre que necesita tocar o besar los senos para alcanzar el orgasmo. Ahora amplíe un poco su criterio y quizá pueda imaginar a una persona que tiene como fetiche los pies, que necesita tocar, lamer, succionar o besar un pie para remontarse a las alturas del orgasmo.

Un objeto puede convertirse en un fetiche por accidente durante la infancia. Por ejemplo, si un chico de 11 años ve a una mujer desvistiéndose por primera vez en su vida y se está quitando un fondo de seda rojo, es posible que por el resto de su vida se sienta más excitado cuando vea ese tipo de fondo.

A veces los fetiches se desarrollan durante la adolescencia y están asociados con las primeras experiencias sexuales de la persona. Tal vez el olor a piel hace que los pezones de una mujer se pongan erectos porque su primer novio utilizaba una chaqueta de piel cuando la besó por primera vez. O si la primera chica con la que un joven tuvo sexo utilizaba una cola de caballo, tal vez no necesite más que ver una cola de caballo para sentir una erección instantánea.

Los fetiches pueden incluir elementos de vestir: sostenes, ligueros, lencería y zapatos de tacón alto son considerados muy eróticos por mucha gente. Cuando alguien tiene un fetiche por este tipo de ropa, él o ella quizá necesiten verla, tocarla o vestirla para sentirse excitados. Algunas personas tienen como fetiches ver a su pareja en un uniforme particular como policía, sirvienta, porrista, marino u oficial militar. Otros fetiches de ropa comunes incluyen la ropa de piel, látex o plástico que tienen un corte provocativo que muestra el cuerpo en una forma sexy. Este tipo de "ropa fetiche" está disponible (a muy alto costo) en tiendas y catálogos de sexo.

Los fetiches son un aspecto normal de la sexualidad humana; el hecho es que algunas cosas son más excitantes para unos que para otros, por tanto los fetiches son muy individuales. Sólo se convierten en un problema si interfieren con la vida o la relación amorosa de alguien. Por ejemplo, si una mujer no puede disfrutar del sexo a menos que lo haga sobre un escritorio de roble en la oficina de un hombre, entonces su fetiche se convierte en un problema. Podría ser sorprendida en el trabajo o engañar a su pareja cada vez que esté con alguien que tenga un escritorio de roble. Sin embargo, casi todas las personas pueden controlar sus fetiches lo suficiente para disfrutar del sexo y de las relaciones, y con suerte pueden compartir sus pequeñas excentricidades con sus parejas en una forma divertida y saludable.

Sexo en grupo: ¡todos juntos ya!

Imagine la emoción de ser tocado por tres pares de manos. O de besar a alguien mientras otra persona le practica sexo oral y una tercera le da un masaje en la espalda. O ver a su pareja teniendo sexo con alguien más mientras usted también tiene sexo con otra persona.

El sexo en grupo es una interacción que incluye a tres o más personas. Puede ser un trío, *ménage à trois*, un cuarteto, una orgía o se le puede llamar "swinging", que es el sexo recreativo que incluye dos o más parejas heterosexuales (muy a menudo dos matrimonios). Los *swingers* hacen del sexo grupal más un estilo de vida que quienes sólo lo prueban una o dos veces.

Si siente el deseo de tener más de una relación sexual al mismo tiempo, está entrando en un terreno complejo. Como con cualquier alternativa sexual, existen ventajas y desventajas en tener sexo grupal.

Algunas ventajas son:

> ➤ Aumentará su red de amigos y amantes, facilitado así su búsqueda de la persona ideal que satisfaga todas sus necesidades.

➤ Podrá seguir siendo amigo de ex amantes lo cual disminuye el sentimiento de abandono cuando una relación sexual termina.

➤ No existe cosa tal como "affair o aventura" que amenace su relación primaria. Ni usted ni su cónyuge estarán tentados a terminar su relación sólo por verse o tener sexo con otra persona.

Los aspectos negativos:

➤ Encontrará que es difícil administrar su tiempo de modo eficaz cuando tenga múltiples amantes. Más amantes significan menos tiempo con cada uno, así como menos tiempo para estar solo.

➤ Este estilo de vida no es aceptado abiertamente. Practicarlo lo expondrá a la crítica y a los argumentos de los promotores de la monogamia, quienes considerarán su comportamiento como "engaño" aunque su pareja lo acepte.

➤ Quizá surjan celos y desconfianza que no habían aparecido hasta que empezó a practicar el sexo grupal. Una vez que afloren estos sentimientos, su relación primaria se verá afectada.

Si decide ampliar sus experiencias sexuales e involucrarse en el sexo de grupo, existen varias formas de empezar. Los *swingers* se encuentran en clubes y fiestas. En algunos lugares, puede iniciar las actividades sexuales directamente ahí o puede ir a una habitación de hotel o a la casa de uno de los participantes. Es común que los *swingers* se conozcan a través de cartas, anuncios personales e Internet.

Fotografía de Voller Ernst.

Aunque existen muchas actividades diferentes para sexo de grupo, hay algunos acuerdos y actividades comunes y reglas establecidas. El sexo para tres puede o no incluir interacción entre individuos del mismo sexo. Un trío típico incluye a un hombre, su pareja femenina y otra mujer. Los tríos que incluye a dos hombres y una mujer no son muy comunes, pero ocurren y son tan normales como cualquier tipo de sexo alternativo. El sexo grupal fomenta el voyerismo, de tal forma que si alguno no está teniendo sexo con los demás, al menos puede ver todo lo que sucede. En algunas situaciones de sexo grupal, el hombre disfruta al ver a dos mujeres juntas (la fantasía de todo hombre, ¿verdad?), o quizá la mujer desee ver a su hombre con otra mujer mientras ella supervisa. Algunas personas sólo disfrutan de acariciarse mutuamente sin llegar a copular.

Si un hombre quiere estar con dos mujeres al mismo tiempo, tiene que entender que para las mujeres es mucho más que tener sexo de grupo, incluye experimentar algunos aspectos de bisexualidad con los que tal vez no se sientan cómodas. Lo mismo ocurre cuando una mujer quiere observar a su hombre con otro. Decida si es algo que le gustaría probar. No permita que alguien lo haga participar en algo que no le interesa.

¿Cómo saber si el sexo grupal sería bueno para usted? Bien, no es una panacea para la tensión sexual ni para los problemas entre parejas. Si usted y su pareja tienen problemas de comunicación, deberán acudir a un terapeuta, no unirse a un club de *swingers*. El sexo de grupo no es para quienes sólo quieren molestar a su cónyuge. Asimismo tampoco es para quienes sufren de celos, desconfianza o cualquier clase de inseguridad. Por supuesto que el sexo seguro es un deber para quienes se involucran en sexo grupal, si lo practica deberá comprometerse a utilizar condones y a tener otras precauciones.

El sexo grupal sólo es para parejas que son lo suficientemente maduras para manejar los aspectos físicos y emocionales de este estilo de vida y para aquellas en que ambos lo quieran y lo disfruten.

Sadomasoquismo: quítese la venda de los ojos

¿Alguna vez ha fantaseado sobre cómo se sentirá ser golpeado, amarrado o vendado? ¿Se ha imaginado cómo se sentiría si cediera el control absoluto a su pareja o si lo tomará sobre ella? Quizá usted y su pareja ya han hablado mucho sobre sus fantasías sexuales y tengan una buena idea de cuáles se quedarán en su imaginación y cuáles pondrán en práctica. Con todo, quizá en algún momento se den cuenta que ambos están interesados en explorar algunas actividades y fantasías que incluyen el intercambio de poder o dolor. Enfatizo en *ambos*, porque es la primera regla del *sadomasoquismo*; tiene que realizarse con el consentimiento pleno de los dos, ya que de otra forma es abusivo y dañino. Siempre y cuando sea consensual, el sadomasoquismo es tan sano, válido y erótico como cualquier otra alternativa sexual que excite a una persona.

Las palabras representativas del sadomasoquismo no son látigos, cadenas y dolor, sino *sano, seguro y consensual.* De hecho, estas palabras han sido adoptadas por la comunidad sadomasoquista para educar al público en este tema.

Aunque se piensa de inmediato en piel, esposas, látigos, cadenas y dolor cuando se menciona el sadomasoquismo (porque algunas veces incluye esos elementos), por debajo de esa apariencia el sadomasoquismo es en realidad cuestión de poder. Es el intercambio de poder en el que un miembro de la pareja acepta ser dominante sobre el que acepta ser pasivo durante la relación sexual; y en ocasiones en otros aspectos de su relación.

La participación de la pareja en una relación sadomasoquista es integral y permite que el poder sea delegado y asumido por los participantes. En una relación sadomasoquista la pareja tiene que definir quién va a estar a cargo y quién seguirá las órdenes. Al miembro dominante en una pareja sadomasoquista le apasiona tomar el control de lo que pasará y no pasará durante la relación sexual. El miembro pasivo acepta que el dominante tome el control y encuentra mucho placer en ello. Ambas posiciones son intercambiables entre el hombre y la mujer aún cuando en algunas relaciones se mantienen estables.

*Fotografía de
M. Toyoura.*

Una vez que una pareja determine quién es el dominante y quién es el pasivo, debe establecer qué conductas sadomasoquistas les gustaría experimentar. Muchas personas consideran las nalgadas y el amarrar a alguien como las formas básicas del sadomasoquismo. Una práctica más intensa de azote puede incluir el uso de látigos, cadenas, paletas, colas de gato (un juguete especial que se ve como un mazo de látigos) o incluso el fuete. Algunas personas incluso llegan a rasguñar, pinchar, jalar el cabello o cualquier otra cosa que se les ocurra. De manera similar, si desean inmovilizar a su pareja, pueden empezar por detenerle las manos por arriba de la cabeza durante la relación sexual. Si lo disfrutan, pueden entonces amarrar a su pareja con mascadas, cuerdas, esposas o cadenas e incluso utilizar antifaces para cubrir los ojos. Para ciertas personas, otro elemento importante del sadomasoquismo es la humillación verbal, que significa que el miembro dominante diga cosas peyorativas, crueles y degradantes al miembro pasivo, las cuales se pueden expresar en conjunto con otras conductas sadomasoquistas.

Cuando la gente practica sadomasoquismo, pueden participar de la cópula, el sexo oral, el sexo anal, la masturbación personal o mutua o sólo presentar una conducta sadomasoquista sin tener sexo. A veces tienen sexo cuando dan fin a la conducta sadomasoquista; todo es cuestión de gusto personal y puede variar en cada encuentro.

Conforme la gente se involucre más en el sadomasoquismo, quizá explore una gran cantidad de prácticas, algunas incluso muy rudas. Puede aprender de ellas en libros especializados o en sesiones ofrecidas por organizaciones sadomasoquistas. Algunas incluyen: empuñar (introducir toda la mano por el recto hasta que los dedos formen un puño); perforar (ponerse aretes en los genitales, lengua o cualquier parte del cuerpo); cera caliente (verter cera caliente sobre la pareja); deportes acuáticos (orinar sobre la pareja) y privación sensorial (cubrir la boca, la nariz, los ojos y lo oídos de manera que no puedan tener sensación en esas zonas). No debe practicar ninguna de estas actividades sin tener conocimiento preciso sobre cómo hacerlo con seguridad. Y como siempre, debe contar con el consentimiento pleno de su pareja si desea practicar cualquiera de estas actividades.

Si deciden experimentar un juego en el que uno de los dos pretenda resistirse o pretenda que le desagrada lo que sucede, establezcan una palabra clave para detener el juego cuando se sientan incómodos o quieran descansar un momento. No usen una palabra como "detente", porque es muy común y es probable que uno de los dos la use varias veces fingiendo que no quiere más; una palabra como "rojo" o "camello" es una mejor opción.

Las palabras clave son una buena idea para diferenciar lo que es actuado y lo que no, pero no debe depender de ellas para protegerse. Ninguna palabra clave elimina la necesidad de asegurar que puede confiar plenamente en que su pareja se detendrá. Si practica juegos sadomasoquistas con alguien a quien no conoce

Fotografía de David Perry.

bien y que puede llegar a ser abusivo, entonces decir "camello" no lo hará detenerse más de lo que lo hará un "no" rotundo. Antes de empezar una actividad sadomasoquista, asegúrese de que puede confiar en que el otro se detendrá cuando usted quiera que se detenga.

La seguridad es en extremo importante para los principiantes, y lo es más estar conscientes de que el sadomasoquismo es algo poderoso. Si quiere involucrarse en el sadomasoquismo debe educarse primero. No permita que sus fantasías vayan más allá de sus conocimientos, ¡por el bien de los dos, usted y su pareja!

¿Puede el sexo alternativo llegar demasiado lejos?

Un antiguo dicho reza: "erótico es cuando utiliza una pluma; extraño cuando utiliza todo el pollo". Es verdad que mucha gente juzga los estilos de vida que son diferentes del propio, en especial cuando no entienden prácticas sexuales que son parte de esos estilos de vida. Si usted practica cualquier conducta mencionada en este capítulo, la gente pensará que usted es "extraño". No importa cuán exótica sea su sexualidad individual, siempre y cuando sea normal y natural para usted.

Las cosas no van demasiado lejos, siempre que no obligue a alguien a participar en un acto sexual contra su voluntad. De lo contrario, debe consultar a un terapeuta para recibir tratamiento de inmediato.

Debe tener cuidado de que el sexo no interfiera con su vida. Si le obsesiona su estilo de vida sexual, entonces necesita consultar a un terapeuta para tener una perspectiva de lo que le está ocurriendo. El sexo debe ser sólo un aspecto de su vida, no una idea que lo absorba cada segundo. Disfrute su sexualidad individual, pero manténgala sólo como un aspecto de su personalidad.

Capítulo 21

Sexo tántrico: el gran Om...

¿Alguna vez se ha imaginado qué se siente estar totalmente conectado con su pareja y estar tan cerca uno del otro que pareciera que sus energías se combinan y ustedes se funden en uno? Este tipo de unión no tiene por qué ser sólo parte de su imaginación. Hay expresiones sexuales que lo pueden poner en contacto con su amante en tal forma que se incrementa su nivel de intimidad.

Algunos de ustedes se preguntarán: "¿Conexión, energía? Ya basta de promesas místicas sobre la pasión, sólo permítanme tener relaciones sexuales tradicionales cualquier día". Pero si quiere aprender a liberar la presión cotidiana y establecer una conexión sexual-espiritual con su pareja, entonces siga leyendo, ¡este capítulo es para usted!

Vivimos en un mundo acelerado y hacemos muchas cosas a la carrera, incluso el sexo. Muchas personas entienden la importancia de hacer el amor tranquila e íntimamente y buscan formas más sensuales para su sexualidad. Este capítulo le ayudará a entender lo que significa estar consciente de su sexualidad y su sensualidad. No encontrará la descripción de alguna religión extraña o un consejo fácil, sino una forma de ser sexual a través de una cercanía emocional y la espiritualidad. Este capítulo presenta los principios de la respiración armonizada y la idea de energía que fluye en nosotros. Si toma este tema con mente abierta, sin ser demasiado perspicaz o susceptible, entonces es probable que encuentre algunas formas de mejorar una vida sexual que ya es maravillosa o de darle un poco de sabor a una vida sexual tibia.

¿Qué es el tantra?

Tantra es una forma espiritual de la expresión sexual que se dice eleva y prolonga la conexión que existe entre los amantes. Su origen proviene de las filosofías taoístas y budistas. Los seguidores del tantra aprovechan mucho de su aprendizaje del yoga para descubrir una conexión entre el cuerpo y el espíritu, y mediante las técnicas de meditación y respiración, dicen llegar a una armonía con la energía de su cuerpo. Cuando hacen el amor en posiciones tántricas, ellos respiran en sincronía con su pareja y la ven directamente a los ojos. De acuerdo con los practicantes del tantra, con este tipo de relación sexual, pueden sentir su energía sexual combinarse con la de su pareja y, cuando alcanzan el orgasmo, esta energía se eleva al cielo y se funde con el universo. Se dice que este lazo de unión produce una experiencia divina y profunda para ambos.

Uno de los puntos básicos de la filosofía tántrica, es que el sexo, al igual que la vida, no es un destino, sino un viaje. La gente que practica el tantra considera que para tener sexo maravilloso, uno no debe concentrarse en sus expectativas o las de su pareja, y que tener sexo no debe tener objetivo alguno. Es decir, el concepto de "alcanzar" un orgasmo y la noción de que el orgasmo es el "clímax" del sexo, son planteamientos opuestos a la filosofía tántrica. El sexo tántrico no considera al orgasmo como lo más relevante. Lo importante *es* experimentar un profundo amor y aceptación y sentir una conexión corporal absoluta. En el tantra, el sexo no es algo para lo cual ocupa el cuerpo; el sexo tántrico exalta la conexión mente-cuerpo-espíritu y enseña que la sexualidad es una parte importante de todo el ser.

¿El tantra es para usted?

El tantra no es para todos. Si contesta "sí" a lo siguiente, entonces el tantra puede ser adecuado para usted. Sabrá si está listo para intentar el tantra cuando:

➤ No se asuste o se muestre reticente a la idea de aprender acerca de las filosofías orientales.

➤ Disfrute de crear el escenario para encuentros sexuales y sensuales prolongados.

➤ Pueda relajarse por completo y disfrutar de las sensaciones que produce el acariciar y ser acariciado.

➤ No se ría nerviosamente cuando intente sentarse y ver a su amante a los ojos.

➤ Disfrute los orgasmos tanto como su pareja, aunque sin preocuparse de tener o no un orgasmo.

➤ Esté dispuesto a descubrir su lado espiritual.

Aun cuando esta plática acerca del tantra podría parecer de otro mundo, puede "aterrizarse" con facilidad. Incluye cierto grado de compromiso, por lo menos en términos del tiempo que deberá dedicar para procurar el tipo de intimidad que aseguran los practicantes. Si quiere tomarlo con calma y destinar tiempo para practicarlo (¡es mejor que las lecciones de piano!), entonces es probable que el tantra sea para usted.

La forma tántrica

Gran parte del tantra se enfoca en caricias amorosas entre sí, ya que los taoístas creen que la energía del cuerpo se recarga al ser tocado por un periodo largo. Parte del ritual del sexo tántrico incluye posiciones sexuales que pueden ayudar a prolongar la interacción sexual y proporciona una experiencia más sensual de cuerpo completo. Puede tener la confianza de que disfrutará de este ritual sexual durante horas, e incluso, después de unos días, quizá descubra que siente una conexión intensa e íntima con su pareja.

Éstas son algunas sugerencias antes de empezar los ejercicios:

➤ Empiece despacio. No se presione más allá de lo que sienta bien o natural.

➤ Practique el tantra en una habitación cálida, cómoda y acogedora.

➤ Deshágase de las distracciones. Desconecte el teléfono, cierre la puerta y apague la televisión.

➤ Tómese el tiempo para descansar y disfrutar el estar juntos después de haber terminado. Recuerde, no es un rapidín.

Respire en armonía

La respiración armonizada es una parte integral del sexo tántrico. Al igual que todas las disciplinas yóguicas, la respiración ayuda a que los participantes establezcan un cierto estado de meditación. Cuando practique el tantra, su respiración deberá consistir de cuatro pasos. Pruebe:

1. Respirar despacio.
2. Contener la inhalación unos segundos.
3. Exhalar lentamente.
4. Contener la exhalación unos segundos.

Las parejas tántricas practican la respiración en sincronía para ayudarse a alcanzar la armonía en su cuerpo, lo cual se dice que lleva a una mayor armonía en su relación. El siguiente es un ejercicio básico para que su pareja y usted estén en sincronía:

➤ Colóquense en posición de cuchara, ambos recostados sobre su lado izquierdo, viendo en la misma dirección. De acuerdo a la sabiduría tántrica, esta posición conduce el flujo de energía.

➤ Cierre los ojos y relájese en esta posición. Procure concentrarse en su respiración utilizando los pasos recién descritos. Cuando se sienta cómodo con el ritmo de su propia respiración, concéntrese en la respiración de su pareja.

➤ Procure mantener su respiración sincronizada con la de su pareja. Relájese. Inhale y exhale al mismo tiempo. Continúe con esta respiración durante 5 minutos.

Usted puede hacer este ejercicio de respiración en cualquier momento. Es una forma excelente de empezar el día. Existen otros ejercicios de respiración que puede practicar una vez que domine lo básico. Busque más información en uno de los tantos libros acerca del tantra que hay en el mercado.

Cómo lograr el equilibrio entre sí

Conforme empiece a acercarse físicamente, observe la oposición de la energía masculina y femenina y las partes del cuerpo que se unen a fin de obtener un equilibrio perfecto. Lo anterior se conoce como el *yin* y el *yang*. Mediante los abrazos, las caricias y los besos suaves, un hombre y una mujer pueden sentir las diferencias entre sí. Pueden sentir las diferencias obvias de su cuerpo y cómo se complementan para lograr el equilibrio.

La gente que practica el tantra cree que el equilibrio sexual perfecto entre un hombre y una mujer se logra por esta oposición. Esto no significa que los homosexuales y las lesbianas no puedan practicarlo, simplemente no forman parte de las antiguas tradiciones debido a la creencia de que las energías ying y yang, masculina y femenina se combinan para crear una sola forma. Sin embargo, en la actualidad cualquier pareja puede practicar el tantra, sin importar su género o preferencia sexual. Lo más importante es tener el deseo de estar más conectado con su pareja.

Inicio del sexo tántrico

Los practicantes del sexo tántrico por lo general empiezan cada encuentro creando un entorno que los conduzca a la intimidad. Los siguientes pasos pueden acercarlos a usted y su pareja:

➤ Su pareja y usted se pueden sentar desnudos con las piernas cruzadas sobre un tapete o almohadas en el piso de una habitación oscura. Para crear un ambiente, pueden tener luz tenue, velas y estar en silencio o poner música *new age*.

➤ Empiece por mirar profundamente a los ojos de su pareja. No la vea, mírela de tal forma que busque encontrar en su pareja esa persona maravillosa que usted piensa que es.

➤ Mientras se miran a los ojos, deben establecer cuánto se quieren y respetan, y la forma en que desean estar más cerca entre sí. Le puede decir algo como: "Eres una parte importante de mi mundo, idolatro el amor que hay en ti y el que compartimos. Te respeto. Quiero combinar nuestro amor con el Universo".

➤ Luego, aún sentados con las piernas cruzadas y mirándose a los ojos, tómense de las manos y respiren en sincronía, inhalen y exhalen profundo, juntos como se describió antes.

➤ Una vez que estén respirando al mismo ritmo, pueden tratar de sentir cómo fluye la energía en ustedes y entre sus cuerpos. Con los ojos cerrados, su pareja y usted recorren simultáneamente el cuerpo del otro sin tocarse; de hecho sus manos deben estar a una distancia de unos cinco centímetros. De esta forma, después de unos minutos, podrán sentir el calor y la energía que emite el cuerpo del otro.

➤ En cuanto esté en sintonía con la energía que fluye de su pareja, abran los ojos, mírense y suavemente tómense las manos mientras mantienen la respiración en sincronía. Concéntrese en sentir la energía que fluye entre usted y su pareja, a través de sus manos, su respiración y sus ojos. Entre más tiempo permanezcan en este estado, se sentirán más conectados. Algunas personas se quedan en esta forma (en silencio, sin hablar) entre 30 y 60 minutos, sólo disfrutando de la cercanía.

➤ Después de este punto, pueden empezar un preludio acariciándose los genitales en forma suave y rítmica. Los practicantes del tantra dicen que una pareja debe mantener un flujo armónico y estable del "elíxir interno" a fin de estar listos para copular. En otras palabras, la mujer debe estar muy húmeda y el hombre debe tener una erección firme. Si la pareja lo desea, a partir de ese momento pueden hacer el amor.

Déjese llevar por la ola

Si ha llegado hasta aquí, probablemente entienda que las parejas que practican el tantra buscan una mayor conciencia sensorial. Si usted lo practica, no sólo tendrá más sensaciones durante el coito, también puede lograr que la relación sexual sea más prolongada. En el sexo tántrico el desarrollo del verdadero orgasmo

195

genital será intenso y duradero, debido a que la etapa del preludio y las caricias en los genitales continúa hasta por dos horas, si así lo desean. En el sexo tradicional, es más común que una pareja se concentre en un ritmo de vaivén que los conduzca al orgasmo. En el tantra, puede detenerse y reiniciar a fin de prolongar las sensaciones. Algunos describen esta etapa como "dejarse llevar por la ola" de la energía sexual. Esto le permite acumular energía sexual, de modo que cuando finalmente esté preparado para compartirla y alcanzar el orgasmo, se intensifique la sensación porque la energía también está lista para ser liberada. Es como si cada poro de su cuerpo aguardara el orgasmo.

Los siguientes pasos ilustran lo que significa "dejarse llevar por la ola".

➤ El hombre introduce su pene sólo dos o tres centímetros dentro de la vagina de la mujer sin movimiento de vaivén.

➤ Permanece dentro de ella durante unos minutos para sentir su cuerpo y energía.

➤ Retira el pene de la vagina y con él masajea suavemente el clítoris y el orificio vaginal.

➤ Después de unos minutos, vuelve a introducirlo en la vagina.

➤ Este ciclo deberá repetirse varias veces. Durante la mayor parte del tiempo, ambos deberán sentir como si estuvieran al borde del orgasmo.

➤ Una vez que por fin deciden dejarse llevar hasta el orgasmo, el pene deberá permanecer en la vagina, con un vaivén suave hasta llegar el clímax. El hombre puede utilizar su pene para masajear el clítoris hasta llevarla al orgasmo.

A diferencia del sexo tradicional en Occidente, en el tantra deberá abstenerse de gemir o hacer ruidos durante las caricias y la cópula. En vez de ello, es importante "estar presente" manteniendo con los ojos abiertos, una respiración profunda y consciente, y atento a las sensaciones en su cuerpo. Las personas que practican el tantra dicen que, al concentrarse de esta forma, tienen sensaciones sexuales más profundas. Lo anterior les permitirá sentir una mayor cercanía entre sí, además de una conexión más espiritual con el universo que los rodea.

Posiciones sexuales tántricas

Una vez que domine el arte tántrico de hacer perdurar el acto sexual, tal vez le interese experimentar con algunas de los cientos de posiciones sexuales tántricas. Las posiciones que las parejas utilizan para el sexo tántrico son tan variadas como las de cualquier tipo de sexo, aunque estas posiciones tienen una similitud básica: permiten que la pareja se sienta más cercana y conectada. En estas posiciones podrán verse a los ojos y acariciarse entre sí para sentir la seguridad, la confianza y el amor que genera su conexión tántrica.

Posiciones sexuales en flor de loto

Una posición tántrica popular es la de "flor de loto", donde el hombre y la mujer quedan de frente, con el pene en el interior de la vagina. Las piernas de la mujer rodean los glúteos del hombre, en tanto las de él pueden quedar estiradas o rodeándola. En esta posición, la pareja tiene un contacto visual completo, además de que pueden tomarse de las manos o acariciarse libremente cualquier zona.

Abrazados firmemente

Esta posición es similar a la del hombre sobre la mujer excepto por una diferencia: las piernas de la mujer rodean la cintura del hombre. Esto permite un mayor contacto corporal, así como un ritmo más lento para el sexo. El movimiento de vaivén no es fuerte ni repetido (como en la posición tradicional) debido a que las piernas de ella lo guían para hacerlo más suave. También pueden mirarse y acariciarse mutuamente.

Posición en forma de copa

En esta posición, la pareja se recuesta de lado y de frente, con el pene en la vagina. En vez del vaivén normal en esta posición, ambos mueven los muslos hacia arriba y abajo, hacia atrás y adelante para crear fricción. Este roce puede hacerlos sentir bien e incluso llevarlos al orgasmo. Es una buena forma sexual para una pareja que quiere tener una relación sexual más tranquila, meditativa y duradera. Si lo desean, esta posición puede conducir a un vaivén suave.

En cualquier posición, la pareja debe recordar enfocarse en sentir la energía del pene combinada con la de la vagina y en percibir la forma en que la energía sube por todo el cuerpo hasta llegar a su mente y hacia el Universo. Los aspectos básicos del sexo tántrico aplican independientemente de la posición que adopte la pareja. Lo anterior significa que la relación sexual debe ser sagrada: la pareja debe disfrutarla y compartirla como un acto hermoso que proporciona gran placer y acerca a dos personas.

El orgasmo de cuerpo completo

En el sexo occidental tradicional, cuando una mujer tiene un orgasmo, normalmente siente que se origina en su clítoris o, algunas veces, en su vagina. Cuando el hombre tiene una relación sexual tradicional, siente que el orgasmo se origina en su pene y testículos al momento de eyacular. Pero cuando una pareja practica el tantra, sienten el orgasmo en todo el cuerpo de manera prolongada, pacífica y cálida. El orgasmo en el tantra forma parte de la sensación de intercambio de energía que es la mística sensación de conexión irradiada en todo el cuerpo.

El "orgasmo de cuerpo completo" es la sensación de que cada parte del cuerpo vibra con el orgasmo. Éste ocurre cuando está en sintonía con su energía y la de su pareja. Éstos son algunos pasos importantes que debe seguir a fin de tener un orgasmo de cuerpo completo:

➤ Mire. Abra los ojos y vea a su pareja experimentar el momento del orgasmo.

➤ Relájese. Permita que su cuerpo se deje llevar por el orgasmo y que se mueva en cualquier forma que considere natural.

➤ Respire. Inhale y exhale de manera profunda y consciente mientras tiene el orgasmo para percibir las sensaciones de todo su cuerpo.

➤ Concéntrese. Ponga atención en la forma que las terminaciones nerviosas de los genitales transmiten a todo el cuerpo señales de sensaciones agradables, así como al punto donde usted percibe cada sensación.

No puede olvidarse del mundo o apretar los ojos al venirse, como mucha gente lo hace. Si está presente y consciente de sí mismo y de su pareja, entonces sentirá estremecer todo su cuerpo. Estar enamorado facilita aún más todas estas sensaciones. Cuando la gente está enamorada, sienten un amor más intenso cuando miran profundamente a los ojos de su pareja durante el orgasmo. Esto los lleva a una sensación más amorosa y conectada y a un orgasmo de cuerpo completo durante la relación sexual.

Contener la eyaculación

De acuerdo con algunas creencias tántricas antiguas, los hombres pueden darle otra dimensión al orgasmo de cuerpo completo, procurando tener los orgasmos sin eyacular. ¿Qué dijo? Antiguos practicantes del tantra creían que cuando un hombre eyacula, gasta energía que necesita. Asimismo, pensaban que si un hombre podía retener el semen, tendría más energía para el orgasmo y podría mantener durante más tiempo la actividad sexual con una mujer.

Hoy sabemos que esto es un mito. Si el hombre eyacula, no significa que pierda energía o la esperanza de continuar con el encuentro sexual. De hecho, no tiene nada de malo que una pareja tántrica (o cualquier pareja) prolongue la estimulación sexual después de que el hombre eyacule y pierda la erección.

A pesar de lo antes mencionado, algunos hombres que son devotos seguidores del tantra, todavía se esfuerzan por separar el orgasmo de la eyaculación y contienen la misma. La gran pregunta es: ¿realmente se puede lograr? La respuesta es quizá. El orgasmo y la eyaculación son funciones independientes, por lo que un hombre puede tener "orgasmos secos" sin eyaculación. Para ello, seguramente necesitará años de entrenamiento en el tantra. El hombre tendría que dominar las técnicas de meditación para alcanzar un nivel en donde pudiera concentrarse y separar estas funciones. Además, deberá entrenar su cuerpo para contener físicamente la eyaculación, lo cual es un gran reto, ya que no es un estado natural.

La capacidad de contener la eyaculación no es una función normal del cuerpo, por lo que si trata de hacerlo, primero debe consultar a un doctor. El intentarlo puede causar problemas de próstata o vejiga. De igual modo, puede provocar problemas sexuales, psicológicos o frustración y ansiedad de intentarlo durante la relación sexual, en vez de disfrutar de ésta. Si aún así quiere tratar de hacerlo, entonces deberá ir a una librería para encontrar libros más específicos sobre el sexo tántrico que le describirán esa técnica a detalle. Lo que seguramente encontrará, son descripciones de técnicas de meditación, así como ejercicios similares a la "técnica de apretar" que se utiliza en la terapia para hombres con eyaculación precoz. Si intenta cualquiera de estas técnicas y se da cuenta que no funcionan para usted, *no se preocupe* ni se obligue a seguir intentándolo.

Sin importar esta separación del orgasmo y la eyaculación, aún puede tener orgasmos de cuerpo entero. Lo único que debe hacer, es lo que le expliqué en la sección anterior: ponga atención a la sensación del orgasmo en todo su cuerpo, no sólo a la fuerza que expulsa el semen. Durante la relación sexual, asegúrese de respirar, concentrarse, relajarse y mirar a su pareja, y sentirá el orgasmo intensamente, incluso si eyacula. El punto principal del sexo tántrico es disfrutar el placer del sexo, así que sólo disfrute aquello que lo haga sentir bien.

Cómo puede el tantra enriquecer su vida sexual

Algunas personas optan por el tantra como un estilo de vida sexual absoluto y muchas están involucradas en otras prácticas taoístas o budistas. Sin embargo, la mayoría de los hombres de Occidente consideran que el sexo tántrico es algo muy extraño.

Si le atraen los conceptos básicos del sexo tántrico —como sentirse más cerca, más conectado y más ligado espiritualmente a su pareja— entonces puede adoptar algunos aspectos del tantra en su vida sexual.

El tantra puede mejorar su vida sexual enseñándole a:

➤ Estar presente durante la relación sexual y no permitir que su mente divague o que ciertas distracciones interfieran con su placer o el de su pareja.

➤ Respetar y valorar a su pareja.

➤ Tener sexo cuando esté completamente listo y a no apresurar el preludio.

➤ Que el orgasmo es un aspecto importante, pero no *el fin último* de la relación sexual.

➤ Aprovechar todo lo que pueda experimentar y mantener los ojos abiertos para mirar a su pareja durante la relación.

Puede tomar esas ideas e incorporarlas a cualquier estilo de vida sexual. Mejorar la espiritualidad de su vida sexual sólo puede acercarlo más a su pareja y, quién sabe, puede hasta conectarlo con toda la energía del Universo.

Capítulo 22

Feliz de ser homosexual

Aun en la actualidad, las cosas no son perfectas. Todavía se discrimina y malinterpreta a los homosexuales, lesbianas y bisexuales. Por eso es importante que usted entienda el hecho de que para millones de personas es una forma normal de vida.

Ser homosexual es normal. Casi 10 por ciento de la población estadounidense es homosexual.

Las etiquetas son para las latas

Debido a que la mayoría de las personas tratan de explicar a quién le atrae quién, buscamos etiquetar la orientación de las personas. El hecho de que usemos etiquetas como heterosexual u homosexual no es un factor determinante para establecer la sexualidad de alguien.

Si la orientación sexual de alguien es homosexual, lésbica o bisexual, significa que la persona tiene la tendencia a enamorarse de personas del mismo sexo (los bisexuales tienen una mayor diversidad). Su orientación sexual se refiere a cómo piensa de sí mismo en términos de quién le atrae en el ámbito sexual y romántico. En pocas palabras, se trata de a quién ama, desea y en algunos casos, por quién languidece.

Cada persona tiene una orientación sexual única; las personas no son homosexuales, lesbianas, heterosexuales o bisexuales nada más porque sí. La mejor forma de explicar las diferencias sutiles en la orientación sexual individual es hacerle ver que se trata de un "continuo", una variedad de todas las orientaciones sexuales posibles que poco a poco cambian de una orientación a la siguiente. A continuación le explico más al respecto.

El continuo de la orientación sexual

En los cuarenta, el famoso sexólogo Alfred Kinsey desarrolló la Escala de Kinsey para la orientación sexual, la cual es la fuente de mayor uso para distinguir una orientación sexual a través de la descripción de las diversas posibilidades. Este punto de partida le ayudará a examinar la amplia variedad de expresiones sexuales a las que a menudo simplemente nos referimos con las palabras "homosexual", "lesbiana" y "bisexual".

Kinsey recomendó que no deberíamos estereotipar a las personas como homosexuales o heterosexuales, sino como individuos que tienen ciertas experiencias heterosexuales y homosexuales.

Consulte la Escala de Kinsey a continuación y decida usted mismo cuál es su lugar. Para aplicar la Escala Kinsey, debe considerar su comportamiento sexual pasado y presente, así como sus lazos emocionales anteriores y actuales y sus fantasías sexuales.

Cuando vea la escala, no dudará en pensar acerca de las atracciones que siente y que ha sentido. Recuerde, en esta escala no hay un lugar correcto o incorrecto. Si realmente quiere entender su orientación sexual, debe ser honesto consigo mismo, es todo. (No hay números "malos"; qué interesante es que el cero en la escala Kinsey sean los heterosexuales ¿o no?) A pesar del número en el que se encuentre, usted es una persona única.

Del cero al seis, un recorrido por la Escala de Kinsey

Número Kinsey	Orientación	Preferencia (incluya su vida erótica, emocional y de fantasía)
Cero	Totalmente heterosexual	Sólo aplican miembros del sexo opuesto. Desea, le atraen o fantasea con tener sexo con gente del sexo opuesto.
Uno	Predominantemente heterosexual	Usted es heterosexual, pero a veces piensa que sería divertido, excitante o deseable, tener como pareja alguien del mismo sexo. Tal vez sólo se trate de sus fantasías y deseos pasajeros.

Dos	Bisexual, pero más inclinado por la heterosexualidad	Aunque le gusta la vainilla y la elige más a menudo, también le gusta el chocolate. Ha tenido contacto sexual con personas del mismo sexo, aunque sus relaciones principalmente son heterosexuales.
Tres	Bisexual	Le atraen, los desea y tiene como pareja sexual a hombres y mujeres.
Cuatro	Bisexual pero más inclinado hacia la homosexualidad	Casi siempre prefiere el azul pero no tiene nada de malo el rosa. Prefiere a las personas del mismo sexo aunque algunas veces lo excitan personas del sexo opuesto.
Cinco	Predominantemente homosexual	A veces piensa que tal vez le atraiga alguien del sexo opuesto, y quizá suceda. Pero casi siempre está con personas del mismo sexo.
Seis	Totalmente homosexual	Sólo aplican los miembros del mismo sexo.

Cualquiera que sea su ubicación en la escala, su corazón lo sabe mejor. Escúchelo y reconozca cuáles son sus verdaderos sentimientos de amor y atracción, en vez de tratar de convencerse a sí mismo de lo contrario. Escuche a su libido, conoce muy bien algunas partes de usted.

Doble atracción

Como habrá notado en la Escala de Kinsey, hay muchas formas en que las personas pueden ser bisexuales. En la escala, la gente que está entre el 2 y el 4 es bisexual, lo cual significa que existen diferentes tipos de bisexuales. Lo anterior lleva a las personas a preguntarse:

➤ ¿Los bisexuales una noche tienen sexo con una mujer y a la siguiente con un hombre?

➤ ¿Los bisexuales tienen una larga relación con un hombre y cuando terminan, tienen una larga relación con una mujer?

➤ ¿Los bisexuales tienen relaciones largas simultáneamente con hombres y mujeres?

➤ ¿Una persona se puede decir bisexual si le atraen personas de los dos sexos, pero nunca (o rara vez) ha tenido sexo con alguien del mismo género?

➤ ¿Algunas personas se dicen bisexuales por un corto periodo, simplemente porque consideran conveniente estar con personas del mismo sexo en un momento determinado de su vida, como estar en una escuela que no es mixta, en la armada o en prisión?

➤ ¿Hay bisexuales que se dan cuenta de su homosexualidad, lesbianismo o heterosexualidad y cambian de identidad sexual?

La respuesta a todas estas preguntas es "sí". Hay varias formas de que la gente sea bisexual. No existen reglas para serlo. No lo sacarán del "club de los bisexuales" si tiene dos amantes masculinos seguidos y después uno femenino, o si nunca ha tenido relaciones simultáneamente, o si por un periodo corto se consideró bisexual. La sexualidad de cada uno es única. Cualquier tipo de bisexualidad es única y, debido a dichas diferencias, existen muchas maneras de que la gente descubra su bisexualidad.

Algunas personas se vuelven bisexuales al experimentar conductas que condimenten su vida amorosa. Para otros es una opción deliberada que les permite tener lo que les hace sentir bien. Algunos no se preocupan del género de su pareja porque están interesados en sus propias necesidades físicas. Otros gravitan en torno a un amante por su personalidad, donde el sexo o el género no tienen nada que ver.

Sin importar cuál sea la razón por la que alguien se da cuenta de que le atraen ambos sexos, los bisexuales deben tratar de aceptarlo tal y como es, lo cual no siempre es fácil. Algunas personas dentro de una comunidad homosexual y lésbica no aceptan a los bisexuales: piensan que deben elegir entre uno o el otro.

Mucha gente reacciona en forma confusa a la bisexualidad. Con frecuencia, los medios describen la bisexualidad femenina como algo sensual e incluso sofisticado, y a la bisexualidad masculina en forma negativa.

Ser un hombre bisexual ciertamente no duplica sus oportunidades de tener una cita. De hecho, si un bisexual le dice a una mujer que le interesa, es probable que ella no se decida si aceptarlo o si prefiere a un heterosexual. Por otra parte, aun desde el punto de vista de los estereotipos, si una mujer bisexual le dice a un heterosexual que le interesa, tal vez el hombre lo vea como una ventaja.

Dentro de la comunidad homosexual, un homosexual preferiría estar con un homosexual, que con un bisexual. Lo mismo ocurre con las lesbianas. Algunos bisexuales piensan que su vida sería más fácil si dentro de dicha comunidad se hicieran pasar por homosexuales o lesbianas y por heterosexuales en la comunidad heterosexual. Pero si sus mundos se encuentran, ¡no será nada fácil!

Aunque "bateen de los dos lados", la bisexualidad no es "más fácil" que ser homosexual, lesbiana o heterosexual. Es por ello que quizá a los bisexuales les beneficie buscar la ayuda de grupos de apoyo especializados. Asimismo, le convendría tener amigos que entiendan su deseo por ambos géneros. Si es bisexual, cuanto más se rodee de personas que lo acepten, más disfrutará de su sexualidad individual.

¿Por qué la gente es homosexual?

Ya le dije que para ciertas personas ser homosexual, lesbiana o bisexual es una forma normal de ser. Tal vez se pregunte por qué algunas personas son así. El hecho es que nadie sabe a ciencia cierta.

Algunas personas se preguntan si es una opción voluntaria, una condición de por vida sobre la que no se tiene control, una respuesta a los modelos a seguir a los cuales fueron expuestos de niños en el hogar o la escuela o si así nacieron como resultado de la genética o de las hormonas prenatales.

Hay varias explicaciones posibles por las que algunas personas son homosexuales, lesbianas o bisexuales como:

➤ Predisposición genética: durante su investigación de 1933, el doctor Dean H. Hamer descubrió que hay una zona en el cromosoma x responsable de la homosexualidad de algunas personas.

➤ Estructura cerebral: a partir de su investigación de 1994, donde comparó cerebros de heterosexuales y homosexuales, el doctor Simon LeVay concluyó que tal vez haya una diferencia en la estructura cerebral en un área cercana al hipotálamo.

➤ Exposición a hormonas en la etapa fetal: algunos investigadores creen que cuando un feto es expuesto a elevadas concentraciones de andrógenos, puede conducir a la heterosexualidad en los hombres y a la homosexualidad en las mujeres, en tanto las bajas concentraciones provocan lo contrario.

➤ Experiencias sexuales a temprana edad: algunos psicólogos de la conducta tienen la teoría de que la sexualidad es un fenómeno aprendido. Según ellos, las experiencias sexuales a temprana edad pueden conducirlos a los comportamientos homosexuales como resultado de encuentros placenteros con personas del mismo sexo o a experiencias heterosexuales traumáticas.

➤ Condicionamiento social: algunos psicólogos en sociología piensan que si un hombre es afeminado o una mujer es hombruna, entonces tendrán inclinación a la homosexualidad, el lesbianismo o la bisexualidad, porque consideran que pertenecen a esa comunidad.

Ésas son algunas explicaciones posibles, pero como puede ver, hay gran variedad de ellas y ninguna ha sido completamente probada para todas las personas. De ahí que en esencia nadie sepa por qué las personas son lo que son.

Descubrir y aceptar la homosexualidad

Quizá para usted sea engañoso descubrir si es homosexual, lesbiana o bisexual porque no existe un patrón que sirva para todos. Algunas personas han tenido la sospecha de que podrían serlo porque durante su niñez tuvieron algún tipo de contacto con el mismo sexo. (Puede o no ser cierto, porque mucha gente ha tenido experiencias con el mismo sexo en una tina o jugando a besarse cuando eran niños, sin que sean homosexuales.) Para otros, el proceso del descubrimiento ocurre sólo después de tratar de adaptarse al molde "tradicional" y se sienten como un corcho cuadrado en un orificio redondo. Es probable que estas personas se den cuenta, después de salir con gente del sexo opuesto, que simplemente no les atrae, y de pronto notan que sienten atracción hacia personas del mismo sexo. Otras personas dicen que ellos siempre supieron que eran homosexuales, lesbianas o bisexuales.

No es fácil percatarse de la orientación sexual, ya que vivimos en un mundo donde a menudo se obliga a la gente a pensar que la heterosexualidad es la única forma normal de ser. A veces los padres contribuyen a la confusión que sienten sus hijos respecto a su orientación sexual durante su crecimiento. Algunos padres tienen mucho miedo de que cualquier interés "femenino" de su hijo lo orille a una vida homosexual y tratan de proporcionarle rifles o camiones de juguete aunque al niño no le interesen. A las niñas "hombrunas" o "machorras" que juegan con camiones o pistolas de juguete, las obligan a llevar listones en el cabello y a jugar con muñecas. Estas situaciones complican la autoaceptación de cualquier niño.

Independientemente de la forma en que alguien llegue a la conclusión de que es homosexual, existe una gran diferencia entre descubrirlo y aceptarlo. Para muchas personas es un área muy turbulenta llena de conflictos y desconciertos sobre las implicaciones de lo que significa ser homosexual en una sociedad heterosexual, mientras que otras finalmente reconocen una parte de sí mismos que por mucho tiempo estuvo latente.

Salga, salga quien quiera que sea

Cuando la mayoría de los homosexuales, lesbianas o bisexuales deciden que quieren salir del clóset (decirles a quienes los rodean de sus preferencias), lo hacen con mucha precaución y cuidado. Cuando lo hacen, se sienten realmente liberados.

Una declaración abierta de su preferencia sexual no es un requisito para que sea homosexual, pero si lo hace tendrá ciertas ventajas:

➤ No tiene que guardar el gran secreto ante su familia y otros a quienes ama.

➤ Siente la libertad de tener citas y socializar en bares para homosexuales, sin la pena que sintió anteriormente por ocultarse.

➤ Descubrirá que algunos de sus amigos o miembros de la familia también son homosexuales.

➤ Si puede inscribirse a revistas o acudir a eventos para homosexuales, aprenderá más acerca de lo que significa ser homosexual.

➤ Puede empezar a sentirse orgulloso de quien es, en vez de sentirse culpable.

Salir del clóset puede ser un paso maravilloso para llevar una vida abierta, honesta y plena, pero también puede ser un reto. El proceso de "salir" incluye el reconocer y aceptar que su preferencia es exclusiva y continua hacia miembros del mismo sexo. Una vez que se acepta como homosexual, lesbiana o bisexual, debe decidir el momento en que esté listo para darlo a conocer a las personas cercanas a usted e incluso revelar su preferencia sexual a personas que no conoce del todo.

No hay duda de que muchas personas consideran más fácil salir a la comunidad homosexual que compartirlo con su familia y amigos heterosexuales. Dividen su existencia en dos; por un lado, se hacen pasar por heterosexuales al mismo tiempo que se guardan para sí este aspecto esencial de su vida. Esta última opción es el camino que toman muchos y que no debe juzgarse, ya que corren el riesgo cruel (y muy cierto) de perder amistades y de alejarse de familiares así como de que los reprueben socialmente e incluso tengan problemas económicos.

Sin importar cuán lejos quiera salir una persona, por lo general hay repercusiones. Tal vez a muchos padres y miembros de la familia (e incluso amigos) les moleste que su hijo (o pariente) sea homosexual y esperan poder cambiarlo. Lo presionan para que busque ayuda profesional a fin de que regrese "al camino recto". En algunos casos los padres se esfuerzan por aceptar a su hijo, pero se sienten incómodos y, en los casos más extremos, llegan a desconocerlo. Por ello, si piensa salir del clóset, debe tener sumo cuidado con el momento y la forma en que se lo diga a la gente que usted cree que puede no reaccionar tan bien como usted espera.

Si está por decirle la verdad a su familia y amigos:

➤ Prepárese para hacerlo en un momento en particular. Nunca lo haga en medio de otra conversación (o peor, en medio de una discusión). Prepárese para hablar con ellos en privado y sin interrupciones. No aproveche un periodo estresante como las fiestas o acontecimientos familiares.

➤ Antes de empezar, diga a las personas cuánto las ama y que está consciente de que se sorprenderán con lo que está por decir, pero que su intención no es molestarlos.

➤ Espere una gran variedad de reacciones, desde ira, sorpresa, o incluso que alguien le pregunte si está bromeando. También piense que la reacción inicial (positiva o negativa) puede cambiar con el tiempo. Prepárese para esos cambios.

➤ Después de la primera conversación, saque el tema otra vez después de uno o dos días, para poder responder dudas o sólo para cerciorarse de que todo esté bien.

➤ Recuerde que a ciertas personas les toma tiempo aceptar que esa persona que quieren es diferente a lo que ellos pensaron. (¡Oiga! ¡Tal vez usted también tardó cierto tiempo en aceptar que era homosexual!) Déles tiempo para que lo asimilen, pero no permita que el rechazo de alguien afecte su valía. Busque contar con otro sistema de apoyo por parte de sus amigos o un terapeuta, en caso de que lo necesite.

Aun cuando algunos homosexuales, lesbianas y bisexuales pueden sufrir discriminación, la mayoría se sienten satisfechos con su vida y aceptan que su orientación sexual sólo es parte de su forma de ser. Por eso, hoy en día no siempre tiene que adivinar la orientación sexual de las personas. Millones de homosexuales, lesbianas y bisexuales se sienten orgullosos y se lo dicen.

Orgullo y prejuicio

Una razón muy importante por la cual las personas tienen muchas dificultades para resolver el problema de su orientación sexual y les toma tiempo decirlo abiertamente, es debido a las consecuencias de la homofobia. *Homofobia* es la hostilidad y el miedo que mucha gente tiene de los homosexuales, lesbianas y bisexuales. Algunos psicólogos creen que la homofobia es una defensa parcial que utiliza la gente para aislar algo que los afecta de forma muy cercana. En otras palabras, tienen tanto miedo de sentirse atraídos por personas del mismo sexo que son crueles con ellos. Sin importar si éste sea o no su caso, la homofobia se expresa de diferentes maneras en nuestra sociedad. Se emplean términos ofensivos como "marica", "puñal", "bicicleta". Durante mucho tiempo se ha impedido que los homosexuales participen en la milicia y la Iglesia los rechaza (aunque cada vez es mayor el número de iglesias que aceptan estas orientaciones). Les niegan alojamiento y rechazan sus solicitudes laborales y de préstamos bancarios; incluso les niegan los beneficios del matrimonio (aunque se han adoptado en algunos países leyes locales de pareja). Debido a que la homofobia se debe básicamente a una visión cerrada de la orientación sexual, no es de sorprender que el mundo heterosexual, el que se considera religiosamente correcto, piense que los homosexuales deberían ser heterosexuales.

La sombra del SIDA ha sido un reto mayor para la comunidad homosexual. El hecho es que el SIDA no es una "enfermedad homosexual". Todas las personas que tienen sexo corren el riesgo de contraerlo. La comunidad homosexual no provocó que se extendiera el VIH o el SIDA. Es más, la comunidad homosexual, a través de ciertas organizaciones, brinda un gran apoyo a la investigación del SIDA y a la gente con SIDA, además de que ofrece educación para que el público aprenda acerca de la prevención de este mal.

No todas las noticias en la comunidad homosexual son malas. Hoy en día existen muchas organizaciones que ofrecen grupos de apoyo.

Usted puede ayudar a incrementar la aceptación. Antes de juzgar a la gente basado en sus ideas de cómo y con quién deberían tener sexo, recuerde que quizá así nacieron. Acepte y disfrute la diversidad, ya que es lo que hace que el mundo siga girando.

Entonces, ¿qué es exactamente lo que hacen en la cama?

Una presentación separada de la vida de los homosexuales, lesbianas y bisexuales parece superflua, ya que en realidad los actos sexuales no difieren entre homosexuales y heterosexuales. Sólo es una combinación diferente de quién hace qué a quién con qué partes sexuales. Si usted es homosexual, disfrutará que lo acaricien, lo mimen y lo estimulen oralmente. Tal vez también disfrute penetrar a su pareja. Si usted es lesbiana, disfrutará de la penetración en su vagina y de la estimulación manual u oral de su clítoris. Todos tienen ano, por lo que el sexo anal y el contacto oral-anal son opciones para todos los seres humanos. Los heterosexuales besan, miman, acarician, lamen, succionan y tienen penetración vaginal y anal. No es de sorprender que los homosexuales también lo hagan.

Fotografía de Arthur Tress.

Sin embargo, es importante explicar que no todos los homosexuales practican el sexo anal ni todas las lesbianas utilizan consoladores en un arnés. Esto puede formar parte de la relación para algunas personas, pero no es algo que la gente haga automáticamente cuando le atrae una persona del mismo sexo. De hecho, hay homosexuales que nunca quieren tener contacto anal y lesbianas que no gustan de introducirse juguetes sexuales. Como todo, los actos sexuales que los homosexuales, las lesbianas y los bisexuales practican, son individuales y varían en cada relación.

Hay quienes piensan que los homosexuales podrían ser más atrevidos en el sexo que los heterosexuales, por el hecho de haber aprendido mucho acerca de sus intereses sexuales cuando estuvieron en el proceso de descubrir su orientación sexual. En otras palabras, como los heterosexuales no pasan por un proceso consciente de "descubrimiento" de ser así, son sexuales sin haber aprendido mucho. Sin embargo, es probable que la atracción por personas del mismo sexo no lo haga a uno más imaginativo y atrevido.

La mayoría de las personas que son homosexuales no ven su orientación como un estilo de vida *sexual,* sino como un simple estilo de vida. Para ellos ser homosexual es parte de su personalidad, es una forma en que ellos existen en el mundo. En otras palabras, no es sólo cuestión del sexo. La verdad es que tener sexo con alguien del mismo sexo es parte de ser homosexual, lesbiana o bisexual.

Fotografía de Barnaby Hall.

Capítulo 23

Sexo y embarazo: ¿qué hará los próximos nueve meses?

¡Está embarazada! ¿Significa eso que debe recostarse durante nueve meses y poner su vida, y su vida sexual, en suspenso hasta el parto? Difícilmente. Éste puede ser un tiempo maravilloso para disfrutar la vida, incluyendo su vida sexual.

Aunque es verdad que en ciertas mujeres disminuye la libido durante el embarazo, también es cierto que en otras aumenta. La vida está llena de sorpresas, ¿no es cierto? Y algo sorprendente es el cuerpo humano mismo y cómo todos los cambios que sufre durante el embarazo afectan la perspectiva de la mujer respecto a su cuerpo y su vida sexual.

Algunas mujeres quizá piensan que lucen sensuales, glamorosas y bellas durante su embarazo. No obstante, tal vez otras piensan que están hinchadas y que son prácticamente asexuales durante su embarazo. Su vida sexual se ve afectada no sólo por su actitud hacia sí mismas, sino por los sentimientos de su pareja. Algunos hombres encuentran sexy a su pareja embarazada, mientras que a otros no les entusiasma nada la idea, e incluso tienen miedo de tener sexo con su pareja cuando lleva a su bebé en el vientre.

Pero si ambos pueden superar sus inhibiciones y temores, pueden tener una vida sexual fabulosa durante el embarazo. Por supuesto que hay algunos hechos que debe conocer y algunas nuevas posiciones que quizá desee probar, así que continúe leyendo.

Cambio de silueta

El primer paso para que la mujer embarazada, al igual que su pareja, acepte los cambios que ocurren en su cuerpo es entender cómo la afectan. Los cambios más notorios en el cuerpo femenino durante el embarazo son el aumento del peso y esa enorme barriga que toda la gente, incluyendo extraños, cree que tiene derecho a tocar. Pero ocurren otros cambios dentro de su cuerpo que podrían afectarla de forma dramática.

El volumen de sangre en su cuerpo aumenta para proveer la suficiente para el feto en desarrollo. El incremento del flujo sanguíneo en la zona vaginal, similar a la vasocongestión que el hombre y la mujer experimentan durante la excitación sexual, puede hacer que algunas mujeres se sientan excitadas durante el embarazo. Mujeres, cuando están embarazadas, el aumento del flujo sanguíneo en la piel puede provocar que se sientan más cálidas de lo normal, y ésa es la razón de ese "resplandor" que hace que luzcan tan radiantes. Sus senos también crecen y se abultan, lo cual algunas mujeres disfrutan porque lucen más "pechugonas".

A veces los cambios no son tan agradables. Las náuseas y vómitos en el primer trimestre pueden ser una verdadera molestia en lo que alguna vez fuera una vida sexual satisfactoria. El "malestar matutino" (aunque tenga ese nombre) no se limita a las primeras horas de la mañana, los efectos pueden continuar durante todo el día, afectando no sólo la sexualidad de la mujer, sino cómo se siente respecto al resto de su vida. Es entendible que algunas mujeres se preocupen por controlar su cuerpo con la esperanza de evitar situaciones que las náuseas empeoran, lo cual puede incluir el sexo, en cualquier faceta.

La sensibilidad en los senos es otro factor que puede inhibir el placer sexual durante esos primeros meses. Puede aumentar tanto que incluso los sientan magullados. Aun si antes acostumbraba un tipo de sexo enérgico e intenso, es probable que ahora no lo disfrute; "suave" puede convertirse en una palabra clave en su vocabulario.

Los cambios emocionales hacen su aparición al mismo tiempo que los cambios físicos. Conforme el cuerpo de la mujer cambia, lo último que sentirá es que es atractiva, especialmente si tiene náuseas y se hincha durante el primer trimestre, y el cansancio lo viene a empeorar todo. Cada célula en el cuerpo de la futura madre participa en la adaptación necesaria para enfrentar el reto que implica ayudar al bebé a desarrollarse. Tiene sentido que el trabajo heroico que ocurre dentro de la mujer afecte sus sentimientos respecto al mundo exterior.

Antes, durante y después del embarazo, el ejercicio debe ser un estilo de vida. Ayuda a la mujer embarazada a conservar un peso saludable (lo que significa subir sólo unos 12 kilos) y a disminuir la depresión. No hay ninguna excusa, por más que la busque, para no hacer ejercicio, en especial porque muchos gimnasios ya cuentan con programas para mujeres embarazadas.

Sexo durante el embarazo

A ciertas parejas les preocupa dañar al bebé en desarrollo si tienen sexo, pero por lo general el sexo durante el embarazo es seguro. Físicamente es imposible que el pene del hombre entre en contacto con el feto, el cual está absolutamente protegido por el saco amniótico dentro del útero, así que no permita que preocupaciones infundadas interfieran en su vida sexual.

Si desea tener una garantía sobre la seguridad del sexo durante el embarazo, hable con su doctor. Los médicos aconsejan la abstinencia de las relaciones sexuales durante el embarazo cuando la mujer presenta sangrados ligeros durante las primeras 12 semanas o, en algunos casos, si anteriormente ha sufrido algún aborto.

Los cambios hormonales y algunos factores emocionales relacionados pueden influir en el impulso sexual de una mujer embarazada. El impulso sexual de ciertas mujeres disminuye durante el primer trimestre, como efecto colateral debido al cansancio o las náuseas. Algunas mujeres se abstienen porque sienten que "no es correcto" que una madre disfrute del sexo.

Con suerte, ese problema desaparecerá por sí solo con el tiempo, cuando ella se ajuste a esa nueva etapa de la vida. Si el sentimiento de culpa no desaparece, debe consultar a un psicólogo o un consejero. Ser madre no significa dejar de lado los demás placeres de ser mujer. Usted es una mujer sensual, incluso si está embarazada o ya es madre, y como su impulso sexual puede aumentar durante el segundo trimestre, debe aprovechar al máximo los placerse que se merece.

Fotografía de Doug Plummer.

Por otra parte, para algunas parejas, la libertad de hacer el amor sin tener que preocuparse por la contracepción es como un afrodisiaco. Muchas mujeres embarazadas primerizas se sienten más sensuales que nunca con su repentina figura voluptuosa. El incremento del flujo sanguíneo en la vulva facilita la excitación, por lo que pueden sentir orgasmos más frecuentes y mejores. Si aprende a aceptar estos cambios, seguramente disfrutará de las relaciones sexuales durante el embarazo.

Si descubren que en realidad no quieren tener relaciones sexuales o si les advirtieron que no las tuvieran durante cualquier etapa del embarazo, no desperdicien la oportunidad que brinda el embarazo para lograr una mayor intimidad en otros aspectos. No existen reglas contra la cercanía física o las caricias; puede ser una gran oportunidad para aprender muchas otras formas de dar y recibir placer.

No importando el trimestre en que se encuentre, la masturbación mutua puede ser una muy satisfactoria forma de hacer el amor que no debe ignorarse. La masturbación permite que ambos alcancen el orgasmo en varias posiciones y permite la intimidad física cuando se evite la cópula.

La posición adecuada en el momento adecuado

Durante el embarazo, la pareja debe experimentar con las posiciones sexuales a fin de encontrar la que sea más cómoda para los dos. Conforme avanza el embarazo, cada vez se vuelve más difícil hacer el amor en la posición del misionero, pues el cuerpo del hombre ejerce mucha presión sobre el abdomen de la mujer. Alrededor del cuarto mes (aunque podría ser antes para algunas) puede ser mejor para la pareja adoptar la posición en la que la mujer está arriba o en la que la penetración se realiza desde atrás. Es probable que, para la mujer que prefiera colocarse arriba, sea más cómodo acostarse sobre su pareja con las piernas entre las de él o por fuera. Hincarse a horcajadas sobre él también puede ser una buena posición. Si se inclina por las posiciones de penetración desde detrás, su enorme barriga no se interpondrá en el camino. Recostarse de lado, o en posición de cuchara, siempre facilita la penetración.

Adaptando la mecánica del juego Twister (mano izquierda, azul, pie derecho rojo) las siguientes posiciones le ayudarán a salir adelante juntos durante el embarazo. Quién sabe, tal vez les gusten tanto que continúen practicándolas incluso después de que su hijo vaya a la universidad.

➤ El hombre de rodillas, atrás de la mujer apoyada en cuatro puntos, para penetración desde atrás: el peso del bebé queda suspendido en el abdomen en esta posición, por tanto, si sufre de problemas de espalda, tal vez sea la posición adecuada para usted. Asimismo, le da la oportunidad a su pareja de proporcionarle estimulación clitoral fácilmente.

➤ La mujer acostada boca arriba y el hombre a su lado para penetración de lado: puede ajustar el ángulo de su espalda y pelvis con cojines bajo la cabeza y hombros.

➤ Ambos recostados de lado ("cuchara"), el hombre a espaldas de ella, para penetración desde atrás: la mujer se puede mover libremente mientras su pareja estimula sus senos. No se ejerce presión en la espalda ni el abdomen.

➤ El hombre sentado con la mujer frente a él para penetración frontal: aunque puede ser una postura difícil en las etapas más avanzadas del embarazo, les da la ventaja de verse el uno al otro y les permite estar erguidos y activos.

Lo que se puede y lo que no se puede del sexo

En general, cuando se trata de sexo, las reglas son contraproducentes y pueden incluso causar más daño que beneficio. Sin embargo, en lo que se refiere al sexo durante el embarazo, me enorgullece ofrecer la siguiente lista:

Sí se puede	No se puede
Traten de aceptar los cambios en el cuerpo de la mujer embarazada, sin permitir que afecten en forma negativa la imagen que ella tiene de su cuerpo ni la actitud de su pareja respecto a su sensualidad.	No se preocupe si se siente diferente respecto al cuerpo en estado de gestación; los cambios en la forma del cuerpo pueden menoscabar la imagen que la mujer tiene de él.
Si la cópula no está permitida o no es deseada, acepten participar en alternativas sexuales.	No teman acariciar y explorar sus cuerpos mutuamente.
El hombre debe procurar no recargar su peso sobre el abdomen y los sensibles senos de la mujer.	No teman experimentar durante la relación sexual, a fin de encontrar posiciones que sean más cómodas para la mujer embarazada.
Prepare los pezones de su pareja para amamantar, proporcionando una gran estimulación oral.	Nunca sople dentro de la vagina. Puede ocasionar una embolia y dañar tanto a la mujer como al bebé.
Disfruten su relación sexual, pero tengan en cuenta sus limitaciones.	No piense que ella tiene algún trastorno si no le apetece hacer el amor.

Más formas de disfrutarse el uno al otro

La lencería no siempre es la mejor opción cuando trata de sentirse sexy. De hecho, los leotardos reveladores podrían causar el efecto contrario al que espera durante y después del embarazo. Si busca otras formas de "ponerse algo cómodo", tal vez le interesen las siguientes ideas:

➤ Báñense juntos. En el agua el sexo puede ser salvaje y maravilloso (pero tengan sumo cuidado de no resbalarse).

➤ Dense masaje de cuerpo entero. ¿Les parece demasiado? Entonces acaricien sus pies mutuamente o unte aceite de cacao en esa enorme y hermosa barriga (algunas personas creen que ayuda a disminuir las estrías).

➤ Permítanse un tiempo para estar a solas los dos.

➤ Hagan ejercicio juntos.

➤ Bésense como si fuera todo lo que pueden hacer, no como preludio de la relación sexual. Quizá descubran que es toda la estimulación que necesitan.

➤ Platiquen sobre sus sentimientos y pensamientos.

¿Cómo se sienten los hombres respecto al sexo durante el embarazo?

Muy a menudo, las emociones de los dos son muy volátiles durante los primeros meses de embarazo. En este momento los sentimientos pueden variar de estar estáticos respecto a esta experiencia compartida hasta una conmoción absoluta por la posible pérdida de la sexualidad conforme las funciones de la "paternidad" afloran.

Hacia el final del embarazo, en especial en el último trimestre, para el hombre tener sexo con su pareja puede ser muy desalentador. Es muy común que un hombre empiece a pensar en su pareja como una madre más que como una amante. (Tal vez por el arraigo del complejo de Edipo, el miedo de querer tener relaciones con su madre.) Quizá su pareja no lo atrae porque tiene problemas para recordar que ella es la mujer que ama y que siempre lo ha excitado, no sólo la mujer que lleva a su hijo en el vientre. Tal vez no quiera tener sexo por su miedo irracional de dañar al bebé. Claro que como la mayoría de los hombres son educados para pensar que siempre deben desear tener sexo, acaso se sientan extraños de que ahora no sea así.

Finalmente, una vez que nace el bebé, hay más cambios a los que tiene que adaptarse. Un hombre que ve el parto, tal vez se sienta extraño cuando pueda tener sexo de nuevo, pues antes pensaba en la vagina como la zona que lo excitaba para introducir su pene y ahora piensa en ella como el lugar de donde salió su hijo.

Para muchos hombres, el tener una pareja embarazada es maravilloso; se sienten orgullosos del "poderoso" esperma que produjo el embarazo. Todo ese machismo es suficiente para excitarlos. También pueden apreciar el hecho de que los senos de su mujer sean más grandes, además de no tener que usar preservativos o anticonceptivos, un lujo para muchas parejas. Muchas mujeres, hacia el final del embarazo, prefieren masturbar a su pareja o proporcionarle sexo oral si no desean copular pero aún quieren satisfacerla. Con suerte, él disfrutará de esa variedad y estimulación y será capaz de adaptarse a los cambios en su vida y en su vida sexual.

Sexo después del parto

Si ha aprendido algo de este libro, es que el sexo es mucho más que sólo copular. El periodo de transición que sigue al parto (llamado postparto) es un tiempo en que la mujer descubre los cambios en su cuerpo, sus respuestas sexuales y las de su compañero, así como su relación mutua y la de cada uno con el bebé. Puede ser el tiempo para explorar las opciones que tienen para excitarse y satisfacer sus necesidades sexuales, en vez de "sólo esperar". La penetración vaginal puede ser dolorosa e indeseable para la mujer, pero no significa que el sexo esté totalmente fuera de lugar.

Como con cualquier interacción sexual, necesita hablar con su pareja acerca de lo que ambos sienten respecto al cuerpo del otro, lo que es placentero y lo que no, sus deseos, preocupaciones y temores. Mujeres, consulten a su médico si el dolor continúa por un periodo prolongado después del parto. ¿Qué tan prolongado? Esto es individual, es único en usted, pero para la mayoría de las mujeres, si no para todas, pueden reanudar su actividad sexual seis semanas después del parto.

Cambios físicos

Como si no fuera suficiente con la cuenta del doctor, la visita de la suegra y la presencia de una personita nueva en su casa, los procesos del parto y postparto presentan retos únicos para volver a la acción. Para empezar está la episiotomía, (incisión hecha en un extremo de la abertura vaginal durante el parto para que no se rasgue la piel entre la vagina y el ano), la cual hace que cualquier mujer difícilmente se sienta relajada para tener sexo antes de que la herida haya sanado por completo. Literalmente debe darle oportunidad al tejido de regenerarse antes de tener relaciones sexuales (incluso cualquier tipo de estimulación vaginal). Aunque los doctores digan que pueden tener relaciones después de seis semanas, ciertas mujeres a las que se les ha practicado la episiotomía dudan si tendrán alguna molestia. Aun cuando la inflamación, el dolor y la posible formación de tejido cicatrizal en la base de la vagina hagan que sienta extraños sus labios y vagina, es un momento en que debe ponerles atención, observarlos y vigilar el proceso de curación.

Si se ha sometido a una cesárea, la presión en su abdomen puede ser incómoda y dolorosa e incluso quizá tenga la sensación de que la herida se abrirá. Asegúrese de hablar con su doctor si cree que la recuperación de su episiotomía o cesárea no progresa como es debido.

El hecho de que la mujer amamante no nos sorprende; la mayoría estamos conscientes o preparadas para esta maravillosa proeza que llevan a cabo los senos después del parto. Pero existen otros fluidos que produce el cuerpo de la mujer que la pueden hacer sentirse poco atractiva. Después del parto, su cuerpo eliminará el exceso de fluido que fue acumulado durante el embarazo, lo cual realiza a través del proceso de sangrado vaginal postparto (descarga de sangre y tejido uterino que se produce conforme el útero regresa a su estado previo al embarazo), de la orina y de la sudoración excesiva. Esto, junto con la emanación de leche de los senos, es normal. Así mismo, el cuerpo femenino tiene que volver a equilibrar sus hormonas y su ciclo menstrual, lo cual tomará aproximadamente dos meses o más.

En tanto los tejidos se acomodan y sanan las heridas, algunas posiciones sexuales (como la del misionero) no son buenas opciones. Las mejores posiciones son las que permiten que la mujer controle el ángulo y la profundidad de la penetración, así como las que mueven la pelvis hacia adelante y mantienen la presión del pene hacia la parte superior de la vagina. Si ella fue sometida a una cesárea, ponga especial cuidado en no recargar el peso de su cuerpo sobre la cicatriz de su pareja.

Tan pronto como le sea posible, la nueva mamá debe reanudar su ejercicio. Volver a poner el cuerpo en forma es bueno para su vida sexual, así como para su mente; recuerde que el ejercicio alivia la depresión. Además del ejercicio regular, después del parto las mujeres deben recordar practicar los ejercicios de Kegel, a fin de fortalecer y reafirmar las paredes vaginales.

Cambios emocionales

La mayoría de los retos físicos del postparto desaparecen por sí solos con el tiempo. Los retos emocionales requieren una comunicación honesta y paciencia. Convertirse en padre, afecta la imagen que tiene de sí mismo y su impulso sexual.

Desafortunadamente, nuestra sociedad elimina la sexualidad durante la maternidad. No crea en esta noción equívoca. Tener un bebé no la convierte a usted en su madre (o su suegra). Sigue teniendo las mismas partes, hormonas y capacidades y su derecho a disfrutarlas no ha desaparecido.

Por desgracia, algunas mujeres no sólo se sienten poco sensuales: se sienten deprimidas después del parto. Pueden sufrir "depresión postparto", la cual afecta a la mitad de las mujeres que tienen bebés. Esto puede ocurrir entre tres días y seis semanas después del parto. No se conoce exactamente cuál es la causa; puede estar ligada a las fluctuaciones hormonales o a los aspectos sociales y psicológicos de ser madre. Si la depresión continúa después de seis semanas después del nacimiento, hable con su doctor o visite a un terapeuta.

Por supuesto que tener un bebé es uno de los aspectos más gozosos de la vida y hay muchas cosas maravillosas que pueden ocurrir en la relación después del nacimiento del bebé; cómo estar más íntimamente ligados. Ustedes son las dos personas que crearon esta nueva vida juntos; son "mamá" y "papá" y eso puede generar un increíble sentimiento de intimidad.

¿Muy traqueteado?

El truco para acabar con la "falta de tiempo" durante el postparto es abrirse a la posibilidad de que el sexo puede ocurrir fuera de la alcoba y en momentos que no sean antes de ir a dormir o después de que suene el despertador. Quizá esté exhausta por cuidar al bebé y con pocos ánimos para tener sexo cuando tiene un descanso. Sin embargo, si desea recuperar su vida sexual y mantener una relación íntima con su pareja, necesitará aprender a excitarse cuando tenga un momento de calma. Tal vez su bebé no duerma a menudo, pero cuando lo haga, aproveche el momento para tener sexo, o reserve una habitación de hotel cuando tenga suficiente confianza para que alguien más cuide al bebé. Quizá lo que necesite sea escapar un rato de los biberones y los pañales. Entonces, ¡oh nena!, pueden tener verdadera diversión sexual.

Calidad

Para este momento, se ha dado cuenta de que su vida sexual cambiará durante el embarazo y los primeros meses que siguen al nacimiento de su bebé. En vez de sentirse frustrado por lo que no puede hacer con su pareja, concéntrese en lo que sí puede hacer. Recuerde que la calidad, y no la cantidad, es lo que cuenta. Tal vez esté cansada, dolorida y herida, pero puede disfrutar de una vida sexual satisfactoria si recuerda estos consejos:

➤ Déle tiempo; mucho romance y caricias pueden ayudar.

➤ Relájese y tome las cosas con calma, está tratando de volver al sexo, no de probar nada.

➤ Cambie de posiciones conforme cambie su cuerpo. Póngase cómoda y no se obligue a hacer algo que le desagrade.

➤ Acepte y disfrute de la redondeada figura femenina; senos, caderas, barriga y todo.

➤ Sean honestos, la comunicación es la clave.

219

➤ Encuentren alternativas. Este capítulo le presenta muchos consejos sexys para aprovechar lo mejor de esto.

➤ Apóyense el uno al otro durante este tiempo especial.

➤ Tener un bebé es uno de los aspectos más maravillosos de la vida. El hecho de que su vida cambie de innumerables maneras, no tiene por qué afectar su vida sexual.

Capítulo 24

La experiencia cuenta: sexo y madurez

No sólo está envejeciendo, está madurando; como el buen vino. La edad le permite vivir muchas experiencias increíbles, incluyendo experiencias sexuales maravillosas.

El proceso natural de envejecimiento pone freno a algunas actividades, pero ciertamente no a las relaciones sexuales. La gente mayor que mantiene una vida activa en general tiende a ser más activa sexualmente en sus últimos años.

Los años de vejez son finalmente tiempo para hacer lo que siempre ha deseado hacer. En vez de llenar este tiempo con pensamientos negativos como: "Llegué al fin del camino", llénelo con nuevas personas, viejos amigos y nuevas habilidades (¿alguien quiere saltar del bungee?) y por supuesto, más sexo. Para muchas personas, el sexo mejora conforme envejecen. Para quienes quieren algunos indicadores de cómo tener mejor sexo al envejecer, este capítulo puede ayudar.

Mujeres y madurez

Conforme se hacen mayores, las mujeres necesitan sentirse deseables a fin de mantenerse sensuales y sexuales, incluso después de los 50. Su actitud hacia asuntos como la menopausia y los cambios en la imagen de su cuerpo son factores importantes en el enfoque que tengan de esos años dorados. Con una visión positiva, las mujeres pueden divertirse más que nunca al tener sexo. Pero antes de explicar toda la diversión que pueden tener, primero les diré cómo pueden superar los aspectos que pudieran estarlas afectando.

Su viejo y buen cuerpo

En Occidente, la juventud es reverenciada como una característica increíble y sensual. Muchas mujeres apenas empiezan a aceptar su cuerpo cuando llega el momento de los cambios debidos a la edad y se inicia la menopausia. Ésta no sólo significa el cese de la menstruación, sino una serie de cambios físicos que incluyen arrugas, aumento de peso, bochornos y sudoración, vientre abultado y senos flácidos que pueden hacer que una mujer se sienta realmente poco atractiva.

Las arrugas van contra las leyes de la moda, pero no contra las de la Naturaleza. Imprimen carácter en la gente y hacen a cada persona realmente única. Mujeres, al tiempo que envejecen y aparecen las arrugas deben aprender a mantener una actitud positiva. Se ha ganado sus arrugas y su rostro cuenta su historia. Tengan esto en mente mientras aprenden a amar todo su cuerpo de nuevo.

El aumento de peso es otro signo de envejecimiento que afecta la imagen que una mujer tiene de su cuerpo. El metabolismo se vuelve más lento y es muy importante que las mujeres se mantengan activas físicamente en este momento crucial de su vida. Aun si nunca se ha ejercitado, es el momento de hacerlo; muchos gimnasios y asociaciones ofrecen ejercicios de bajo impacto que no afectarán sus articulaciones. Yoga y tai chi son disciplinas increíbles que le ayudarán a mantener su cuerpo flexible (y su mente clara). Y no olvide que caminar la mantendrá en forma a cualquier edad. Con ejercicio se sentirá mejor, beneficiará su imagen corporal y se mantendrá activa, lo cual aumentará su deseo de estar sexualmente activa. Si se siente bien con su cuerpo y consigo misma, es más factible que comparta esos sentimientos positivos con su pareja.

Como los medios nos hacen creer que un cuerpo joven es un cuerpo bello, las mujeres maduras deben aprender a ignorar esas imágenes y a apreciar su propio cuerpo. He aquí algunos consejos que pueden ayudar:

➤ Observe su cuerpo desnudo en el espejo varias veces por semana. En vez de concentrarse en todo lo que ha envejecido, simplemente vea lo bella que es.

➤ No se vista como viejita, busque atuendos juveniles, divertidos y de buen gusto. No tiene que vestirse como una adolescente pero puede buscar estilos contemporáneos para personas de su edad, en vez de usar los pantalones de poliéster que compró en los años 70.

➤ No conserve el corte de cabello que ha tenido durante los últimos diez años. Vaya con un estilista que la "renueve" con un corte y un color nuevos, actuales, de moda y de buen gusto.

➤ No haga caso de las actrices jóvenes que hacen gala de sus figuras veinteañeras. En vez de eso, siga de cerca a las grandes figuras que tienen alrededor de 60.

➤ Haga ejercicio. Sé que ya lo he dicho antes, pero nunca está de más repetir las maravillas que el ejercicio puede hacer por su cuerpo y su mente. Inscríbase a un gimnasio, busque una pareja para hacer ejercicio o, si tiene los medios, contrate a un instructor personal que le ayude a ponerse en forma.

Las mujeres que se mantienen activas y actualizadas son quienes se sienten mejor con su cuerpo, su vida sexual y su edad en general.

El cambio de la vida

La *menopausia* es el momento en la vida de la mujer en que cambian los niveles de hormonas en su cuerpo, por tanto cesa su menstruación y ya no puede tener hijos. Ocurre en un periodo de dos años, entre los 45 y los 60 años. Independientemente de su edad, como mujer, es algo que afectará su vida y sus relaciones.

Antes de la menopausia, en un periodo llamado *perimenopausia,* los ovarios producen cantidades fluctuantes de estrógeno. Piense en ello como si manejara un auto con obstrucción en el carburador, en ocasiones pasa demasiada gasolina y en otras se ahoga, dejándola tirada. Conforme se acerca la menopausia, los ciclos menstruales se van espaciando, hasta que desaparecen por completo.

Muchos síntomas molestos acompañan a la menopausia. De 75 a 85 por ciento de las mujeres menopáusicas sufren de bochornos, sudoración, mareos, taquicardia y dolor en las articulaciones. Estos síntomas pueden producir insomnio, fatiga crónica, irritabilidad y depresión. Asimismo, reducen el impulso sexual de muchas mujeres. Además, la resequedad en la vagina y el adelgazamiento de las paredes vaginales pueden, incluso, provocar dolor durante la relación sexual.

Algunas veces el tratamiento consiste en una terapia de sustitución de hormonas, que implica ingerir hormonas sintéticas cuando los ovarios dejan de producir suficiente estrógeno y progesterona. Para algunas mujeres, esto puede ser benéfico porque:

➤ Reduce el riesgo de osteoporosis, una condición en la que los huesos se adelgazan y se vuelven quebradizos.

➤ Puede aliviar los síntomas de la menopausia.

➤ Puede reducir el riesgo de ataques cardiacos.

Pero la terapia de sustitución de hormonas no es para todas las mujeres, ya que tiene sus riesgos.

➤ Los estrógenos pueden aumentar el riesgo de cáncer en el útero, el endometrio o los senos.

➤ La progesterona puede causar sensibilidad en los senos, retención de líquidos, melancolía y cólicos.

223

➤ Las mujeres que han tenido cáncer uterino, endometrial, de mama, o coágulos, sangrado vaginal inexplicable o enfermedades del hígado, no son candidatas al tratamiento con hormonas.

Las mujeres que están pasando por la menopausia deben hablar con su médico acerca de todas las opciones que tienen para mantenerse sanas y felices durante este periodo.

El cambio de la vida, no tiene por qué cambiarlo todo. Por el contrario, las mujeres pueden todavía sentirse sensuales y deseables. La menopausia no significa poner a los hombres en pausa. Piense de modo positivo sobre sus beneficios liberadores: no más menstruación, no más cólicos, no más inflamación, no más SPM, no más preocupaciones por quedar embarazada. ¡Puede tener sexo en cualquier momento y en cualquier lugar!

Aspectos masculinos del sexo y la madurez

Conforme los hombres se hacen mayores, pueden experimentar algunos cambios físicos que afectan su sexualidad. A diferencia de las mujeres, que tienen que superar el hecho de que ya no se pueden reproducir después de la menopausia, los hombres pueden producir esperma activo hasta en sus años dorados. Los cambios que ocurren en los hombres son:

➤ La erección puede requerir de más tiempo, debido al endurecimiento de los vasos sanguíneos del tejido eréctil.

➤ Se debilita el impulso de eyacular, lo cual dilata la eyaculación.

➤ El tiempo de resolución en su ciclo de respuesta sexual se prolonga, por tanto una nueva erección después de eyacular requiere de más tiempo.

➤ El tejido del escroto se ablanda y arruga y los testículos se encogen y pierden su firmeza.

➤ La próstata a menudo se agranda y sus contracciones pueden ser más débiles durante el orgasmo.

➤ La producción de espermatozoides declina con la edad. Para los 80 años, menos de 50 por ciento de los hombres tienen espermatozoides en el semen. Sin embargo, hombres de hasta 90 años han procreado hijos.

La respuesta sexual masculina se vuelve un tanto más lenta después de los 40. Como mencioné en la lista, lograr la erección puede requerir de más tiempo y tal vez la eyaculación de más estimulación y luego una nueva erección de tiempo adicional (de una a doce horas, dependiendo cuál era su estándar en el pasado). Tal vez haya escuchado la broma que dice: "Ahora me toma toda la noche hacer lo que antes podía hacer durante toda la noche". Bueno, así es como se sienten algunos hombres.

Pero muchas mujeres lo consideran una bendición y ven a su pareja como un mejor amante una vez que madura. Un hombre maduro puede aficionarse pronto a los goces del preludio, el cual puede necesitar para lograr la erección, y como le toma más tiempo eyacular, la relación se prolonga, lo que significa más diversión para ambos. Luego, aunque no logre una nueva erección sino hasta el día siguiente, ambos se sentirán satisfechos sabiendo que han tenido sexo maravilloso, bueno y duradero.

Tribulaciones de los hombres maduros

La dificultad para tener una erección es uno de los principales problemas sexuales que la mayoría de los hombres tiene que enfrentar en la madurez. La impotencia, incapacidad para lograr la erección, puede ser física o psicológica. Si es psicológica, es muy posible que un hombre que teme envejecer se preocupe demasiado por no lograr la erección y tanta preocupación hace que pierda la erección. Luego se deprime y se preocupa más, y todo se vuelve un círculo vicioso en el que se preocupa y con frecuencia no logra la erección.

Sin embargo, muy a menudo, cuando un hombre no puede tener una erección debido a su edad, los factores son físicos. La capacidad física de lograr una erección se ve afectada por la edad, con frecuencia debido a los cambios en la presión sanguínea y la circulación. Le toma más tiempo lograr la erección, y una vez que la logra, carece de la firmeza que tuvo en la juventud. Pero hay algunas cosas que puede hacer para resolverlo.

Éstas son algunas de sus opciones:

➤ Incrementar la estimulación manual y oral. Algunos hombres todavía pueden desarrollar firmeza, pero esto como resultado de una estimulación manual y oral previa a la penetración.

➤ "Arranque en frío". Algunas parejas encuentran útil el introducir el pene flácido dentro de la vagina como una forma de estimulación, de tal forma que el hombre tenga una erección más firme una vez dentro.

➤ Utilizar una bomba de vacío. Algunos hombres tienen una erección más firme y prolongada con la ayuda de una bomba de vacío que puede ser preescrita por un doctor o terapeuta sexual. Es un tubo de plástico que se pone en el pene antes del sexo. Ayuda a conducir más sangre hacia el pene.

➤ Uso de Viagra. Este medicamento de prescripción funciona en algunos hombres aumentando el flujo de sangre hacia el pene y ayudando a que tengan una erección, aunque no funciona para todos y puede tener efectos secundarios.

Éstas son algunas opciones, para mayor información revise el capítulo 28 y, por supuesto, acuda al médico o al terapeuta sexual.

Es realista esperar que durante el transcurso de su vida cambie su respuesta sexual y la forma en que siente los orgasmos. Es mucho más probable que se beneficie de los cambios si se adapta a ellos, en vez de estar pensando cómo era todo en su adolescencia, cuando se excitaba con sólo pensar en tener sexo. Tenga en mente que muchas mujeres son felices cuando un hombre lo toma con más calma.

¿Se ve mejor mi cabello si lo divido de esta forma?

Un automóvil deportivo caro puede tomar las curvas con más estabilidad a mayor velocidad y le permite sentir el viento en su cabello (lo que queda de él), pero no hará nada por reducir la llanta que tiene en la cintura. Es verdad; las arrugas, el aumento de peso, la pérdida de tono muscular, la caída del cabello y otros cambios en la apariencia física lo pueden conducir a la inquietud, la insatisfacción y la depresión. Los hombres tienen que aprender a ajustarse a sus maduros cuerpos en cambio al igual que lo tienen que hacer las mujeres: con pensamientos positivos, actividad física y buena nutrición.

Los hombres maduros no deben ver a atletas profesionales en televisión ni desear tener los cuerpos de dichos jóvenes fuertes y bien entrenados. Los hombres en la madurez, deben aprender a querer sus cuerpos con la forma que tienen ahora. Su cuerpo es todo lo que tiene para funcionar. Aunque no se esforzará por romper algún record olímpico, el gimnasio es un buen lugar para estar en forma y liberar algo de estrés.

Salud y sexo para mujeres y hombres en la madurez

Aunque es verdad que la mayoría de los hombres y mujeres maduros son capaces de llevar una vida sexual activa y satisfactoria, algunas veces la enfermedad o la discapacidad pueden afectar su vida y su vida sexual. Saber cómo pueden afectar su vida sexual las enfermedades asociadas con la edad puede ayudarle a asegurar que no lo tomen por sorpresa:

➤ La *apoplejía* puede ser devastadora en algunos, pero en otros no daña su función sexual. Mucha gente teme que tener sexo pueda causar otro ataque, pero esto es poco probable. Encontrar posiciones sexuales en las que pueda relajarse más, como la posición de lado, puede compensar la debilidad o la parálisis que pudo haber sufrido. Usted todavía puede besar y acariciar.

➤ Un *ataque al corazón* hace que muchas personas consideren dejar de tener sexo por temor de tener otro, pero el riesgo es mínimo. De hecho, hay quienes piensan que una vida sexual activa es saludable para el corazón porque proporciona ejercicio cardiovascular moderado, equivalente a subir dos pisos por las escaleras. Hable con su doctor al respecto.

➤ La *diabetes* puede provocar problemas sexuales porque puede ser difícil o imposible que el hombre tenga una erección. Cuando la diabetes es tratada, se restaura la capacidad eréctil. Independientemente de esto, no tiene porque renunciar a los dulces juegos sexuales.

➤ Los dolores provocados por la *artritis* pueden inhibir la actividad sexual. La cirugía o la ingesta de medicamentos ayuda a algunas personas, mientras que para otras el masaje es un buen paliativo. Para estar más cómodos durante la relación sexual, quienes sufre de artritis pueden encontrar posiciones que no presionen las áreas afectadas. Recuerde que no hay huesos ni articulaciones en el pene, la vulva o la lengua.

➤ La *mastectomía,* cirugía que extirpa un seno o ambos debido al cáncer de mama, no daña ninguna función sexual, pero puede afectar emocionalmente a una mujer y alterar su imagen corporal. Muchas mujeres a quienes les reconstruyen el seno al momento de hacerles la mastectomía, pueden superar mejor esta pérdida. Una cirugía mayor o el diagnóstico de una enfermedad mortal, puede originar períodos de depresión en muchas mujeres, lo cual hace que desaparezca su deseo sexual. El tiempo, una pareja comprensiva y el consejo profesional pueden ayudar.

➤ La *histerectomía*, la extirpación qurúrgica del útero, no debe interferir con ninguna función sexual. Las mujeres no son "menos femeninas" después de esta cirugía. Los órganos internos de la mujer no definen su sexualidad y, además, conserva las partes que necesita para disfrutar del sexo: su clítoris y su mente.

➤ La *prostectotomía,* la remoción quirúrgica de la próstata, no debe afectar el desempeño sexual del hombre. Algunos sufren efectos secundarios como la eyaculación retrógrada, la cual ocurre cuando se dirige a la vejiga en vez de al pene. De otra forma, deben funcionar como siempre. Las nuevas técnicas quirúrgicas conservan los nervios que van hacia el pene, por lo que el paciente todavía puede tener erecciones.

➤ Los tratamientos de cáncer, de todo tipo, pueden afectar el deseo sexual. La radiación y la quimioterapia agotan y a veces enferman en verdad a los pacientes. Asimismo, el estrés que provoca el cáncer y el cambio de enfoque hacia las citas médicas, incrementan la falta de interés en el sexo. En la mayoría de los casos, al terminar los tratamientos, el deseo sexual reaparece. Si el deseo sexual no vuelve a la normalidad, consulte a su doctor o terapeuta sexual.

➤ Los medicamentos como antidepresivos y tranquilizantes, así como los de control de la presión pueden causar discapacidad para tener una erección o la ausencia de eyaculación en el hombre, así como reducción en el deseo de la mujer. Estos efectos pueden ser alterados si el doctor prescribe un segundo medicamento para contraatacar los efectos secundarios de esos medicamentos, o se pueden revertir cuando se interrumpa el tratamiento. Si experimenta efectos secundarios sexuales debido a algún medicamento, hable abiertamente con su doctor para que le dé algunas opciones.

Finalmente, recuerde que su doctor sabe que estas condiciones médicas pueden provocar efectos secundario sexuales, así que hable abiertamente con él sobre sus preocupaciones. Si necesita más ayuda, vea a un consejero o un terapeuta sexual.

Hombres y mujeres lo están usando, no lo están perdiendo

La gente de cualquier edad puede experimentar el gozo y el placer total de su sexualidad, ya que los órganos sexuales se mantienen sensibles de por vida y usted puede hacerlo también.

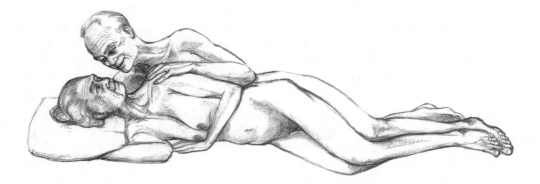

La mejor forma de mantener una vida sexual excitante en la vejez, es probar cosas nuevas. Aquí tiene algunos consejos para amantes de la tercera edad:

➤ Usen lubricantes. Siempre tengan un lubricante cerca de la cama (o en cualquier lugar en el que tengan sexo). La lubricación adicional puede ser muy útil para las mujeres después de la menopausia, y para los hombres que necesitan un poco de estimulación manual antes de tener una erección completa.

➤ Tengan sexo a diferentes horas. Encontrar tiempo para tener sexo quizá fue difícil en alguna época; la casa llena de niños, los complicados horarios, sus exigentes carreras. Quizá tener sexo se limitaba a la noche, justo antes de dormir, pero ahora tiene todo el tiempo, así que sáquele provecho. Si se sienten agotados en la noche, tengan sexo durante el día, cuando se sientan alertas y con energías.

➤ Pruebe algunas variaciones sexuales nuevas e interesantes. Vean una película porno juntos, hablen sucio, utilicen juguetes sexuales o pongan en práctica alguna fantasía y cambien de posición.

➤ Disfruten del afecto físico como tomarse de las manos, abrazarse y besarse. Si la frecuencia con que hacen el amor disminuye por su edad o por condiciones médicas, la satisfacción que proviene de sentirse amado no tiene por qué disminuir.

➤ Platiquen de sexo. Hablen de las cosas que los satisfacen y de lo que no les agrada; de sus fantasías y deseos; de lo que han deseado hacer toda su vida y de la posibilidad de llevarlo a cabo.

➤ Hagan cumplidos a su pareja. Muchos hombres y mujeres maduros se sienten jóvenes y sensuales, la edad sólo está por fuera. Hagan que su pareja se sienta sensual, con cumplidos, comentarios sutiles y caricias sensuales.

➤ Dense cuenta que el sexo es algo que está en su cabeza, no sólo en su cuerpo. A cualquier edad, tener sexo se relaciona con conectarse con otra persona, no con hacer acrobacias. Algunas personas mayores encuentran que la compañía, el entendimiento, el amor y la alegría de la vida crean un lazo más fuerte que el sexo jamás pudo lograr.

Como siempre, la estimulación empieza en la mente. Con todos esos años de experiencia y toda esa imaginación, no hay razón por la que no deban mantener una vida sexual satisfactoria si así lo desean. Al tiempo que su cuerpo cambia, su actitud también debe hacerlo. ¡En esta etapa de la vida tiene más libertad que nunca! Con una actitud realista y positiva, puede disfrutar del sexo por los años que le quedan.

Capítulo 25

Tome el control: anticonceptivos

Excremento de cocodrilo, miel, bicarbonato de sodio, esponjas empapadas en brandy; son algunos de los *anticonceptivos* del mundo antiguo, utilizados desde tiempos tan remotos como 1850 A.C. Desde luego, hoy sabemos que esos métodos no son efectivos y contamos con otros muy avanzados y realmente eficaces.

Pero la realidad es que ocurren muchas fallas en lo que respecta a la anticoncepción, y no porque un medicamento o un dispositivo no funcionen, sino porque los usuarios no los emplean adecuadamente; y eso es como si no se molestaran en usarlos. Respire hondo porque utilizar anticonceptivos no es sólo una tarea, con todas las opciones que se ofrecen actualmente, sino toda una aventura.

Pídale a su pareja que elija y use lo que prefiera

Nunca asuma que su pareja es la única responsable de prevenir un embarazo. Pensar que la otra persona *debe* hacerse cargo del control natal no sólo es insensible, es irresponsable y puede conducirle a utilizar un método que tal vez no sea el adecuado para usted, o peor aún, participar en un embarazo no planeado.

Hablar sobre anticonceptivos antes de tener sexo ayudará a que su experiencia sexual sea más relajada y placentera para usted y su pareja. Antes de hablar, debe estar bien informado de las diferentes opciones que existen. En este capítulo encontrará parte de esa información.

¿Existen los momentos "seguros" en el mes?

"Pensar" que no se embarazará cuando tenga sexo *no* es una forma segura de control natal. Muchas personas se preguntan si algún momento del mes es "seguro" para tener sexo sin utilizar barreras u hormonas para prevenir un embarazo, y la respuesta es no.

Si cree que una mujer no se puede embarazar durante su menstruación o cuando ella *cree* que no está ovulando, está equivocado. Es posible que una mujer quede embarazada durante su menstruación. El embarazo se produce cuando un óvulo está listo para ser fertilizado por un espermatozoide. Cuando una mujer está menstruando, se supone que su cuerpo no está entre los periodos del mes en que el óvulo está listo, por eso muchas personas creen que una mujer no se puede embarazar durante su menstruación.

Para entender mejor esto, es importante tener presente que una mujer se puede embarazar en cualquier momento durante su ciclo. Piense en el primer día de menstruación como el día 1 del ciclo. La menstruación de la mayoría de las mujeres dura hasta el día 5 o el día 7. El momento más propicio para quedar embarazada sería entre el día 10 y el 20, porque es cuando un óvulo es liberado dentro del cuerpo, listo para ser fertilizado. No obstante, los espermatozoides pueden vivir hasta 5 días en el cuerpo de la mujer, por lo que si están dentro de ella durante o después de su menstruación, digamos en el día 7, y su ovulación empieza el día 11, entonces es posible que el óvulo sea fertilizado. Si no quiere embarazarse, no corra ningún riesgo y utilice anticonceptivos todo el tiempo.

Cómo elegir un método de control natal

¿Qué método debe utilizar? Es una decisión personal que debe hacer con base en su historia clínica y su estilo de vida. Sólo usted (con la opinión de su pareja y su médico) puede tomar la decisión adecuada. Algunos aspectos de su salud y modo de vida que debe considerar son:

➤ ¿Quiere tener un bebé? De ser así, ¿cuándo?

➤ ¿Tiene más de una pareja sexual? ¿Su pareja tiene más de una pareja?

➤ ¿Qué tan a menudo tiene cópula?

➤ ¿Si un método puede interrumpir el preludio, preferiría no utilizarlo?

➤ ¿Qué tal se adapta a la rutina? ¿Recordará tomarse la píldora todos los días a la misma hora?

➤ ¿No le gusta la idea de usar hormonas?

> ➤ ¿Se siente incómodo tocando sus genitales o introduciendo algo en su cuerpo?

> ➤ Si es mujer, ¿ha padecido de cáncer de mama, menstruación irregular, presión alta, tumores fibrosos o infecciones vaginales?

Después de tomar en cuenta estos aspectos, necesita conocer cuáles de estos métodos funcionan mejor para usted. Hay tantos métodos de dónde escoger, que lo pueden volver loco. Las siguientes secciones le ayudarán a estudiar sus alternativas. Cualquier método que elija tiene que aplicarlo correctamente, todo el tiempo.

Es cuestión hormonal

Como las hormonas regulan el cuerpo de la mujer y su capacidad para embarazarse, pueden ser alteradas y manipuladas por ciertos métodos de control natal. El método más común es la píldora anticonceptiva, pero también existen otros sistemas que trabajan con hormonas: implante hormonal, inyección anticonceptiva y el DIU.

Píldoras anticonceptivas

Las *píldoras anticonceptivas* conocidas comúnmente como "la píldora", contienen hormonas (*estrógeno y progestina*) que evitan que las mujeres liberen óvulos. Para que este método sea efectivo, la mujer debe tomar la píldora a la misma hora todos los días independientemente de que tenga sexo o no ese día.

Un médico debe prescribirle el tipo de píldora que sea mejor para usted. Hay dos tipos: combinadas (estrógeno y progestina) y minipíldoras (sólo progestina) que trabajan en diferentes formas. Las combinadas evitan que los ovarios liberen óvulos, mientras que las minipíldoras dificultan la llegada del esperma al óvulo, alterando la mucosa cervical y la capa interior del útero. Las minipíldoras son menos efectivas que las combinadas.

La píldora es uno de los métodos más efectivos y se considera inofensiva para muchas mujeres (pero no para todas). Su uso puede ocasionar coágulos, ataques cardiacos, sangrado vaginal inusual, apoplejía y los cánceres de mama, cervical, uterino y ovárico.

Ventajas: su efectividad es de 99 por ciento. Es el anticonceptivo más efectivo disponible después de la esterilización o la abstinencia total; no interfiere con la espontaneidad sexual; aligera los síntomas premenstruales y menstruales; reduce el sangrado irregular conforme se acerca la menopausia y proporciona protección contra la osteoporosis; reduce el riesgo de endometriosis, cáncer endometrial, cáncer ovárico y cistitis; puede reducir el riesgo de embarazos ectópicos.

233

Desventajas: no protege contra enfermedades de transmisión sexual; debe tomarse todos los días a la misma hora, si olvida tomar su pastilla dos o más días, necesitará un método de refuerzo; si es mayor de 35 y fuma, aumentan los riesgos para la salud; su efectividad se reduce cuando se combina con cierta clase de medicamentos como antibióticos; requieren receta médica; las mujeres mayores de 30 años que nunca se han embarazado y dejan de tomar la píldora para embarazarse quizá necesiten más tiempo para poder concebir.

El uso de la píldora puede provocar efectos secundarios; sin embargo, como ahora contienen menores dosis de hormonas, cada vez se reducen más dichos efectos. Si se presentan, normalmente desaparecen después de tres meses. Los efectos pueden ser: náuseas, acné, ausencia de menstruación, dolores de cabeza, cambios de humor y un aumento de peso de entre 2 y 5 kilos. Los efectos de mayor riesgo son: presión alta y riesgos cardiovasculares y cerebrales; agravan la diabetes y la epilepsia.

Las pastillas no son el único método hormonal disponible. Hay otros que también la pueden liberar de la rutina de tomar una píldora diaria. Como la píldora, estos métodos hormonales funcionan introduciendo hormonas en la sangre y son muy efectivos.

Norplant

Son implantes que liberan lentamente una hormona (levonorgestrel) en el flujo sanguíneo. La hormona evita el embarazo inhibiendo la ovulación y engrosando la mucosa cervical, lo cual mantiene alejado al esperma del óvulo. Norplant se implanta quirúrgicamente debajo de la piel, en el brazo; son 6 cápsulas con forma de cerillo. La cantidad de hormonas en estas cápsulas es suficiente para prevenir el embarazo hasta por cinco años.

Ventajas: casi 99 por ciento de efectividad; permiten espontaneidad sexual; pueden ser utilizadas por las mujeres que no pueden tomar la píldora; se puede utilizar durante la lactancia, a partir de la sexta semana después del parto.

Desventajas: a menudo tiene efectos secundarios severos, como sangrado irregular, náusea, dolor de cabeza, neurosis, mareos, aumento o pérdida de peso, cicatriz donde se hizo el implante; el implante podría verse a través de la piel; no previene enfermedades de transmisión sexual; debe ser implantado por un doctor.

Depo-Provera: la inyección anticonceptiva

Otra alternativa a la píldora, es una inyección de progestina que aplica un doctor, en el brazo o en los glúteos, cada tres meses. Como en los otros casos, evita la liberación de los óvulos. También evita que el óvulo fertilizado se implante en el útero.

Ventajas: son 99 por ciento efectivas; una inyección evita el embarazo por 12 semanas; puede ser utilizada por algunas mujeres que no pueden tomar la píldora; reduce los cólicos; protege del cáncer endometrial; protege contra la anemia; puede utilizarse durante la lactancia, a partir de la sexta semana del parto.

Desventajas: similares a la píldora; a diferencia de los otros métodos, sus efectos secundarios no se pueden regular rápidamente al detener su uso, estos efectos durarán las 12 semanas; no es práctico para las mujeres que no toleran las inyecciones; riesgo de osteoporosis por la disminución de minerales en los huesos; después de un año aproximadamente, la mayoría de las mujeres dejan de tener menstruación (por supuesto, algunas mujeres lo ven como una ventaja); puede provocar una disminución del impulso sexual; no previene enfermedades de transmisión sexual; tiene que acudir con un médico.

Dispositivo Intrauterino (DIU)

El *DIU* es una pequeña pieza de plástico de unos tres centímetros de largo con forma de "T". Se introduce en el útero a través de la vagina y el cuello del útero. El DIU previene el embarazo evitando que el esperma se una al óvulo y puede evitar que un óvulo fertilizado se implante en el útero. Algunos DIU tienen hormonas, cobre, y otros químicos que se absorben en la sangre y que disminuyen la producción de hormonas que necesita un óvulo fertilizado para implantarse en el útero.

Ventajas: 98 por ciento de efectividad; los DIU de cobre pueden dejarse hasta por 10 años; los DIU con hormonas pueden reducir los cólicos menstruales y pueden usarse hasta por un año.

Desventajas: incremento en las posibilidades de infección para quienes son propensas a las enfermedades de transmisión sexual; no es efectivo contra enfermedades de transmisión sexual y de hecho pueden provocar susceptibilidad a enfermedades como la inflamación pélvica; los embarazos que ocurren cuando se usa el DIU con frecuencia son ectópicos (ocurren en las trompas de Falopio); producen cólicos, pequeños sangrados entre cada menstruación, menstruaciones más abundantes; debe ser colocado por un médico.

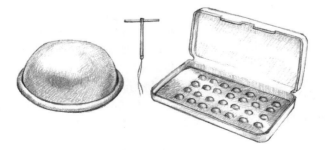

Poniendo barreras

El diafragma, la gorra cervical, el condón y los espermaticidas, son barreras anticonceptivas diseñadas para evitar que el esperma vivo entre en el útero. La mayoría de estos productos trabaja en conjunto con un espermaticida.

Algunas personas explican que tomarse el tiempo para ponerse un condón o colocarse el diafragma puede acabar con el ánimo. Bien, piense en el daño que un bebé llorando puede causarle al ánimo y tómese unos minutos para protegerse.

El condón masculino

El *condón* es una funda delgada hecha de látex, o algunas veces de piel de cordero. Es utilizado por el hombre de tal forma que cuando eyacula, el esperma se queda en el condón y por ello no puede entrar en la vagina. Los condones son más efectivos para la prevención del embarazo cuando se utilizan con un espermaticida o cualquier otro método de barrera como un diafragma.

El condón no sólo sirve para el control natal, de hecho, debe utilizar uno cada vez que tenga sexo para prevenir el contagio de enfermedades de transmisión sexual.

Los condones vienen en una multitud de estilos, tamaños y colores. Pueden ser rugosos, lubricados e incluso de sabores. Asegúrese de encontrar el estilo adecuado para usted, de ese modo es más probable que lo use. Los condones deben ponerse justo antes de la penetración y deben ser retirados poco después.

Ventajas: 90 por ciento de efectividad cuando se usan solos; utilizados con otros métodos llegan al 100 por ciento de efectividad. Se pueden comprar en farmacias, supermercados y todo tipo de tiendas sin receta; puede disminuir las eyaculaciones prematuras; puede ponerse como parte del juego sexual; deben usarse para reducir el riesgo de contagio de enfermedades de transmisión sexual y la transmisión del VIH, el virus del SIDA.

Desventajas: reduce la sensibilidad en algunos hombres; algunos se pueden resbalar o romper; pueden causar alergia al látex.

Los condones funcionan muy bien cuando se utilizan correctamente. La protección es tan fácil como el ABC:

1. Cuando el pene esté completamente erecto y listo para tener sexo, abra la envoltura del condón utilizando sus dedos, no sus uñas o dientes, para no rasgar o picar el condón.

2. Mire el condón. Sin desenrollarlo, colóquelo en la posición correcta para que se desenrolle. No querrá ponérselo al revés y después darse cuenta de que no se desenrolla. (Si cometió ese error, debe deshacerse de él, ya que tocó la punta del pene que tal vez tenga fluido preeyaculatorio.)

3. Ponga una gota de lubricante a base de agua en la punta interna del condón. No demasiado, sólo una gota ayudará a que el condón se sienta mejor contra el pene.

4. Colóquese el condón enrollado en la punta del pene erecto, dejando espacio de 1 centímetro en la punta (vea la ilustración).

5. Desenrolle el condón sobre el pene, alisando las burbujas de aire mientras lo hace (vea la ilustración).

6. Deslice su mano a lo largo del pene para asegurarse de que no haya burbujas. Las burbujas pueden ocasionar que se rompa (vea la ilustración).

7. Después de que el hombre eyacula, debe sacar el pene inmediatamente, quitar el condón y tomarlo por la base para evitar que se derrame.

Coloque el condón en la punta del pene para desenrollarlo.

Desenrolle el condón hacia abajo alisando las burbujas de aire a su paso.

Deslice su mano hacia abajo para asegurarse que no haya burbujas de aire.

Cuando los condones se usan apropiadamente, rara vez se rompen. Si el condón se rompe durante su uso, significa que está haciendo algo mal. Tal vez esté dejando aire entre el condón y el pene, o tal vez no esté utilizando suficiente lubricante o el tipo equivocado. Aquí tiene algunos consejos para evitar que se rompa:

➤ Nunca lo desenrolle si no está puesto en el pene.

➤ Utilice lubricantes. Los condones se pueden romper si se secan durante el sexo. Utilice lubricantes hechos a base de agua. Nunca utilice nada que tenga aceite porque dañará el condón y definitivamente lo romperá.

➤ Tenga cuidado de que sus uñas no rasguen el condón cuando se lo esté poniendo.

➤ Revise el condón de vez en cuando durante el sexo, jalándolo y viéndolo o sintiéndolo para asegurarse de que no se ha roto.

➤ Cambie el condón si es una sesión extralarga. Los condones se pueden salir si el sexo dura mucho tiempo.

➤ No guarde los condones en un lugar demasiado caliente o demasiado frío. Deben almacenarse a una temperatura entre 10 y 25 grados centígrados. Su cartera, o la guantera de su coche son lugares muy calientes.

➤ Verifique la fecha de caducidad.

➤ Cambie de marca si tiene problemas.

Diviértase con condones

Una vez que sabe lo básico sobre el uso del condón, puede aprender a hacer trucos divertidos con los condones. He aquí como ponerle un condón a su pareja utilizando sólo la boca.

➤ Abra la envoltura del condón y colóquelo en la posición correcta para que se desenrolle.

➤ Coloque el condón en su boca, sosteniendo los bordes con sus labios.

➤ Abra la boca en forma de "O" manteniendo el condón en su boca.

➤ No permita que sus dientes toquen el condón. Use sus labios para empujar el condón sobre la cabeza del pene y desenróllelo a lo largo del tronco sólo con sus labios.

➤ Recorra el tronco con sus labios de arriba abajo para eliminar las burbujas de aire del condón.

➤ Asegúrese de no permitir que sus dientes toquen el condón.

➤ Revise con sus manos que esté colocado adecuadamente.

Como puede ver, los condones son fáciles de utilizar y pueden ser divertidos una vez que se acostumbra a ellos. Debe utilizarlos, porque además de ser un método anticonceptivo, es la única forma de protegerse de enfermedades de transmisión sexual y del VIH.

El condón femenino

No es tan conocido como su contraparte masculina; el *condón femenino* es un tubo de poliuretano con dos anillos para fijarse. El anillo más pequeño se fija dentro de la vagina por arriba del cuello del útero (el mismo lugar donde va el diafragma) y el más grande cuelga fuera de la vagina. Debido a que cubre los tejidos de los labios así como la vagina, el condón femenino proporciona mayor protección contra enfermedades de transmisión sexual que el condón masculino. El condón femenino no se puede utilizar en combinación con un condón para hombres.

Ventajas: está disponible sin necesidad de receta médica en farmacias y supermercados, ofrece una nueva forma para que las mujeres se protejan contra las enfermedades de transmisión sexual sin depender de que el hombre utilice condones; puede ser utilizado cuando uno de los dos es alérgico al látex o al espermaticida; puede ser insertado con anticipación o justo antes de la penetración.

Desventajas: se puede resbalar durante el sexo, puede irritar la vagina o el pene; el anillo exterior puede resbalarse al interior de la vagina durante la penetración; puede ser difícil de insertar.

Espermaticidas vaginales

Espuma, jalea, crema, película o supositorios insertados en la vagina para cubrir el cuello del útero, pueden prevenir el embarazo porque contienen espermaticida. El *espermaticida* está fabricado con químicos que matan el esperma.

Ventajas: los espermaticidas son 80 por ciento efectivos cuando se utilizan solos y 98 por ciento cuando se utilizan con condones. Pueden comprarse sin receta en las farmacias.

Desventajas: posibles reacciones alérgicas a los químicos; no deben aplicarse más de 30 minutos antes de la penetración y es necesaria una nueva aplicación antes de repetir la cópula.

Diafragmas y gorras cervicales

El *diafragma* se ve como una pequeña taza de goma (y puede ser un bonito sombrero para su conejo si opta por la abstinencia). Mide entre cinco y diez centímetros de diámetro. Es prescrito y colocado por un médico.

Se inserta antes de cada cópula. Para utilizarlo, aplique crema espermaticida o jalea en la parte del diafragma que va hacia el cuello de la matriz, doble el diafragma por la mitad e insértelo en la vagina. Una vez dentro, el diafragma se desdoblará y formará un sello en las paredes vaginales, cubriendo completamente el cuello del útero y bloqueando la entrada del esperma en el útero. Después del embarazo o tras un cambio en el peso —aumento o disminución— de 5 kilogramos, debe ser colocado por un médico para ver si necesita otro tamaño.

La *gorra cervical,* aunque es más pequeña, es similar al diafragma. También es prescrita por un médico. Una vez insertada en la vagina, se ajusta sobre el cuello del útero. Tanto el diafragma como la gorra cervical deben ser utilizados en conjunto con espermaticidas. La barrera de goma no es protección suficiente por sí sola.

Ventajas: puede insertar el diafragma hasta con 6 horas de anticipación e insertar la gorra cervical hasta 48 horas antes de la cópula; cuando se utilizan con condones, ambos son una buena protección contra las enfermedades de transmisión sexual.

Desventajas: tanto el diafragma como la gorra deben ser ajustados por un profesional de la salud; debe dejar el diafragma seis horas después de la cópula y la gorra cervical ocho horas; cada vez que tenga penetración, debe aplicar más espermaticida en la vagina utilizando un aplicador de plástico; puede desarrollar alergia al látex o a los espermaticida y propensión a infecciones en el tracto urinario; ni el diafragma ni la gorra pueden utilizarse durante la menstruación.

Más métodos a considerar

Los siguientes métodos no se encuentran en cualquier farmacia como los condones, pero para muchos pueden ser útiles, e incluso necesarios.

Esterilización

La *esterilización* es el método más efectivo para el control natal (excepto por la abstinencia total). La esterilización implica operaciones que se realizan en hombres (vasectomía) y mujeres (ligadura) para evitar la fertilidad futura. La vasectomía es un procedimiento más seguro y simple que la ligadura de trompas.

Durante la *vasectomía,* el vaso deferente, a través del cual viajan los espermatozoides de los testículos al pene, es cortado y bloqueado. El hombre sigue produciendo semen, tiene erecciones normales y la eyaculación todavía es posible, pero la fertilización no. De ahí que las funciones sexuales del hombre no se afecten de ninguna forma. La vasectomía se realiza sin tener que internar al paciente y se utiliza anestesia local.

En la *ligadura de trompas*, se cierran las trompas de Falopio (o son "amarradas") por tanto el óvulo no puede viajar de los ovarios al útero. Si no se libera el óvulo, no se puede concebir el bebé. La cirugía se desarrolla en varias formas, algunas de ellas con procedimientos en los que no hay necesidad de internar a la paciente. Tener las trompas ligadas no interfiere con las funciones sexuales de ninguna forma, ni con la capacidad de la mujer para tener orgasmos.

Ventajas: ambas operaciones son 100 por ciento efectivas, no tiene que volver a preocuparse por la concepción; no hay efectos en la salud a largo plazo y no hay efectos sobre la sensación de placer.

Desventajas: este método es (para todo propósito práctico) permanente. La vasectomía puede tener algunas complicaciones menores como sudoración, decoloración, incomodidad y dolor; la ligadura puede causar contusiones en la zona donde se hizo la incisión y daños en las venas; ninguna proporciona protección contra las enfermedades de transmisión sexual.

Métodos de conocimiento de la fertilidad

Al principio de este capítulo dije que no hay momentos seguros en el mes y tal vez deba contradecirme un poco. Si quiere poner mucha atención y concentrarse, si está dispuesta a aprender a utilizar un espéculo y tomar notas meticulosas de su ciclo, tal vez pueda decir cuándo no se embarazará.

El tiempo lo es todo, especialmente si depende de los *Métodos de Conocimiento de la Fertilidad*, también conocidos como método del ritmo, planeación familiar natural, abstinencia periódica, método del conocimiento del cuerpo o Billings.

Cualquiera que sea el nombre que le dé, todo se reduce a conocer los ciclos del cuerpo humano para planear el embarazo. Necesitará que una enfermera o un doctor le enseñen cómo predecir su periodo fértil, basándose en los cambios en la descarga de la mucosa cervical y la temperatura del cuerpo para saber cuándo —y cuándo no— puede tener sexo. Es un método bastante difícil de llevar a cabo y a menudo falla.

Ventajas: si se realiza a la perfección, la falla de este método puede ser 10 a 15 por ciento; sin embargo, es muy común que no se lleve a cabo correctamente por su dificultad, y en esos casos las fallas pueden ser hasta de 90 por ciento. No hay efectos secundarios y la mayoría de las religiones toleran este método.

Desventajas: debe saber cuándo está en un periodo fértil y debe evitar el sexo durante ese periodo. Algunas mujeres tienen problemas para identificar los cambios en su mucosa. Necesitará llevar un registro diario de la temperatura corporal y de la mucosa cervical, así como de sus ciclos menstruales. Su pareja puede ser poco cooperador, el que puede ser un muy mal día para que usted tenga sexo, puede ser perfecto para él. No proporciona ninguna protección contra las enfermedades de transmisión sexual y debe visitar a un médico para aprender a utilizarlo.

Abstinencia

A menos que sea Madonna (me refiero a la original, quien realmente era "como una virgen"), la abstinencia es la única forma para evitar en absoluto el embarazo. La *abstinencia* puede ser un estilo de vida o una situación temporal. No tener sexo es tan normal como tenerlo. Si se va a abstener, debe ser honesto consigo mismo y con su pareja y realmente decir "no" al sexo.

Ventajas: no puede haber contagio de enfermedades de transmisión sexual. No hay embarazos. Nada que introducirse. Más tiempo para la masturbación. Más tiempo para desarrollar relaciones significativas. Algunas religiones alientan la abstinencia como una forma de mejorar la espiritualidad. ¡Mientras la practica encuentra la paz interna!

Desventajas: dependiendo de la razón por la que eligió la abstinencia: posible soledad, depresión y aburrimiento.

¿Cuál es el mejor método para usted?

Como leyó, hay muchas opciones para el control natal y muchas de ellas pueden funcionar bien para usted. Sin embargo, para hacer la elección de algo tan importante y personal, debe considerar y reconsiderar y hablar con su pareja y su médico y considerar más. Entonces cuando se decida, utilice el método de forma adecuada cada vez que tenga sexo. Para ayudarle a elegir, la siguiente tabla le hace algunas preguntas sobre usted y la forma en que practica la cópula.

¿Cuál es el mejor método a usar?

Preguntas	Las opciones de control natal
¿Es usted hombre?	Condones
¿Quisiera estar lista para la cópula en cualquier momento?	Píldoras, Norplant, Depo-Provera, DIU
¿No puede detenerse una vez que empieza la acción?	Píldoras , Norplant, Depo-Provera, DIU
¿Se siente incómoda tocando sus genitales o insertando algo en su cuerpo?	Píldoras , Norplant, Depo-Provera, DIU
¿No quiere tomar hormonas o existen razones de salud por las que no deba?	Condones, espermaticida, diafragma, gorra cervical
¿Copula con poca frecuencia?	Condones, espermaticida, diafragma, gorra cervical
¿Está tratando de tener un bebé?	MCF, nada
¿Quiere libertad total y está seguro que no quiere tener nunca un hijo?	Esterilización

Cuando todo lo demás falla, aún tiene opciones

Si su método de control falla o si no utilizó ningún control, incluso cuando sabía que debía hacerlo y está embarazada, tiene una seria decisión por delante. Si decide que esto es un feliz accidente, entonces disfrute su embarazo y al bebé. Si decide que agregar un bebé a su vida no es una opción viable en este momento, aún tiene opciones.

Dependiendo qué tan rápido después de la concepción se dé cuenta de su embarazo, tal vez piensa en métodos de emergencia como la píldora del día siguiente o RU486. Si no, vea a su médico o visite una clínica de prevención familiar para ver las opciones de darlo en adopción o el aborto (si es legal en su país o estado).

La píldora del día siguiente

La *píldora del día siguiente* es una medida de emergencia que incluye altas dosis de hormonas (estrógenos y progesterona) que se toman durante 1 a 5 días en los primeros 3 días después de la cópula. La píldora previene o termina el embarazo interfiriendo con la implantación del óvulo fertilizado en el tejido intrauterino.

Ventajas: es muy efectivo si se toma como se prescribió; ofrece la oportunidad de evitar un embarazo no deseado incluso después del hecho.

Desventajas: algunas personas se oponen a este método, debido a que la concepción ocurre antes del uso de la píldora; requiere de por lo menos dos visitas al médico dentro de las 48 a 72 horas posteriores a la cópula; puede causar efectos secundarios severos como náuseas violentas y vómito; puede ir acompañada de menstruación irregular; si la cópula ocurrió muy cercana a la ovulación es menos probable que el método tenga éxito.

RU486

Así se conoce (por su nombre francés) a la "píldora abortiva". Aunque es ampliamente utilizada en Francia, Suecia y Gran Bretaña, la RU486, o Mifepristone (también llamada así), no es muy utilizada en Estados Unidos y Latinoamérica. Contiene un esteroide antiprogesterona, que interfiere con la acción de la progesterona, la cual prepara el revestimiento uterino para el embarazo, por lo que acaba con él.

Ventajas: es 96.9 por ciento efectiva; es menos invasiva, dolorosa y traumática para el cuerpo que un aborto quirúrgico; tiene menos efectos secundarios que la píldora del día siguiente.

Desventajas: algunas personas se oponen moralmente a este método, ya que hay concepción previa; provoca algunos cólicos y posible náusea, vómito y diarrea; requiere varias visitas al médico; el sangrado puede durar entre 8 y 10 días; no funciona si se combina con otros medicamentos como ibuprofeno; no es una alternativa para mujeres con problemas hepáticos o renales, anemia, diabetes, sangre Rh negativa, o quienes tienen demasiado sobrepeso.

Aborto

El *aborto* es la remoción quirúrgica del feto (o del producto uterino de la concepción). Termina el embarazo. Debido a convicciones personales o religiosas, el aborto puede ser una alternativa difícil (o imposible) para usted. (En algunos países y estados de Estados Unidos es legal.) Si esta alternativa es viable para usted, debe practicarse dentro de las primeras 12 semanas del embarazo.

Esperar más de 12 semanas puede ocasionar que se tengan que realizar procedimientos que tienen un riesgo mayor para la madre y, dependiendo de dónde viva, puede estar sujeto a restricciones legales. Es recomendable que si está considerando tener un aborto, reciba consejo antes de tomar su decisión. Sólo debe tener un aborto si es capaz de lidiar con todas las consecuencias emocionales y morales. Terminar un embarazo puede tener un impacto psicológico muy fuerte.

Darlo en adopción

Si se opone a interrumpir su embarazo, pero no está preparada para tener un hijo, dar su hijo en adopción puede ser la mejor opción. Si decide darlo en adopción debe estar preparada física y mentalmente para tener un embarazo y después un bebé. Por favor solicite asesoría antes, durante y después del proceso para que le ayuden a lidiar con el flujo de emociones que tendrá.

Capítulo 26

Más vale aquí corrió que aquí murió

El sexo no sólo es juegos y diversión. El sexo conlleva el riesgo de transmitir infecciones de una persona a otra por el intercambio de los fluidos del cuerpo, o algunas veces por el simple contacto de la piel. Hay numerosas enfermedades causadas por bacterias, virus o parásitos que se pueden transmitir por el contacto sexual íntimo.

Ésas son las malas noticias. Las buenas son que hay muchas formas de tener "sexo seguro". El sexo seguro no sólo le sienta bien a su cuerpo; también puede contribuir a su estabilidad psicológica, social y emocional. El sexo seguro significa aprender cómo disminuir las posibilidades de contraer una enfermedad molesta o traumática para que nunca le suceda. Esto lo debe saber bien antes de siquiera tocar a alguien.

Para lograrlo, necesita jugar con dos reglas principales: no corra riesgos, y si lo hace, prepárese. En ambos casos, necesitará de dos cosas: sentido común y condones. ¿No está mal, verdad? Ahora seamos específicos.

¿Qué tal si usted sabe que padece una enfermedad de transmisión sexual (ETS)?

Como mencioné antes, no tiene que platicarle toda su historia sexual a su pareja, pero si sabe que padece una enfermedad de transmisión sexual deberá decírselo, especialmente si:

> ➤ Es posible que tenga la misma enfermedad. Usted pudo haber contagiado a su pareja o viceversa. Sólo porque su pareja no tenga ningún síntoma (o

no le haya mencionado nada a usted), no quiere decir que no pueda tener la enfermedad. Muchas enfermedades carecen de síntomas en alguno de los miembros de la pareja, pero ambos necesitan tratamiento.

➤ Si tiene una enfermedad que puede ser transmitida por el contacto de la piel en lugares que no estarán cubiertos por el condón, como herpes o verrugas genitales.

➤ Si tiene una enfermedad que lo afectará por el resto de su vida o que amenaza su vida como el VIH/SIDA.

Aun cuando use condones y practique el sexo seguro, si tiene una ETS, debe decirle a su pareja. Para entenderlo mejor, póngase en sus zapatos: cómo se sentiría si su pareja tuviera una enfermedad y no se lo dijera. Si se preocupan uno del otro, entonces deben hablar de las enfermedades de transmisión sexual. Si uno de los dos la tiene, ambos deben ver al doctor.

El ABC de las enfermedades de transmisión sexual (ETS)

Es una lista larga, pero es mejor conocer los nombres de las enfermedades que encararlas. La mayoría de las ETS son enfermedades mixtas, pero algunas sólo las padecen las mujeres. Todo se explica a continuación.

Clamidia

Las infecciones por clamidia son causadas por una bacteria que, si no se trata, tiene consecuencias serias, como inflamación pélvica, infertilidad en las mujeres, uretritis en los hombres y neumonía en los recién nacidos de madres infectadas.

Síntomas: A diferencia de otras enfermedades, tal vez no sepa que tenga clamidia porque a menudo carece de síntomas. Cuando los síntomas se presentan son muy leves. En las mujeres, dolor al orinar, descargas vaginales y dolor en la parte inferior del abdomen. En los hombres, una sensación de ardor en la orina y una descarga líquida del pene.

Tratamiento: Antibióticos como teraciclina o doxiciclina. Aunque los síntomas pueden desaparecer después de unos cuantos días, la infección puede durar hasta dos semanas. Es importante que ambos se revisen y se traten para prevenir la infección.

Herpes

El *herpes* genital es causado por un virus transmitido sexualmente que se desarrolla como ampollas dolorosas. Existen dos tipos de virus: Tipo 1, que causa "llagas frías" o "fuegos" y que no afecta necesariamente los genitales y el Tipo 2 que causa ampollas en los genitales y se contagia durante la cópula. El herpes puede infectar otros sitios por el contacto oral-genital, oral-anal o anal-genital. Incluso, después del tratamiento, el herpes puede reaparecer porque el virus permanece latente en el cuerpo. Siempre que haya llagas de herpes, no debe tener sexo porque se puede infectar o infectar a su pareja. Una vez que sanen, puede reiniciar la actividad sexual.

Síntomas: Ampollas llenas de fluido que causan dolor. Los ataques iniciales duran entre dos y tres semanas. La mayoría de los pacientes desarrollan los ataques en intervalos irregulares. Otros síntomas incluyen fiebre, sensibilidad y comezón cerca del pene o la vulva, glándulas linfáticas inflamadas y síntomas de resfriado.

Tratamiento: No hay cura. Permanece latente en el cuerpo, pero no siempre aparece. Para reducir los ataques se puede utilizar un medicamento llamado *aciclovir*. Algunas personas lo toman diariamente.

Verrugas genitales (VPH)

Causadas por el virus del papiloma humano (HVP), las *verrugas genitales* son erupciones en la piel que se transmiten sexualmente. En los hombres, las verrugas aparecen normalmente en el pene; en las mujeres se encuentran alrededor de la vagina y/o el cuello del útero.

Síntomas: En los hombres, las verrugas son duras, pequeñas y amarillas grisáceas; en las mujeres son rosas o rojas y blandas con una apariencia como de coliflor.

Tratamiento: Tratamiento sintomático, el cual puede ser muy incómodo, como congelamiento, terapia láser o remoción quirúrgica. Después de la remoción, las verrugas pueden reaparecer y necesitarán ser removidas nuevamente, ya que el virus permanece activo en el cuerpo por el resto de su vida.

Gonorrea

Es una de las enfermedades más serias y puede causar esterilidad, artritis y problemas del corazón. La sensación de ardor y comezón, al igual que la descarga, pueden desaparecer incluso sin tratamiento, pero la gonorrea puede continuar extendiéndose a todo el cuerpo y representar un riesgo para usted y su pareja durante meses. Sin embargo, de acuerdo con la Asociación Americana de Salud Pública, con un tratamiento efectivo, la transmisión puede acabar en horas.

Síntomas: No siempre son obvios, pero incluyen: ardor o dolor al momento de orinar tanto en hombres como mujeres; en mujeres, descarga vaginal y dolor pélvico; en hombres, descarga del pene.

Tratamiento: Antibióticos.

Sífilis

Es una infección seria transmitida por cualquier tipo de contacto sexual: anal, genital u oral. Afecta a todo el cuerpo y el sistema circulatorio.

Síntomas: Inicialmente, aparece una llaga indolora en la parte en la que el germen entró al cuerpo. La segunda etapa ocurre semanas después, normalmente causando salpullido en todo el cuerpo. El salpullido desaparece sin dejar marcas. Después desaparecen los síntomas, aunque la enfermedad permanece.

Tratamiento: Debe ser detectado con un examen de sangre. La penicilina lo curará en sus primeras etapas, pero una vez que alcanza la tercera etapa (en las que las complicaciones en el sistema cardiovascular y nervioso causan la muerte), la penicilina, incluso en sus formas más potentes, tiene efectividad limitada.

Enfermedad pélvica inflamatoria (EPI)

Es una infección del útero que incluye el tracto genital superior (cuello del útero, endometrio y trompas de Falopio) y es una enfermedad casi exclusiva de las mujeres que están sexualmente activas. Esta enfermedad aparece cuando las bacterias migran de la vagina o cuello del útero al interior del sistema reproductivo femenino. Es muy peligrosa para los órganos reproductores y puede causar infertilidad. Generalmente es el resultado de casos no tratados de gonorrea y clamidia (es por ello que debe tratarse pronto si piensa que tiene una enfermedad de transmisión sexual).

Síntomas: Severo dolor abdominal, fiebre, sensibilidad del útero y los ovarios. Otros síntomas incluyen descargas anormales de mucosa, ciclos menstruales más largos, descargas abundantes y dolorosas o sangrado entre menstruaciones; fatiga, debilidad, náusea, vómito y cópula dolorosa.

Tratamiento: Antibióticos y reposo. Ninguna actividad sexual. Si se deja sin tratamiento pueden ocurrir desgarre de las trompas y esterilidad.

Infección del tracto urinario

La *infección del tracto urinario* es el resultado de bacterias atrapadas dentro de la uretra. Es común en las mujeres sexualmente activas que cambian de pareja con frecuencia.

Síntomas: Dolor y ardor al orinar, urgencia de orinar, orina densa y olorosa.

Tratamiento: Antibióticos.

Vaginitis

Se caracteriza por la inflamación de la vagina y puede ir acompañada por descarga, comezón y/o ardor y un olor fuerte. Ambos sexos pueden verse afectados, aunque en general los hombres no padecen los síntomas.

Un tipo de vaginitis es la infección de levadura, la cual puede surgir por falta de higiene y, créalo o no, por usar ropa muy ajustada cerca de la vagina, como las pantimedias, por periodos prolongados. El uso de antibióticos, pastillas anticonceptivas, diabetes y el embarazo pueden romper el equilibrio del pH vaginal y promover el crecimiento de la bacteria *candida*. Esta infección puede esparcirse por sexo oral. Otros tipos de enfermedades vaginales son la vaginosis y las tricomonas. Un doctor puede determinar el tipo de enfermedades que tenga.

Síntomas: En las mujeres, los síntomas pueden incluir una descarga vaginal blanca o amarillenta con olor fétido, irritación de la vulva, comezón vaginal; los hombres sufren de irritación y comezón en el pene y los testículos y posible descarga del pene. Tanto hombres como mujeres pueden tener dolor durante la cópula. Si se transmite oralmente, los hombres o mujeres pueden tener una película blanca en la lengua, la cual puede ser dolorosa.

Tratamiento: Cremas vaginales para la mujer, cremas tópicas para el hombre. Para prevenir estas infecciones, las mujeres deben evitar usar pantalones ajustados, pantaletas que no sean de algodón, pantimedias y trajes de baño mojados. Tampoco deben utilizar jabones muy aromáticos o aerosoles de higiene femenina.

Ladillas

También conocidas como *piojos públicos*, se esparcen por el contacto íntimo con la persona infectada, particularmente durante la cópula. El piojo puede estar en el vello púbico, en el abdomen y en la parte superior de las piernas. Estos parásitos se pueden transmitir a través de la ropa, la cama y los asientos de baño.

Síntomas: Comezón, fiebre ligera, glándulas linfáticas inflamadas, dolores musculares.

Tratamiento: Medicamentos tópicos prescritos o sin receta. Lavar toda la ropa de cama, toallas e indumentaria en agua caliente y secarla en ciclo caliente.

Parásitos internos

Existen enfermedades infecciosas parasitarias que, aunque se asocian generalmente con falta de higiene, problemas en el sistema de drenaje o mal manejo de los alimentos, pueden ser transmitidas sexualmente. Los parásitos intestinales *giardia, cryptosporidia y amibas* son algunos de ellos. Estas enfermedades se pueden transmitir a través del contacto oral-anal. Observe que aunque no son parasitarios, la *E. coli* y la hepatitis A, también pueden contagiarse de la misma forma.

Síntomas: Diarrea, cólicos abdominales, inflamación, fatiga y pérdida de peso.

Tratamiento: Medicamentos; metronidazol para la giardiasis; nada para la criptosporidiosis; metronidazol y otros antiparásitos como idoquinal para las infecciones de amibas.

Hepatitis B

La *hepatitis B* es un virus que se encuentra en la sangre y se transmite por contacto sexual o por el uso de agujas contaminadas y por transfusiones de sangre. Al igual que las hepatitis A, C y D, la hepatitis B es más común en los homosexuales. La incidencia es más alta en individuos que participan en sexo anal y en los que tienen múltiples parejas sexuales.

Síntomas: En la mayoría de los casos, los síntomas son fiebre, fatiga, dolor de cabeza, malestar abdominal, pérdida del apetito e icteria. En otros casos, una severa inflamación del hígado resulta en hemorragia, coma y con frecuencia, la muerte. En los casos restantes, toma un curso crónico debilitante.

Tratamiento: En los casos más leves, los pacientes necesitan reposo, muchas proteínas, dieta baja en grasas y deben evitar el alcohol y las drogas. En los casos más serios se utilizan esteroides. Aunque no hay una cura conocida para la hepatitis B, puede prevenirse con una vacuna (IGBH- inmunoglobulina de hepatitis B). A la gente con múltiples parejas sexuales o a quienes caen en otros grupos de alto riesgo, como doctores, enfermeras y técnicos de laboratorio se le pide que se vacunen. Los casos crónicos son tratados con interferona alfa.

Virus de Inmunodeficiencia Humana (VIH) y Síndrome de Inmunodeficiencia Adquirida (SIDA)

El *SIDA* es una enfermedad que amenaza la vida y que es causada por el VIH que ataca el sistema inmunológico del cuerpo humano. Una vez que alguien contrae SIDA, infecciones como la neumonía (Pneumocystis carinii) y el cáncer (sarcoma de Kaposi) atacan al cuerpo y finalmente lo destruyen.

El SIDA es causado por el VIH que es transmitido a través de la sangre, el semen, las secreciones vaginales o la leche materna, cuando entran en contacto con heridas en la piel o lugares en que la sangre esté expuesta. Se puede transmitir durante la cópula, el sexo anal y el sexo oral. La forma no sexual de transmisión es por transfusiones de sangre o al compartir agujas intravenosas, como en el caso de los drogadictos.

Síntomas: El VIH que causa el SIDA generalmente no tiene síntomas. Sin embargo, tan pronto como alguien contrae el virus de otra persona, puede transmitirlo de inmediato. A menos que una persona se haga la prueba del VIH, tal vez nunca sepa que lo porta, hasta que se manifieste totalmente en forma de SIDA. Puede tomar desde algunos meses hasta 10 años antes de que aparezcan los primeros signos. (Debo repetir que durante ese periodo, la persona porta y transmite el VIH.)

Las primeras señales en que el VIH se ha convertido en SIDA son cuando la persona desarrolla neumonía, sarcoma de Kaposi, infecciones por hongos, sudoración por la noche, fatiga o evidente pérdida de peso. Esos síntomas conducen a condiciones crónicas peores.

Tratamiento: No hay cura para detener el VIH. No hay vacuna para el VIH o el SIDA, pero hay evidencia de que medicamentos como la AZT y los inhibidores de proteasa, cuando se utilizan poco después de que alguien adquiere el VIH, pueden hacer más lento el desarrollo del virus. Una vez que el VIH se convierte en SIDA, existen medicamentos para tratar las enfermedades que se puedan presentar, aunque muchas de esas enfermedades siguen siendo una amenaza para la vida.

¿Cuáles son sus síntomas?

Es fácil creer que su cuerpo está en buena forma, porque cuando funciona bien y no se siente enfermo, usted difícilmente se percata de cómo lo lleva por la vida. Sin embargo, dentro de esta maravillosa maquinaria hay una serie de señales de alarma que le permiten saber cuando algo necesita mantenimiento o reparación. En el mundo acelerado de hoy es fácil ignorar esas alarmas. Debe prestar atención a su cuerpo, especialmente cuando se trata de una enfermedad de transmisión sexual. Hay métodos de detección temprana disponibles para la mayoría de las enfermedades y el pronto tratamiento puede ser la diferencia entre sólo unas molestias y quedar incapacitado o algo peor.

Aunque ya expliqué un poco las diferentes enfermedades de transmisión sexual, la siguiente tabla ofrece un resumen rápido de los síntomas. Piense en un estuche de diagnósticos estilo "hágalo usted mismo". Pero no lo haga usted sólo. Si sufre comezón, dolores o molestias, haga pronto una cita con su doctor.

Las comezones, dolores y molestias de las enfermedades de transmisión sexual

	Comezón	Descarga de fluidos	Lesiones o llagas	Dolor o ardor	Micción frecuente	Síntomas de resfriado	Ningún síntoma
Clamidia		X		X			X
Herpes	X		X			X	
Verrugas genitales	X		X				
Gonorrea		X		X			
Sífilis			X				
EPI		X		X		X	
Infección del Tracto Urinario					X		
Vaginitis		X		X			
Ladillas	X						
Parásitos internos						X	
Hepatitis B						X	
VIH							X

Pruebas de VIH

Hacerse pruebas es buena idea para cualquiera que crea que puede estar, o poner a su pareja, en riesgo. Hacerse la prueba puede asustar a cualquiera, ya que si los resultados son positivos, entonces cambiarán su vida por completo. Debe estar consciente de que los resultados pueden ser positivos.

Muchas clínicas que practican esos exámenes ofrecen orientación previa y posterior a los resultados, lo cual es muy recomendable. Es mejor hacerse la prueba en una clínica que garantice la confidencialidad, más que en un consultorio o laboratorio particular.

En realidad, la prueba de sangre no busca el SIDA (ya que el SIDA es un conjunto de enfermedades que se presentan después de que una persona adquiere el VIH). La prueba busca detectar la presencia de VIH en la sangre, aunque la prueba no detecta al virus, sino a los anticuerpos que se forman en la sangre para combatirlos. La presencia de los anticuerpos indica que la persona está contagiada y que el cuerpo trata de combatirlos. Estos anticuerpos se muestran entre 3 y 6 meses después de haber adquirido el VIH. Esto significa que si tuvo sexo con alguien que está infectado hoy, adquiere el VIH hoy, lo tiene hoy y lo puede contagiar hoy; pero no se mostrará en las pruebas hasta que transcurra el periodo de entre tres y seis meses.

Un resultado positivo significa que tiene el VIH y puede contagiarlo. Tal vez no significa que tenga los padecimientos del SIDA, pero significa que lo desarrollará. Un resultado negativo, no es un permiso para dejar de practicar el sexo seguro.

Recuerde que es cosa seria. No sea tímido para preguntar temas serios, volverse a hacer pruebas o buscar un terapeuta sexual si no hay centros que le den orientación en el lugar en el que viva. Después de todo es su vida. Para mayor información, busque los teléfonos de apoyo, como el 1-800-342-AIDS en Estados Unidos, y al 01-800-712-08-86 en México.

Capítulo 27

Revise bien, estos exámenes salvan vidas

Este libro le ha proporcionado mucha información sobre cómo proteger su cuerpo y asegurar su bienestar sexual. Sabe cómo evitar embarazos no deseados y enfermedades de transmisión sexual. Aprendió cómo ser responsable de sus deseos y necesidades diciendo "sí" cuando siente que algo es correcto y "no" cuando no lo considere así. Pero aún hay más que puede hacer, incluso si no está sexualmente activo. Sus órganos sexuales —específicamente los senos, los testículos y la próstata— son susceptibles de padecer enfermedades como el mortal cáncer.

Puede cuidar su salud sexual examinándose usted mismo por fuera y haciéndose revisar por profesionales de la salud. Cuidar su salud sexual debe ser tan normal como cuidar su dentadura. No dejaría pasar un día sin cepillar sus dientes, ¿o sí? Tampoco debe dejar pasar un día sin pensar en su salud sexual. Incluso si no los utiliza para placer sexual, debe revisar sus senos y genitales para ver si lucen sanos y normales. Mientras mejor conozca la apariencia de su cuerpo cuando está sano, es más probable que se percate cuando no lo está.

Algunos de los exámenes descritos en este capítulo se realizan en casa, los cuales deberá practicar una vez al mes. Los otros, requieren una cita anual con un especialista (ginecólogo si es mujer, urólogo si es hombre). Deben ser parte de su rutina, como lo son las visitas al dentista. Recuerde, si encuentra algo fuera de lo normal, no debe esperar; vaya a una clínica o a un consultorio médico al primer signo de problemas en su salud.

Sus senos sanos

El cáncer de mama (seno) es la forma más común de cáncer en las mujeres; normalmente afecta a personas mayores de 40 años pero también se presentan casos en mujeres de 20 o 30 años.

Como la mayoría de los tipos de cáncer, si se detecta a tiempo, el cáncer de mama puede ser tratado para evitar que se disemine y pueda ser curado. De hecho, 90 por ciento de las mujeres que lo detectan y reciben tratamiento en sus primeras etapas de desarrollo sobreviven por lo menos cinco años.

Sus oportunidades de desarrollar cáncer de mama son altas y aumentan con el paso del tiempo. Hay ciertos factores de riesgo asociados con el cáncer de mama: género, edad, historia clínica familiar, menstruación anticipada, menopausia tardía y el no haber tenido hijos o haberlos tenido después de los 30. Sin embargo, la mayoría de las mujeres que padecen esta enfermedad no entran en los grupos de riesgo, por lo que no puede descartar la posibilidad de tener cáncer de mama sólo porque ninguna mujer en su familia lo haya padecido antes. No es una buena base para decidir tener o no tener hijos a fin de evitarlo, y tampoco tiene control sobre su menarca ni su menopausia. Puede ejercitarse regularmente, llevar una alimentación saludable y mantener un peso sano, dejar de fumar y minimizar la cantidad de alcohol que ingiere.

Por fortuna, los síntomas del cáncer de mama son detectables, con síntomas como bultos, descargas líquidas del pezón y cambios en la forma de los senos que se pueden detectar fácilmente. Aunque la mayoría de los bultos en los senos no son cancerosos, aún así debe revisárselos. Eso significa que debe examinarlos por lo menos una vez al mes.

Cómo hacerse un examen de senos

Las mujeres deben practicarse un *autoexamen* cada mes como una forma de detectar cualquier cambio en sus senos que pudiera ser signo de cáncer de mama. El mejor momento es de dos a tres días después de su menstruación. Si ya no tiene menstruación, practíquese el examen en la misma fecha cada mes. Para practicar el examen siga estos pasos:

➤ Empiece por verse los senos. Observe cualquier cambio en su tamaño, forma o textura; si tiene algún pliegue o hueco en la piel; cambios en el pezón como piel escamosa, descarga de líquido blanco o sangre; inversión del pezón o un cambio notable en el contorno del seno, como que uno esté más alto que el otro, llame de inmediato al doctor.

➤ Si no ve ningún cambio, empiece con el examen físico de cada seno. Trate de sentir bultos o engrosamiento del tejido.

➤ Utilice los dedos de una mano para presionar firmemente el seno del lado opuesto mientras mantiene su otro brazo elevado por atrás de su cabeza (vea la ilustración).

➤ Con los dedos, recorra el seno con pequeños movimientos circulares, buscando bultos o anormalidades.

254

➤ Cubra toda la zona, incluyendo el tejido que va hacia la axila.

➤ Repita el procedimiento con la otra mano en el seno opuesto.

➤ No se olvide exprimir cada pezón en busca de alguna secreción, no debe haber ninguna.

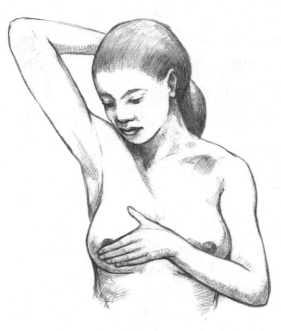

Algunas mujeres prefieren hacer el examen de senos en la regadera por que pueden mover más fácilmente la mano por la superficie del seno cuando está mojado. También se recomienda que se haga el examen en ambas posiciones, acostada y parada para detectar cualquier cambio.

¿Qué pasa si encuentra un bulto?

Si encuentra un bulto o protuberancia, o cualquier cambio en su seno, consulte de inmediato a un doctor. El examen, aunque es muy importante para su detección temprana, no es un sustituto del examen médico. Sólo un doctor puede determinar si un bulto es canceroso y los mejores pasos a seguir para su tratamiento.

Además del examen manual, las mujeres mayores de 45 años que tengan historial de cáncer de mama en su familia, deben hacerse una mamografía cada año. Este examen consiste en una radiografía del seno que puede mostrar los bultos. Si se encuentra un bulto, la mamografía no podrá decir si es canceroso. Se debe extirpar el bulto, o una biopsia de él, y analizarlo para determinar si es canceroso.

Si la mujer tiene un bulto (también se le conoce como quiste), puede recibir distintos tipos de tratamientos; quimioterapia, radiación o cirugía: *lumpectomía* (extirpación del bulto y algunas células que lo rodean) o *mastectomía* (extirpación de uno o ambos senos). Debido a los nuevos avances en el tratamiento del cáncer de mama, en la actualidad las mujeres que lo padecen tienen muchas expectativas de recuperarse completamente.

Sólo ocurre una vez al año: examen ginecológico

Una vez que entienda la importancia de los pasos que incluye un examen ginecológico, quizá le sea fácil aceptar el hecho de que tiene que realizarse este examen una vez al año. Una mujer debe iniciar la rutina de un examen anual a partir de los 16 años o cuando inicie su actividad sexual (sin importar la edad). Por supuesto, no importa la edad ni el hecho de que sea sexualmente activa o no, si es mujer y experimenta alguna de las siguientes condiciones, visite a su doctor lo antes posible:

➤ Ausencia de menstruación

➤ Embarazo

➤ Exposición a una enfermedad de transmisión sexual

➤ Cólicos severos o irregularidad

➤ Bultos o secreciones en los senos

➤ Dolor vaginal, sudoración, comezón o flujos inusuales

➤ Sangre en la orina

➤ Dolor severo en el bajo abdomen

Incluso si está perfectamente sana y su cuerpo parece normal, debe ver al ginecólogo una vez al año. Cuando haga la cita para su examen anual, no olvide hacerla para un día que esté entre sus periodos menstruales. La sangre menstrual puede dificultar la obtención del raspado para un papanicolau adecuado, por lo que el examen no debe realizarse cuando esté menstruando. Tampoco utilice ninguna crema vaginal en las 72 horas previas a su examen. También deberá conocer la fecha exacta del primer día de su última menstruación, ya que el doctor o la enfermera siempre lo preguntan.

El examen de rutina incluye el examen de senos, el papanicolau y una revisión en busca de enfermedades de transmisión sexual.

El doctor hará un tacto vaginal introduciendo un dedo enguantado y lubricado para sentir cualquier anormalidad. También presionará su abdomen para sentir el útero por fuera. El doctor introducirá un espéculo (instrumento de metal que mantiene la vagina abierta). De esta forma podrá revisar el cuello del útero y buscar cualquier tipo de infección cervical además de tomar las muestras para el papanicolau.

Como hay pocas terminaciones nerviosas cerca del cuello del útero, el papanicolau no debe doler. El doctor colecta células de las paredes cervicales raspándolas con un implemento delgado de madera que es una delgada versión de un abatelenguas. Recolectar las células para este examen sólo toma algunos segundos. Las células se ponen en un portaobjetos y se ven en el microscopio.

En una semana debe recibir los resultados de su papanicolau. Los resultados positivos son comunes. Un resultado positivo puede significar que tiene algo de "displasia", es decir, algunas células anormales en el cuello del útero. Quizá esto no sea causa de alarma, ya que las células anormales no siempre indican cáncer. De hecho, en ocasiones, las células anormales desaparecen tras unas cuantas semanas o meses. Sin embargo, un resultado positivo también puede significar que tiene células cancerosas en el cuello del útero. En ese caso, su doctor repetirá la prueba y determinará el curso de tratamiento.

Nota: No dude en aprovechar estas visitas para preguntar todas sus dudas respecto a enfermedades, uso de anticonceptivos, y cualquier otro tema relacionado con el sexo. No tenga miedo, esas dudas las habrá escuchado antes el doctor y le parecerán de lo más normales.

Hombres y salud sexual

Como hombre, si quiere que su pene esté en la cima de la salud sexual, deberá cuidar de él y del resto de su sistema reproductor. A diferencia de las mujeres, la mayoría de los hombres no tienen la costumbre de visitar a su doctor una vez al año para revisión. Eso no significa que no sea necesario. Todos los hombres deben hacerse un examen cada año. Si descubre cualquier cambio en su salud sexual (cualquier secreción fétida o dolor al orinar), debe visitar al doctor de inmediato, ya que puede tratarse de alguna enfermedad de transmisión sexual o algo peor.

Autoexamen testicular

Es poco común que los hombres sepan que tienen que hacerse exámenes testiculares y de la próstata.

El examen testicular es un método simple, sin dolor, para identificar cualquier enfermedad de transmisión sexual y cáncer testicular, una enfermedad curable si se detecta a tiempo.

Idealmente, todos los hombres deben practicarse este examen mensualmente desde el inicio de la pubertad. El mejor momento para hacerlo, es cuando la piel del escroto está más relajada, después del baño o de tener sexo. Para practicarse un examen, vea la ilustración y siga estos pasos simples:

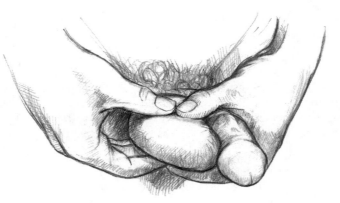

➤ Coloque el índice y dedo medio de cada mano bajo sus testículos y los pulgares arriba.

➤ Gire cada testículo entre su pulgar e índices poniendo atención en su peso y textura. Recuerde que los testículos no son lo único que hay en el escroto. El epídimo está en la parte posterior y granuloso como es, pertenece a ese lugar. Sin contar al epídimo que se puede sentir como un cordel delgado, los testículos deben sentirse lisos y firmes.

➤ Si siente un bulto duro, es momento de visitar a su doctor.

Familiarizarse con la apariencia y forma de su cuerpo y sus genitales le ayudará a reconocer cuando algo cambie. Además de practicar ese examen testicular, vea su pene. Vea si hay cualquier descarga anormal o inflamación. Si algo se luce fuera de lo normal, vea a un doctor. Encuentre a un médico con el que se sienta cómodo y que pueda responder sus preguntas y tratar sus síntomas antes de que se conviertan en algo peor.

Sólo relájese: el examen de la próstata

Para los hombres mayores de 40 años el examen médico complementará los exámenes testiculares e incluirá un examen que sólo los profesionales pueden hacer: el de la próstata, el cual le ayudará a detectar con anticipación la posibilidad de cáncer y otros padecimientos de esta glándula.

La próstata, ubicada bajo la vejiga, rodea la uretra. Cualquier enfermedad que afecte a la próstata puede afectar a la uretra. Las partes privadas están todas juntas. Los problemas en la próstata pueden resultar en:

➤ La sensación de que la vejiga nunca está vacía o la urgencia de orinar.

➤ Sensación de que debe empujar o forzar la orina hacia afuera.

➤ Mal dormir por una incesante necesidad de orinar durante la noche.

➤ Flujo disparejo o interrumpido de la orina.

Lo único que necesita la próstata para crecer son la testosterona y la edad. Si es hombre y humano, difícilmente podrá evitar esas dos cosas. ¿Es suficiente para comprometerse a un examen anual?

He aquí lo que ocurre durante el examen. El doctor puede examinar fácilmente la próstata insertando un dedo en su recto, a través del cual sentirá la glándula. Sólo tomará un momento o dos y no debe doler. Aunque no se sienta cómodo con esta idea, puede salvar su vida.

El doctor puede hacer un examen de sangre también, aunque no reemplaza el tacto de la próstata, ya que no puede detectar bultos o nódulos. El examen determina la cantidad de proteína producida en la próstata. Si el nivel de un antígeno presente en la glándula es problemático, indica cáncer en la próstata. Si su doctor encuentra un problema, hay varios tipos de tratamientos que van desde ver y esperar a medicamentos orales o hasta la cirugía.

La amenaza de cualquier tipo de enfermedad es impresionante, pero si conoce su cuerpo, cómo se ve y cómo se siente y lo revisa regularmente, estará dando un enfoque proactivo a su salud. Recuerde, la detección temprana significa que puede obtener el tratamiento que necesita para vivir feliz, sano y sexualmente satisfecho.

Capítulo 28

Cómo superar los problemas sexuales

En algún momento de su vida puede padecer algún tipo de problema sexual. No soy pesimista, soy realista. Puede ser un problema muy simple de resolver, como el no estar interesado en tener sexo al mismo tiempo que su pareja, y puede solucionarse con un poco de negociación y compromiso. Sin embargo, los problemas a veces pueden ser más complejos; como el que algunas mujeres nunca hayan tenido un orgasmo y algunos hombres eyaculen antes de querer hacerlo. Si éstos u otros problemas que parecen más complicados están afectando su vida sexual, no se desespere. Si está comprometido en mejorar su sexualidad, entonces puede resolver muchos problemas sexuales comunes por sí mismo o con la ayuda de su pareja.

Para problemas más desafiantes, tal vez sea el momento de consultar a un terapeuta sexual, quien tiene los conocimientos especializados para manejar problemas de disfunción sexual y le puede ayudar a dar una nueva forma a su vida sexual. Por ello, cuando se trata de sexo, no debe preocuparse demasiado por sus problemas. Los problemas sexuales tienen solución. ¡La ayuda va en camino!

Desánimo: falta de deseo

"Me duele la cabeza, Amor". Muchas veces, esa frase es sólo una excusa de alguien que no está de humor. No tiene nada de malo que de vez en cuando no tenga ánimos de hacer el amor. No obstante, si su falta de deseo sexual persiste, tal vez tenga un problema que deba solucionar.

A veces la falta de deseo significa falta de deseo por la pareja y, en otras, la falta de deseo de sexo en general. Si su amante no lo excita, pero quiere masturbarse o tener relaciones sexuales con alguien más, es probable que el problema más bien sea de la relación, no sexual.

Si desea tener relaciones, pero no desea a su pareja, entonces debe averiguar por qué no está interesado en estar con ella. A veces la respuesta es simplemente que el sexo se ha vuelto una rutina y que necesita agregarle más emoción a su vida sexual monógama.

Algunas parejas descubren que aun cuando se desean entre sí, no coinciden en el momento. En estos casos, su nivel general de deseo sexual difiere. A pesar de este problema, las parejas siguen juntas si encuentran el momento para tener sexo que satisfaga a los dos. La pareja con un mayor impulso sexual puede incluir la masturbación en su rutina sexual para compensar estas "etapas difíciles". Si su nivel de deseo sexual no coincide con el de su pareja, entonces los dos pueden trabajar juntos o acudir a un terapeuta para hacer un compromiso sobre qué tan a menudo harán el amor.

Si no tiene deseo sexual alguno ni de masturbarse, quizá tenga un *trastorno del deseo sexual* que debe ser tratado con terapia. Es probable que algunas causas del *deseo sexual inhibido* sean médicas. De ser el caso, debe consultar al médico. Algunas razones comunes incluyen:

- ➤ Desequilibrio hormonal.
- ➤ Enfermedad o lesiones en usted o su pareja.
- ➤ Medicamentos, como antidepresivos.
- ➤ Adulterio por parte de usted o su pareja.
- ➤ Estrés en el trabajo o con la familia.
- ➤ Resentimiento sobre asuntos de poder en su relación, como un cónyuge controlador.
- ➤ Problemas económicos en su relación.
- ➤ Último trimestre de embarazo o un recién nacido en casa.
- ➤ Muerte de algún familiar o amigo.

Los aspectos anteriores se pueden resolver con un tratamiento médico o psicológico. Si tiene un trastorno del deseo sexual, busque ayuda.

Fotografía de Elke Hesser.

En espera de la exclamación: mujeres que nunca han tenido un orgasmo

Si conoce la maravilla indescriptible que es tener un orgasmo, entonces no podrá imaginarse no tener uno. Sin embargo, mujeres en edad adulta nunca han tenido un orgasmo, aunque disfrutan el placer sexual. Todas las mujeres pueden tener orgasmos, nada más deben aprender cómo.

Si usted es una mujer que nunca ha tenido un orgasmo, la mejor forma de aprender es comprometerse a dedicar un poco de tiempo al día hasta alcanzar el clímax. Los siguientes pasos le ayudarán.

Los diez pasos para tener un orgasmo

1. Analice sus influencias sexuales.

   Procure determinar si durante su crecimiento estuvo expuesto a mensajes negativos referentes al sexo. Dos factores importantes son la represión sexual de los padres o una educación religiosa muy estricta. Algunas mujeres que nunca han tenido un orgasmo, de niñas fueron víctimas de abuso sexual, incesto o violación. Tal vez deba acudir con un terapeuta que le ayude a entender cómo estos aspectos pueden afectar su satisfacción sexual.

2. Estudie su cuerpo.

   Cuando esté a solas y desnuda, revise su cuerpo. En un cuarto bien iluminado, tome un espejo y véase la vulva. (Si la luz del cuarto no es suficiente, utilice una linterna.) Tal vez se acomode mejor en cuclillas sobre el espejo o acostada con algunas almohadas para detener su cabeza. Incluso podría abrirse de piernas frente al espejo. Observe cada parte de sus genitales: vello púbico, labios, entrada vaginal y clítoris. Acéptelo como una parte especial y hermosa de su cuerpo. Mientras se ve, reconozca que su clítoris tiene una sola razón de ser: darle placer. Durante su observación, crea que puede y que le ayudará a tener un orgasmo.

3. Disfrute del placer sin objetivo alguno.

   Haga la prueba con la siguiente actividad a fin de que empiece a aceptar que su cuerpo le puede dar placer. Una noche que esté completamente sola, tome un largo baño de burbujas con velas alrededor de la tina. Una vez que salga de la tina, dedique el tiempo necesario a secarse y ponerse loción o talco. Después, recuéstese desnuda sobre su cama y toque todo su cuerpo. Dése masaje en los pies, en las manos y en los hombros. Acaricie sus senos, su cintura y sus muslos. Disfrute la sensación de tocarse a sí misma. No se está masturbando, sólo tocándose.

4. Aprenda a relajarse y respirar.

   Cuando esté sola y desnuda, recuéstese, cierre los ojos y concéntrese en su respiración. Inhale y exhale hondo diez veces. Mientras lo hace, imagine que está en un lugar hermoso y seguro. Sienta cada parte de su cuerpo relajarse, desde los dedos de sus pies, hasta los dedos de la mano y la parte superior de la cabeza. Recuerde cómo se siente para que pueda recurrir a este sentimiento en cualquier momento.

5. Mastúrbese sin objetivo alguno.

   Algunas mujeres nunca han tenido un orgasmo porque nunca se han masturbado. Éste es el momento de aprender a hacerlo para que se sienta bien. Primero busque estar sola 30 minutos. Repita la relajación, la respiración y tocarse como lo describimos. Empiece a masturbarse. Tóquese el clítoris en un movimiento circular e inserte un dedo en su vagina; dése masaje en toda el área. Toque sus senos o cuello, o muslos, o cualquier parte que sienta bien. En este punto no piense que se está masturbando para tener un orgasmo. Hágalo para familiarizarse con las sensaciones de placer que pueda producirle.

6. Mastúrbese con un objetivo.

   Una vez que aprendió a masturbarse sólo para sentirse bien, entonces puede empezar a masturbarse para tener un orgasmo. Busque estar sola 30 minutos. Repita lo que hizo en el punto anterior, pero esta vez concéntrese en estimular su clítoris y en llevarse hasta el punto sin retorno. Cuando sienta que su cuerpo alcance el punto culminante de la excitación sexual, no se detenga, siga masturbándose. Incremente la intensidad sin detenerse. Es probable que la intensidad le haga sentir mejor, luego continúe hasta que las sensaciones iniciales se tornen en las del orgasmo.

7. Utilice un vibrador.

   Si tiene problemas para llegar al punto sin retorno, quizá deba utilizar un vibrador para estimularse un poco más. Coloque el vibrador en su clítoris y trate de mantenerlo ahí mientras se mueve y toca su cuerpo. Siga intentando alcanzar el orgasmo, pero manténgase relajada.

8. Involucre a su pareja.

   Cuando esté con su pareja, repita las actividades de relajación y respiración. Si su intención es tener relaciones sexuales, concéntrese en lo bien que se siente con él o con ella. Asegúrese de tener mucha estimulación clitoral. Dése la oportunidad de ir más allá de las sensaciones y déjese llevar hasta tener un orgasmo.

9. Fantasee y represente papeles.

   Durante la masturbación o las relaciones con su pareja, fantasee que es una mujer sexy y poderosa a quien le encanta el sexo y que fácilmente tiene orgasmos. Represente el papel de alguien que tiene facilidad para experimentarlo. Mueva las caderas, gire el cuerpo y trate de moverse como una mujer sexy que está a punto de tener un orgasmo.

10. Déjese llevar.

    Para tener un orgasmo, necesita dejarse llevar por completo. No debe tratar de controlar su cuerpo; de preocuparse sobre cómo se verá cuando tenga el orgasmo o el sonido que produzca su boca o su cuerpo. No se preocupe, sólo déjese llevar.

Si con frecuencia se acerca más y no logra alcanzar el clímax, quizá se esté forzando demasiado. Para tener un orgasmo, debe evitar controlarse y dejar que su cuerpo haga lo que quiera. Si deja fluir las sensaciones, tal vez tenga un orgasmo más pronto de lo que imagina si lo estuviera "intentando".

Relación sexual sin orgasmo

Hay muchas mujeres que no tienen orgasmos durante la cópula. Esto se debe a una función sexual más que a un problema, porque durante el acto sexual no siempre se estimula el clítoris, pues casi toda la concentración está en el movimiento de penetración del pene en la vagina (necesario para que el hombre pueda tener un orgasmo). A fin de que una mujer tenga un orgasmo, debe recibir una estimulación directa en el clítoris ya sea con caricias, por lo general con un movimiento circular, o cualquier movimiento que utilice la mujer cuando se masturba.

Si una mujer quiere tener un orgasmo durante la cópula, quizá también necesite:

➤ Utilizar su mano o la de su pareja para acariciar su clítoris.

➤ Frotar su pelvis contra la de su pareja para tener la fricción y el movimiento necesarios para el orgasmo.

Eyaculación precoz

Mientras algunas mujeres intentan tener su primer orgasmo durante la cópula, hay hombres que desearían controlar la rapidez con la cual alcanzan el suyo. Algunos hombres piensan que eyaculan demasiado pronto. Si usted es un hombre con *eyaculación precoz,* y a usted y su pareja no les afecta, entonces no hay problema. Sin embargo, si la relación sexual no le satisface debido a que sus encuentros son muy breves o eyacula en cuanto penetra a su pareja, quizá tenga problemas.

Muchos hombres que eyaculan antes de quererlo quizá aprendieron a venirse rápido a temprana edad. Durante la adolescencia, se masturbaban para alcanzar el orgasmo muy rápido a fin de tener una liberación pronta, sin concentrarse en la sensación adecuada de la masturbación misma. Conforme empezaron a tener relaciones sexuales en la adolescencia, tenían encuentros sexuales apresurados para terminar antes de que sus padres llegaran a casa o que la policía tocara en la ventanilla del auto. Muchos jóvenes eyaculan muy pronto porque les agrada la sensación de una relación sexual en la que no saben cómo contenerse y esperar antes de eyacular.

Si usted sufre de eyaculación precoz e interfiere con su vida sexual, tendrá que aprender a sincronizar su cuerpo y su excitación, así como aprender a identificar el momento en que esté a punto de eyacular. Posteriormente, deberá aprender a controlar o demorar el proceso. Las siguientes técnicas le ayudarán a manejar la eyaculación precoz.

5,6,7,8: Es el momento de detenerse y esperar

Puede tratar de manejar su eyaculación precoz con la *técnica de conteo, alto-inicio*. Le permitirá aprender a establecer su nivel de excitación sexual y mantenerlo en un nivel que le brinde placer sin que lo lleve al punto sin retorno. Para controlar la eyaculación, el hombre debe ser capaz de reconocer la sensación *antes* del punto sin retorno y relajarse lo suficiente para no alcanzar ese punto hasta que esté listo.

La excitación sexual aumenta conforme se aproxima al orgasmo. A fin de que entienda cómo controlar el nivel de excitación, debe clasificar cada nivel. Piense en su excitación sexual en una escala del 0 al 10, donde el cero significa que no siente excitación alguna y el 10 es la sensación del orgasmo. Procure llevar y mantener su cuerpo y mente en el mismo nivel de excitación durante la relación sexual (en el nivel 7 u 8) sin llegar al "punto sin retorno" que podría ser el nivel 9.

Puede practicar esta técnica mientras se masturba.

➤ Cada vez que perciba el incremento de su excitación sexual, clasifique cada etapa con un número del 0 al 10, donde cero es cómo se siente antes de empezar a masturbarse y 10 es el orgasmo. Identifique cuáles son los puntos 7 y 8 para usted.

➤ Cuando sienta que llega al nivel de excitación 8, trate de bajar al nivel y mantenerlo en el 7, de tal forma que no pierda el control y llegue al nivel 9, el punto que lo llevará al orgasmo.

➤ La mejor forma de hacerlo es dejar de masturbarse cuando llegue al nivel 8. Descanse de 30 segundos a un minuto. Empiece de nuevo cuando su excitación baje a 5 o 6. Debe practicarlo varias veces a la semana hasta que tarde o temprano pueda masturbarse durante 30 minutos sin eyacular hasta que esté listo. Una vez que haya dominado esta técnica, puede hacer lo mismo durante la cópula.

Cuando esté haciendo el amor, deje de penetrar a su pareja y pídale que no se mueva durante un minuto hasta que su excitación baje un poco. Puede retirar el pene de la vagina y cambiar de posición sexual de modo que cuente con un poco de tiempo para calmar las cosas. Ayuda mucho tener una pareja comprensiva con quien pueda hablar de esta actividad.

Compláceme, apriétame

Una técnica más avanzada es la de la *técnica del apretón*. Para ponerla en práctica, necesita estar familiarizado con las sensaciones que percibe cuando está próximo al orgasmo. Cuando tenga relaciones sexuales y se acerque al punto sin retorno, deberá dejar de penetrar a su pareja y pedirle que no se mueva para no activar su respuesta eyaculatoria. Después, usted o su pareja deben presionar su pene utilizando el pulgar y uno o dos dedos en uno de dos lados: en la base del pene o en el borde bajo la cabeza del pene (como en la ilustración). La presión en cualquiera de los lugares provocará que disminuya la excitación, así como la sensación de proximidad a la eyaculación.

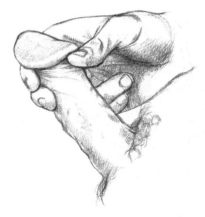

Presión abajo de la cabeza del pene durante la técnica del apretón.

Si la lectura de estas técnicas no es suficiente para ayudarle con su problema, entonces consulte a un terapeuta certificado. Este problema es muy común y no debe sentirse apenado de pedir ayuda.

Cuando le cuesta trabajo tener una erección

Aun cuando es cierto que algunas veces el barco pueda tener algunos problemas para zarpar antes de estar en el océano, no tiene que ser un problema titánico en la vida sexual de un hombre.

La palabra "impotencia" da la impresión de que si el hombre no tiene una erección entonces se trata de un problema crónico. No tiene por qué ser cierto. De hecho, todos los hombres en algún momento tienen problemas para lograr una erección. Por eso, algunas veces los sexólogos no lo llaman "impotencia", simplemente lo consideran como "incapacidad para tener o mantener una erección".

Si no puede tener una erección durante el sexo, piense si ha podido o no tener erecciones otras veces. Por ejemplo, si puede tener erecciones cuando se levanta, cuando se masturba e incluso si *a veces* las tiene con su pareja y no está bajo medicamento, no tiene ninguna enfermedad y no toma alcohol ni consume drogas, entonces su problema es más bien psicológico y probablemente esté asociado con su relación.

Es muy común que de vez en cuando un hombre no tenga una erección. Tal vez esté muy cansado, en una situación incómoda o tenga otras cosas en mente, o quizá no esté de humor para tener relaciones sexuales. En esos casos, deberá ignorar el hecho de no tener una erección. Haga alguna otra actividad sexual que no involucre la erección. La siguiente vez que quiera tener una relación, probablemente logre tener una erección. Sin embargo, si le preocupa el hecho de no haber tenido una erección en esa ocasión, entonces podría ser el inicio de un ciclo vicioso donde la próxima vez no podrá tener una erección porque estará muy preocupado. De ahí la importancia de que no le dé demasiadas vueltas al asunto si sólo sucede de vez en cuando.

Sin embargo, si usted es un hombre que nunca ha tenido erecciones, entonces su problema quizá sea biológico. Las causas podrían ser una deficiencia hormonal, mala circulación, un trastorno nervioso o un daño neurológico (especialmente debido a la diabetes o cáncer de próstata), o el resultado de algún medicamento (reguladores de la presión arterial).

Si piensa que su problema es biológico, consulte a un doctor, o a un terapeuta sexual con quien pueda hablar acerca de sus sentimientos y que le enseñe otras formas de encontrar placer sexual que no incluyan erecciones.

Viagra: la gran esperanza azul

Existen muchos tratamientos disponibles para hombres que no pueden tener erecciones. El más común es la prescripción de Viagra, el cual apareció en la escena médica en 1998. El Viagra es una pastilla azul en forma de diamante, que se toma de 30 minutos a 3 horas antes de la cópula para afectar el flujo sanguíneo en el cuerpo del hombre y permitirle tener una erección. Sólo debe tomarse bajo prescripción médica. El Viagra no aumenta el deseo sexual, sólo ayuda a la respuesta física que conduce a la erección.

Al igual que cualquier medicamento, el Viagra no es la solución correcta para quienes tienen problemas de erección. Es probable que los hombres con problemas de presión, anemia o leucemia, no deban tomarla. Tampoco se recomienda el uso del

Viagra en caso de estar tomando medicamentos con nitratos como la nitrogli-cerina, ya que la combinación puede disminuir severamente la presión arterial. Algunos hombres experimentan efectos secundarios como dolor de cabeza, enro-jecimiento de la cara, dolor estomacal, nariz congestionada y cambios en la visión como sensibilidad a la luz o visión azulosa.

A pesar de sus efectos secundarios y complicaciones, muchos hombres toman el Viagra y les encanta. Algunos hombres, en especial quienes padecen afectaciones médicas que les impedían tener erecciones, dicen que esa pastillita azul ha trans-formado sus vidas.

A bombear

El Viagra es un gran avance médico, debido a que los tratamientos para la impo-tencia que existían con anterioridad eran un tanto incómodos y con frecuencia muy complicados. Sin embargo, esos métodos los siguen quienes no pueden o no quieren tomar el Viagra.

Los hombres que sufren de impotencia pueden utilizar una bomba en el pene, que les ayuda con su incapacidad de erección. La bomba es un tubo de plástico uni-do a un mecanismo de succión que, al emplearse, transporta la sangre al pene. El hombre coloca el tubo en el pene y lo bombea (como cuando inflan una bici-cleta) hasta que el pene se llena de sangre. Muchos hombres pueden utilizar la bomba justo antes de la cópula para lograr una erección lo bastante firme para la penetración.

Otros tratamientos incluyen inyecciones de hormonas o implantes quirúrgicos. Los implantes pueden ser en una de dos formas: una pieza de plástico semirrígi-do que se implanta quirúrgicamente para mantenerlo en un estado constante de erección y que puede doblarse para esconderse cuando el hombre se viste; la otra es una pieza de silicona implantada en el pene y que se conecta a una pequeña bomba que se coloca en el escroto, de modo que el hombre pueda "inflarla" cuando quiera una erección. ¡Interesante!

Relación sexual dolorosa

Aun cuando la cópula debe ser fabulosa, algunas personas experimentan dolor. Una relación sexual dolorosa, conocida como dispareunia, se manifiesta en dife-rentes formas: sensación de ardor, dolor constante, agudo o ardiente, o un calam-bre repentino. Puede ser externo, dentro de la vagina o el pene, o muy profundo en la región pélvica o el abdomen. Quizá esté relacionado con una enfermedad de transmisión sexual u otros problemas físicos. Las causas comunes del dolor son:

> ➤ Ampollas, erupción, infecciones por hongos o inflamación alrededor de la apertura vaginal, la vulva o el clítoris, el pene o el escroto.

➤ Trastornos en la apertura vaginal, como la cicatrización por una episiotomía, un himen intacto o restos del himen que se estiró aunque no se rompió por completo, o inflamación o infección del pene, el prepucio, los testículos, la uretra o la próstata.

➤ Adelgazamiento de las paredes vaginales o resequedad vaginal, causada por la menopausia o una insuficiencia de estrógenos.

➤ Irritación debido a anticonceptivos como espuma, jaleas, lubricantes de condones o duchas vaginales.

➤ Algunos medicamentos como antihistamínicos y tranquilizantes.

➤ Trastornos como enfermedades venéreas, infecciones, tumores o anormalidades de los órganos sexuales externos o los órganos reproductores internos.

Debe consultar de inmediato a un médico a fin de obtener el diagnóstico adecuado. Si el problema no es sexual, su médico le recomendará con otro especialista.

Vaginismo

Otra disfunción sexual que afecta a ciertas mujeres impide que el pene penetre la vagina. Las mujeres con este problema, llamado *vaginismo*, sufren de un estrechamiento de la vagina en el que los músculos se contraen involuntariamente al iniciar la relación sexual.

Para superar esta condición, un terapeuta sexual le puede explicar ejercicios que le ayuden a "entrenar" los músculos vaginales a fin de que se abran y relajen durante la relación. El doctor le proporciona a la paciente "entrenadores vaginales" que son cilindros de plástico (básicamente, versiones médicas de consoladores) cuyo tamaño se agranda poco a poco. La mujer empieza los ejercicios usando el cilindro más pequeño durante la primera semana, al mismo tiempo que se masturba. Después de algunas semanas se inserta gradualmente los más grandes hasta encontrar el que la haga sentir cómoda y que sea lo más parecido en tamaño al de un pene. Durante sus sesiones con un terapeuta, ella tendrá que hablar de su progreso físico al mismo tiempo que podrán tratar de encontrar la raíz de su problema.

Ansiedad por temor al fracaso

El principio del preludio sexual debe ser natural y espontáneo. Sin embargo, algunas personas sienten ansiedad por temor a fracasar durante la relación sexual. Les preocupa tener que ser "buenos amantes" y se presionan demasiado. Sólo piensan en cada movimiento que hacen y podrían sentirse "espectadores" que se observan a sí mismos, teniendo la relación sexual más que formando parte de ella.

La ansiedad por temor al fracaso provoca más problemas sexuales. Si una mujer se preocupa por su comportamiento, no podrá tener un orgasmo. En el caso de un hombre, perderá la erección o eyaculará muy rápido.

Si usted siente este tipo de ansiedad, puede seguir ciertos pasos para superarla. Pruebe lo siguiente, solo o con su pareja.

➤ Estudie sus puntos de vista respecto a una relación sexual. Necesita sentir que el sexo es una parte normal, saludable y positiva de la vida. Debe creer que merece tener relaciones sexuales maravillosas.

➤ Relájese. Tiene que empezar con las técnicas de relajación de modo que pueda utilizarlas cuando necesite calmarse y disfrutar el placer de la relación sexual. Las técnicas de relajación incluyen meditación, cerrar sus ojos o respirar para permanecer calmado.

➤ Familiarícese más con su pareja. En teoría, cuanto más conozca a alguien, más cómodo se sentirá durante la relación sexual con esa persona. Aprendan a conocerse el uno al otro lo suficiente para que no se sientan apenados o cohibidos entre sí.

➤ Disfrute el placer de que lo toque su pareja sin sentirse culpable o muy ansioso. Intente que su pareja le dé un masaje en la espalda para que se acostumbre a disfrutar el placer.

Quizá considere que estos pasos son simples, pero en realidad le pueden ayudar a controlar sus ansiedades. Todos merecemos una vida sexual total y excitante, pero si usted necesita trabajar en ella un poco más, no tema asumir la responsabilidad. Aun cuando pueda intentar solucionar estos aspectos por sí solo o con su pareja, su recuperación total será más efectiva si consulta a un terapeuta sexual.

Terapia sexual: obtenga ayuda profesional

Si al leer este capítulo se da cuenta de que podría buscar ayuda profesional para solucionar sus problemas sexuales, entonces debe buscar a un buen terapeuta sexual.

Enfoque sensorial

Cuando las parejas tienen problemas con su deseo sexual o se angustian por temor a fracasar, un terapeuta sexual puede dejarle actividades de tarea llamadas *enfoque sensorial*. Estas actividades enseñan a la pareja cómo tocarse uno al otro para que se sientan sensuales y excitados, sin tener sexo en realidad. El terapeuta asigna las actividades a los clientes durante 6 u 8 semanas. Cada semana se les dice cómo deben tocarse; por ejemplo, en la primera semana les diría que se den masajes mutuos, pero sin tocar sus genitales. La siguiente semana podrían tocarse los genitales, pero la cópula aún está prohibida. El objetivo de la actividad es enséñar a la pareja a disfrutar la sensación del tacto. Se enfocan en su sentido del placer, no en su desempeño sexual.

Elija un terapeuta sexual

Para encontrar un terapeuta sexual en su área, llame a AASECT, la Asociación Americana de Educadores, Asesores y Terapeutas Sexuales, al 319-895-8407, o busque en su sitio Web en www.ASSECT.org. Ellos le recomendarán un terapeuta sexual certificado en su área. También puede llamar a los hospitales principales en su área para averiguar si tienen una lista de terapeutas sexuales. Una vez que tenga la lista de nombres para escoger, el siguiente paso es saber cómo encontrar el mejor terapeuta para usted.

Elegirlo depende de seleccionar a alguien con quien pueda hablar a gusto y que pueda ayudarle. Sin embargo, hay ciertos aspectos que debe buscar siempre. Debe ser un terapeuta que:

➤ Esté capacitado específicamente en terapia sexual (no sólo en terapia de pareja, de familia o general).

➤ Esté certificado por la Asociación Americana de Educadores, Asesores y Terapeutas Sexuales.

➤ Tenga una maestría, un doctorado o un título en terapia sexual.

➤ Esté dispuesto a hablar con usted por teléfono la primera vez que llame y que le explique qué debe esperar durante la primera sesión (sin que conduzca la terapia por teléfono).

Por lo general cada sesión dura entre 45 minutos y una hora. El tiempo y los honorarios deben establecerse antes de su primera visita. Los honorarios por terapia sexual están alrededor de $100 USD por hora, aunque pueden bajar hasta $50 USD o elevarse hasta $200 USD por hora. Depende del terapeuta y de la localidad (los terapeutas reconocidos de las grandes ciudades cobran más). Muchos terapeutas reducen sus honorarios a personas que no tienen los medios para pagar, así que siempre pregunte si sus honorarios son "negociables". Su seguro médico puede o no cubrir la terapia, dependiendo de su póliza.

Como puede ver, debe tener cuidado al elegir un terapeuta sexual. Necesita encontrar a alguien que esté certificado y que tenga credenciales y experiencia en las que usted pueda confiar.

Sexo maravilloso de la A a la Z

Aborto   Terminación del embarazo en forma médica o quirúrgica antes de que el feto esté lo suficientemente desarrollado para sobrevivir fuera del útero.

Abstinencia   Evitar la relación sexual por un periodo determinado.

Aciclovir   Medicamento utilizado para tratar las infecciones de herpes.

Actividades después del sexo   El momento cariñoso después de la relación sexual o el orgasmo, que normalmente consiste en acariciar, mimar, platicar, reír, comer, limpiar, prepararse para volver a hacer el amor, o quedarse dormidos.

Adicto al sexo   Nombre incorrecto para referirse a alguien con una compulsión sexual.

Adopción   Proceso legal mediante el cual un niño se convierte en parte de una familia en la que no nació.

Adulterio Relaciones sexuales de una persona casada con alguien que no es su cónyuge. Algunas personas lo definen como cualquier tipo de intimidad con alguien que no es el cónyuge, sin el consentimiento de éste.

Afrodisiaco   Sustancia que se dice estimula o incrementa el deseo sexual, aunque en realidad no tenga ningún efecto físico en la persona.

Amor   Lazo fuerte, devoción, admiración o atracción.

Anillo para pene   Banda de hule, piel o metal, que se coloca en la base del pene para ayudar a que el flujo sanguíneo se mantenga en el pene, o simplemente como adorno. A menudo es utilizado por la gente que practica el sadomasoquismo.

Annilingus   Estimulación oral del ano.

Anticonceptivos (control natal)   Técnicas o dispositivos utilizados para evitar el embarazo como píldoras, condones, DIU, diafragma, Norplant, etcétera.

Areola   Área pigmentada que rodea los pezones en los senos. Dependiendo del color de piel de la persona, puede ser de tono rosa, café, negro o cualquier tono de piel que sea más oscuro que el color del seno de la persona.

Beso francés   Beso en el que ambas bocas están abiertas y las lenguas entran en contacto.

Bisexual   Persona que siente atracción erótica y sexual hacia hombres y mujeres.

Bochorno   Sensación de calor súbito que experimentan las mujeres relacionado con el cambio en la producción hormonal durante la menopausia.

Bolas ben wa   Pequeñas bolas de metal que se insertan en la vagina para obtener placer mediante la fricción de ambas bolas.

Candidiasis   Enfermedad causada por hongos en la vagina, boca, prepucio o recto. En la mujer aparece como una secreción densa, blanca y coagulosa que causa irritación. En los hombres a menudo es asintomática.

Características sexuales secundarias   Características físicas que se desarrollan durante la pubertad para distinguir a los hombres de las mujeres, como el vello facial y corporal y el desarrollo de los senos.

Caricias intensas   Estimulación sexual que no incluye la cópula. La mayoría de las veces se trata de roces entre sí en forma sexual o de masturbarse mutuamente.

Cerviz   Cuello del útero que es el paso del útero a la vagina.

Cesárea   Alumbramiento del feto mediante incisión quirúrgica en el abdomen y la pared uterina.

Chupetón   Marca oscura que aparece cuando alguien succiona la piel con la boca.

Ciclo menstrual   Ciclo de ovulación mensual controlado por hormonas y desprendimiento de la cubierta interna del útero provocando la expulsión de la sangre y el tejido del útero a través de la vagina.

Circuncisión   Remoción quirúrgica del prepucio del pene.

Clamidiasis   Enfermedad infecciosa de transmisión sexual. Puede causar dolores leves y flujo, o ser asintomática. Su falta de atención médica puede causar infertilidad.

Clítoris   Conjunto de terminaciones nerviosas localizadas en la vulva y cuya única función es proporcionar a la mujer placer sexual y orgasmos.

Compatibilidad   Condición de identificación con una pareja para una relación tanto sexual como no sexual.

Compulsión sexual   Trastorno caracterizado por una preocupación absoluta por el sexo. La condición es tal que quien la padece gasta todo su dinero y su tiempo en el sexo. En ocasiones se conoce como adicción al sexo.

Condón   Cubierta de látex delgado que utilizan los hombres para evitar que el esperma entre en la vagina durante la relación sexual. Se utiliza como anticonceptivo y como protección contra enfermedades de transmisión sexual y SIDA.

Condón femenino   Tubo de poliuretano y anillos de plástico, que se ajusta en la vagina por arriba del cuello del útero y se extiende hacia afuera del cuerpo. El condón femenino proporciona protección contra las enfermedades de transmisión sexual.

Conductos eyaculatorios   Conductos en el tronco del pene que llevan el esperma y el fluido seminal desde la próstata a través de la uretra.

Consolador   Sustituto artificial de un pene erecto hecho de silicona, hule o látex diseñado para introducirse en la vagina o el ano por placer sexual.

Consolador para ano   Consolador diseñado especialmente para ser introducido en el ano a fin de obtener placer anal y rectal.

Cunnilingus   Estimulación oral de la vulva, clítoris y/o vagina.

Depo-Provera   Inyección de progestina que funciona como anticonceptivo. Un médico la aplica trimestralmente.

Deseo   Se refiere a un gran interés en la relación sexual. Primera etapa del ciclo de respuesta sexual.

Deseo sexual inhibido   Cuando una persona no tiene el deseo para tener una relación sexual.

Diafragma   Dispositivo de hule que cubre el cuello del útero e impide la entrada de esperma en el útero. Debe ser prescrito y colocado por un médico.

DIU (Dispositivo Intrauterino)   Dispositivo de plástico combinado con hormonas o cobre, que se inserta en el útero como método anticonceptivo.

Ducha vaginal   Enjuague que se puede usar en la vagina y que se supone que hace que la mujer se sienta más "limpia" al lavar las secreciones vaginales. Sin embargo, no es recomendable su uso.

Dispareunia   Término médico que se refiere a la relación sexual dolorosa.

Educación sexual   Lecciones formales o informales que aprenden las personas sobre el sexo. En la educación informal, el aprendizaje es a través de amigos, familiares, o los medios de comunicación. La educación formal se imparte en las escuelas o en un entorno religioso. La educación sexual debe contener información de biología, psicología, asuntos sociales, culturales, morales y éticos.

Ejercicios de Kegel   Repetidas contracciones del músculo pubococcígeo (PC) para fortalecerlo e incrementar la sensibilidad sexual.

Empuñar   Hábil introducción de toda la mano en la vagina o el recto.

Enfermedad Pélvica Inflamatoria (EPI)   Inflamación del útero y las trompas de Falopio. En muchas ocasiones, es el resultado de una falta de atención médica para la clamidiasis o gonorrea. Se puede tratar, pero a menudo causa infertilidad.

Enfoque sensorial   Serie de ejercicios específicos de terapia sexual para parejas que se alientan entre sí a turnarse, poniendo especial atención a su propia sensación sexual, sin exigirse a sí mismos una actitud sexual.

Epidídimo   Estructuras con forma de tubo en espiral localizadas a los lados de los testículos que conducen el nuevo esperma.

Episiotomía   Incisión quirúrgica a través del perineo de la mujer para ampliar la abertura vaginal y permitir el nacimiento del bebé.

Erección   Crecimiento natural del pene cuando la sangre que fluye en la zona lo congestiona.

Eróticos   Escritos, imágenes, películas y otros elementos explícitos que despiertan el deseo sexual y que son utilizados para mejorar dicha experiencia. El término se utiliza también para el material que contiene una interacción sexual.

Escroto   Saco de piel suspendido debajo del pene y que contiene los testículos y el epidídimo.

Esperma   Célula reproductora masculina contenida en el semen que se libera durante la eyaculación y que, al unirse al óvulo, lo fertiliza y crea vida.

Espermaticida   Químico que mata al esperma; usualmente se refiere a la espuma, jalea, crema, película y supositorios (óvulos) insertados en la vagina para cubrir la cerviz y prevenir el embarazo.

Esterilización   Procedimientos médicos diseñados para prevenir la posibilidad de reproducción. En los hombres, el procedimiento es conocido como vasectomía; en las mujeres, es ligadura de trompas. La esterilización es el método más eficaz de control natal.

Estrógeno   Hormona que regula las características sexuales secundarias en la mujer y regulan el ciclo menstrual.

Examen de la próstata   Examen que realiza un médico insertando su dedo en el recto del hombre para sentir su próstata y detectar anormalidades.

Examen de senos   Un procedimiento utilizado por las mujeres para detectarse probables protuberancias cancerígenas, que consiste en palpar el área de los senos una vez al mes.

Examen testicular   Prueba mensual que puede realizarse un hombre para determinar si tiene protuberancias anormales en los testículos. El examen incluye la palpación de los testículos.

Excitación   Estimulación del interés sexual. La segunda etapa en el ciclo de respuesta sexual.

Eyaculación   Expulsión del semen a través del pene. Las más de las veces el semen se expulsa al tiempo que se tienen contracciones orgásmicas.

Eyaculación precoz   Eyaculación que ocurre antes de que el hombre así lo desee. Puede ser que eyacule segundos después de que el pene se introduce en la vagina o incluso eyacula antes de la penetración.

Fálico   Relacionado con o representación de un pene.

Fantasía sexual   Imagen o escena sexual que uno crea y que puede o no llevarse a cabo.

Fellatio   Estimulación oral del pene.

Fetiche   Atribución de significado sexual a un objeto no sexual, como un zapato o un pie.

Fimbriae   Terminaciones en forma de dedos en las trompas de Falopio, que recogen el óvulo y lo conducen a través de la trompa.

Fluido preeyaculatorio   Fluido secretado por las glándulas de Cowper y liberado por el pene durante la excitación previa a la eyaculación. Este fluido puede contener esperma.

Frénulo   Hendidura o pequeño pliegue de piel localizada debajo del glande.

Garganta profunda   Una forma de sexo oral en la cual el pene se introduce voluntariamente hasta la garganta de la otra persona.

Gay   Término popular que se refiere por lo general a ser un hombre homosexual, pero algunas veces también se refiere a una mujer lesbiana.

Glande   Cabeza del pene.

Glándulas de Bartholin   Pequeñas glándulas en la mujer, localizadas a cada lado de los labios menores, las cuales secretan pequeñas cantidades de flujo que se añaden a la lubricación durante la excitación sexual.

Glándulas de Cowper   Dos glándulas del tamaño de un guisante, que se localizan debajo de la próstata en los hombres y liberan fluidos alcalinos que forman parte del líquido seminal. También se conocen como glándulas bulbouretrales.

Gonorrea   Infección bacterial en la vagina, pene, recto o garganta. Los síntomas pueden incluir dolor en el área infectada y secreción amarillenta o verdosa.

Gorra cervical   Método anticonceptivo de barrera de hule en forma de dedal. Prescrito por un médico, se inserta en la vagina antes de la relación sexual y se fija en el cuello del útero para impedir el paso del esperma.

Hepatitis B   Virus transmitido por sangre, semen o secreciones vaginales infectadas mediante inyecciones o contacto sexual.

Herpes   Infección viral que produce ulceraciones tipo aftas en la boca, la vulva, el pene y/o el recto. Permanece en el cuerpo de por vida y pueden reactivarla el estrés, las hormonas, las alergias o la fatiga.

Himen   Membrana ubicada en la entrada de la vagina. Esta membrana se rompe o rasga durante la primera relación sexual.

Histerectomía   Remoción quirúrgica del útero y, a veces, de los ovarios.

Homofobia   Odio o miedo irracional a las personas homosexuales.

Homosexual   Término para hombres o mujeres que sienten atracción sexual hacia personas del mismo sexo.

Hormonas   Sustancias en el cuerpo que controlan y regulan funciones y conducta. No todas las hormonas están involucradas en la función sexual.

Identidad de género   Forma en que una persona piensa de sí mismo con base en su género (masculino o femenino).

Identidad sexual   Cómo piensa una persona de sí misma en términos de a quién encuentra atractivo sexual y románticamente.

Imagen corporal   Imagen de sí misma o mental que una persona tiene de su propio cuerpo y las actitudes y sentimientos sobre su apariencia. La imagen corporal determina cuán atractiva se siente la persona.

Impotencia   Incapacidad del hombre para lograr o mantener una erección lo suficientemente firme para tener una relación sexual.

Infección del tracto urinario   Enfermedad que causa dolor durante la micción y la urgencia por orinar.

Infertilidad   Incapacidad para embarazarse. Este término aplica después de que una pareja trata de concebir sin resultados.

Juguetes sexuales   Objetos que se incluyen en el juego sexual con el propósito de obtener un placer adicional.

Labios mayores y labios menores   Órganos sexuales femeninos externos que van del clítoris al perineo y cubren los orificios vaginal y uretral. Algunas veces se les conoce como labios vaginales.

Lesbiana   Término que se utiliza para describir a las mujeres homosexuales.

Ligadura de trompas   Método quirúrgico de control natal permanente (esterilización) en el cual se unen las trompas para que el óvulo no pueda viajar de los ovarios al útero.

Mamografía   Radiografía del tejido blando diseñada para indicar la presencia de algún tumor en el seno.

Marica   Término despectivo para referirse a homosexuales.

Marqués de Sade   Aristócrata francés de finales del siglo XVIII quien estuvo recluido en prisión por dominar sexualmente a las mujeres. Escribió varias novelas acerca de sus necesidades y conductas sádicas. El término "sadismo" se deriva de su nombre.

Masaje   Técnica calmante en la cual se frota el cuerpo (a menudo la espalda) para mejorar la circulación y relajar los músculos.

Mastectomía   Extirpación quirúrgica de todo o partes del seno como un tratamiento contra el cáncer de mama.

Masturbación   Estimulación de los genitales por placer sexual, casi siempre para alcanzar el orgasmo. La masturbación también puede incluir el tocamiento de otras partes del cuerpo como senos, pecho, muslos, labios, glúteos y ano.

Masturbación mutua   Contacto sexual en el cual la pareja se estimula los genitales mutua y simultáneamente.

MCF   Métodos de Conocimiento de la Fertilidad, también conocidos como Billings y del ritmo. El método consiste en predecir el periodo de fertilidad de la mujer con base en los cambios en la mucosa cervical, la secreción y la temperatura corporal.

Membranas mucosas   Los recubrimientos suaves y húmedos de los ojos, la nariz, boca, ano y vagina. Las mucosas no son barreras contra los organismos infecciosos tan efectivas como la piel.

Ménage à trois   Contacto sexual entre tres personas al mismo tiempo. También se conoce como sexo en trío.

Menopausia   Cese de la menstruación y disminución natural de la producción de hormonas sexuales femeninas, la cual ocurre durante un periodo de dos años entre los 45 y los 60 años.

Menstruación   Secreción de sangre y tejido de la capa interna del útero a través de la vagina durante 3 a 7 días al mes. Ocurre desde la pubertad hasta la menopausia excepto durante el embarazo. También se le conoce como periodo o regla.

Meseta   Tercera etapa del ciclo de respuesta sexual en el que la excitación se mantiene a un nivel alto antes del clímax y el orgasmo.

Método de barrera   Formas de control natal diseñados para impedir que el esperma se introduzca en el útero. Los ejemplos de este método son el diafragma, el condón, la gorra cervical y los espermaticidas.

Monogamia   Relación sexual exclusiva como parte del compromiso entre dos personas, incluyendo el matrimonio.

Monte de Venus   Zona blanda en la parte superior de la vulva que está cubierta con vello púbico.

Músculos pubococcígeos   Músculos pélvicos que se parten desde el hueso púbico en el frente, alrededor de ambos lados de los órganos sexuales, y hacia atrás hasta la vértebra caudal. El control de los músculos PC mejora la respuesta sexual.

Norplant   Piezas de plástico con forma de cerillo que contienen progestina y se implantan quirúrgicamente bajo la piel en el brazo de la mujer, como un método anticonceptivo que lentamente libera hormonas en su cuerpo para evitar el embarazo.

Obsesión   Sentimiento intenso de afecto por una persona que apenas se conoce. Se caracteriza por sentimientos de lujuria, preocupación de no ser correspondido, y a veces, celos. También se conoce como infatuación.

Orgasmo   Clímax sexual marcado por el flujo de sangre hacia los genitales, contracción involuntaria y rítmica de los músculos pélvicos y placer erótico. En lenguaje común se le conoce como "venirse".

Orientación sexual   Los patrones de atracción hacia el sexo opuesto o el mismo sexo.

Ovarios   Dos glándulas del tamaño de una almendra en el del aparato reproductor femenino que producen los óvulos durante el ciclo mensual y las hormonas involucradas en las respuestas sexuales.

Ovulación   Liberación del óvulo desde el ovario.

Óvulo   Célula reproductora femenina que fertiliza un esperma para dar origen a la vida.

Palabra clave   Palabra o palabras usadas como señal entre la pareja para detener una actividad sexual durante una sesión de sadomasoquismo.

Papanicolau   Examen ginecológico de las células del cuello del útero practicado para detectar condiciones cancerígenas.

Pasión   Deseo intenso de tener contacto sexual con alguien.

Pene   Órgano reproductor masculino que consiste en tronco y cabeza (llamada glande). Cuando se acumula la sangre en el tejido esponjoso dentro del pene, éste experimenta una erección y el hombre puede sostener relaciones sexuales. El semen se eyacula desde el pene. Además de sus funciones sexuales y reproductoras, forma parte del sistema urinario.

Penetración desde atrás   Posición sexual donde el hombre penetra la vagina desde atrás. También se le conoce como "de perrito".

Perineo   Área de piel entre los genitales y el ano, en ambos sexos.

Pezón   Las puntas de los senos que contienen tejido eréctil y pueden proporcionar placer sexual cuando se estimulan. En las mujeres, están conectados con las glándulas mamarias a fin de amamantar a los bebés durante el periodo de lactancia.

Píldora del día siguiente   Método anticonceptivo de emergencia el cual consta de altas dosis de hormonas sintéticas. Estas píldoras deben tomarse de 1 a 5 días dentro de los 3 días posteriores a la relación sexual.

Píldoras anticonceptivas   Conocidas como "la píldora", son hormonas (estrógeno y progestina) prescritas por un médico, que se toman diariamente para evitar que la mujer ovule y se embarace.

Piojos púbicos   Parásitos que infestan el vello púbico en hombres y mujeres. Su transmisión puede ser sexual o a través del contacto con cabello, sábanas, toallas o ropa infestada. También se les conoce como "ladillas".

Pornografía   Material escrito, visual o verbal que estimula las sensaciones sexuales. También se conoce como porno.

Posición del misionero   Posición sexual en la que el hombre está arriba de la mujer.

Preludio amoroso   Estimulación sexual previa a la cópula. Incluye besos, caricias y algunas veces, sexo oral.

Prepucio   Pliegue de piel delgada que cubre el glande del pene en los hombres no circuncidados.

Progesterona   Hormona femenina cuya función es crear la capa uterina como preparación para el embarazo.

Progestina   Progesterona sintética.

Próstata   Glándula en forma de nuez, localizada debajo de la vejiga. Produce la mayor cantidad del fluido que, combinado con el esperma y otras secreciones, forma el semen.

Prostatectomía   Extirpación quirúrgica del exceso de tejido en la próstata, o en casos más radicales, extirpación total de la misma.

Punto de no retorno   Momento en el que un hombre ya no puede controlar el hecho de que está a punto de eyacular.

Punto G (punto Grafenburg)   Área localizada en la parte frontal de la pared interna superior de la vagina, la cual puede (o no) ser altamente erógena.

Rapidín   Encuentro sexual breve, con frecuencia acompañado de cierto grado de riesgo y espontaneidad.

Reflejo de arqueo   Reflejo biológico que provoca a la persona arquearse cuando se estimula la parte posterior de la garganta.

Representación de un personaje   Representar diferentes personajes para dar una variedad al juego sexual.

Resolución   Etapa final del ciclo de respuesta sexual que ocurre posterior al orgasmo. Durante esta etapa, el cuerpo regresa al estado en el que se encontraba antes de la excitación.

Respuesta sexual   Etapas de los cambios físicos y psicológicos que tienen los hombres y las mujeres durante la estimulación sexual. Estas etapas son: deseo, excitación, meseta, orgasmo y resolución.

RU486   Nombre de la llamada "píldora abortiva" que es un método abortivo sin cirugía. Se trata de una serie de pastillas que contienen antiprogesteronas que expulsan el feto, el revestimiento uterino y un sangrado profuso.

Sacher-Masoch, Leopold von   Novelista austriaco del siglo XIX que escribió sobre sus conductas y necesidades de ser sometido sexualmente. El término "masoquismo" se deriva de su nombre.

Sadomasoquismo   Término que se aplica a una serie de actividades que involucran el intercambio de poder o dolor entre parejas que están de acuerdo, a menudo, durante la representación de un papel. Incluye juguetes, herramientas y métodos para limitar y provocar tensión física y/o dolor erótico.

Salir del clóset   Término utilizado para referirse a los homosexuales, lesbianas o bisexuales que hablan con libertad respecto a su identidad sexual.

Sanguíneas   Enfermedades que requieren del contacto entre la sangre infectada o fluidos corporales (como las secreciones vaginales y el semen) y la sangre de otra persona para ser transmitidas. Uno no puede contagiarse de una enfermedad sanguínea por contacto casual con otra persona.

Seducción   La acción de seducir a una persona para provocar el deseo sexual.

Semen   Fluido que contiene el esperma y fluidos seminal y prostático expulsados por el pene durante la eyaculación.

Senos   Órganos sexuales secundarios que se localizan en el pecho. En las mujeres son las responsables de la lactancia. Los senos masculinos y femeninos se estimulan sexualmente con el tacto.

Sesenta y nueve   Sexo oral mutuo llamado así porque las personas que los practican asemejan los números 6 y 9 durante esa posición sexual.

Sexo anal   Contacto sexual por el ano. Este término se refiere específicamente al pene penetrando el ano durante la relación anal. Muchas personas consideran el sexo anal como cualquier contacto con el ano, incluyendo digital u oral.

Sexo en grupo   Interacción sexual que incluye a tres o más personas al mismo tiempo.

Sexo oral   Estimulación sexual de los genitales utilizando la boca.

Sexología   Estudio científico de la sexualidad que incluye, mas no se limita a, estudios de psicología, sociología, biología, psiquiatría, antropología, ética, medicina, derecho y educación.

Sexólogo   Científico sexual. También puede referirse a los terapeutas, consejeros o educadores sexuales.

Sexualidad   Todos los aspectos de la personalidad y los comportamientos que son propios de ser hombre o mujer.

SIDA (síndrome de inmunodeficiencia adquirida)   Enfermedad mortal causada por el virus VIH que disminuye la cantidad de células T en el cuerpo, reduciendo así la inmunidad. Se transmite por sangre infectada, semen, secreciones vaginales o leche materna que entran en contacto con el flujo sanguíneo. El SIDA se caracteriza por la presencia de ciertas enfermedades como un trastorno respiratorio llamado neumonía (*Pneumocystitis carni*) y un tipo de cáncer llamado sarcoma de Karposi.

Sífilis   Virus de transmisión sexual que primero aparece como úlceras y salpullido acompañado de síntomas similares al resfriado.

Síndrome premenstrual (SPM)   Alteraciones que pueden ocurrir de 3 a 7 días antes del ciclo menstrual. Se caracteriza por volubilidad, irritabilidad, inflamación, dolor de cabeza y depresión. Los síntomas se alivian con un tratamiento.

Swinging (intercambio de parejas)   Relación sexual con una persona diferente a la pareja, con el consentimiento de la última.

Tantra   Término aplicado a una gran variedad de principios y prácticas de unión sexual entre un hombre y una mujer basados en las filosofías orientales de espiritualidad. En sánscrito significa "entretejidos".

Testículos   Dos pequeñas glándulas de forma ovalada en el escroto, que producen esperma y hormonas masculinas.

Testosterona   Hormona masculina de mayor influencia. Se produce en los testículos.

Tienda para adultos   Eufemismo para una tienda que vende libros, revistas, videos o juguetes sexuales.

Trabajo manual   Estimulación manual a un hombre.

Transexual   Persona que siente que su género sexual innato no es el que debería tener. Para corregirlo, algunos transexuales se someten a terapias hormonales y cirugías de cambio de sexo.

Transgenérico   Término que incluye a todas las personas que tienen el deseo de experimentar las características del sexo opuesto, incluyendo a los travestis y transexuales.

Trastorno del deseo sexual o deseo sexual inhibido   Pérdida o falta de capacidad para desear una relación sexual.

Travestis   Personas que usan ropa del sexo opuesto para satisfacer sus necesidades emocionales, culturales o sexuales, o simplemente por diversión. La mayoría de los travestis son heterosexuales y pueden ser hombres o mujeres.

Tricomoniasis   Infección que puede causar secreción vaginal, comezón y olor desagradable. A menudo, es asintomático en los hombres.

Trompas de Falopio   Dos delicados tubos en el sistema reproductor femenino que conducen hacia el útero, lugar donde se lleva a cabo la fertilización.

Útero   Órgano interno del sistema reproductor femenino.

Vagina   Paso muscular que va del útero a la vulva, para el flujo menstrual y el alumbramiento. Área donde se introduce el pene.

Vaginismo   Disfunción sexual en la que los músculos vaginales se contraen con fuerza e impiden la penetración.

Vaginitis   Término general para la inflamación de la vagina.

Vasectomía   Método quirúrgico de control natal permanente (esterilización), que consiste en cortar y unir los conductos del vaso deferente de tal forma que el hombre no eyacula esperma, aunque sigue eyaculando semen.

Vaso deferente   Dos conductos angostos que transportan el esperma al punto en el que se mezcla con otras sustancias para formar el semen.

Vasocongestión   Resultado físico de la excitación. En las mujeres incluye inflamación y enrojecimiento de los labios vaginales internos. En los hombres, se marca por el congestionamiento de sangre en el pene que provoca la erección. Los senos también se inflaman.

Venéreas   Así se llamaban anteriormente las enfermedades de transmisión sexual.

Verrugas genitales   Protuberancias en la piel que pueden ser de transmisión sexual y que se encuentran en el pene, ano, vulva, vagina o cuello uterino. Son causados por el virus del papiloma humano.

Vesículas seminales   Dos sacos en el aparato reproductor masculino que secretan alrededor del 30 por ciento del líquido que conforma el semen.

Vibrador   Aparato eléctrico, o de pilas, que vibra y está diseñado para la estimulación de los genitales, aunque también puede utilizarse para dar masaje a cualquier parte del cuerpo.

VIH (Virus de Inmunodeficiencia Humana)   Virus que causa el SIDA.

Violación   Encuentro sexual forzado.

Violación en cita   Asalto sexual o sexo forzado, perpetrado por alguien con quien la víctima se ha frecuentado por algún tiempo.

Violación por un conocido   Asalto sexual o sexo forzado, cometido por alguien que conocía a la víctima antes del asalto.

Voyerista   Persona que siente placer erótico de ver a otros haciendo actos sexuales o de nudismo.

VPH (Virus del Papiloma Humano)   El virus que causa las verrugas genitales.

Vulva   Término que se refiere a las estructuras externas del aparato reproductor femenino: el monte de Venus, los labios mayores y menores, el clítoris, las glándulas de Bartholin y los orificios uretral y vaginal.

Ying y yang   Palabras de la tradición taoísta china que representan el concepto de equilibrio absoluto en el universo. Los taoístas creen que la energía ying, que representa a la mujer, debe estar en equilibrio con la energía yang que representa al hombre.

Zonas erógenas   Áreas del cuerpo que responden a la estimulación sexual.